ZUOPIN SHIZHIXING XIANGSI
QINQUAN PANDING

作品实质性相似侵权判定

初　萌　著

知识产权出版社
全国百佳图书出版单位
——北京——

图书在版编目（CIP）数据

作品实质性相似侵权判定 / 初萌著 . —北京：知识产权出版社，2023.1

ISBN 978-7-5130-8492-5

Ⅰ.①作… Ⅱ.①初… Ⅲ.①版权—侵权行为—认定—中国 Ⅳ.① D923.41

中国版本图书馆 CIP 数据核字（2022）第 228149 号

内容提要

实质性相似是版权侵权判定的核心问题，学界与司法界对这一问题尚缺乏统一认识。本书从事实与法律、局部与整体、相似与差异、行为与结果、大众与专家、共性与个性六个维度剖析既有争议，展现实质性相似问题的全貌。以此为基础，本书进一步提出体系化的版权侵权判定思路，明晰了实质性相似判定服务于作品侵权属性的判定，并提出"排除独立创作可能性—市场替代—均衡分析"三步走的实质性相似分析思路。

本书适合知识产权领域从业人员（如研究人员、法官、律师等）及对版权尤其是抄袭判定感兴趣的读者阅读。

责任编辑：龚 卫		责任印制：孙婷婷	
执行编辑：吴 烁		封面设计：北京乾达文化艺术有限公司	

作品实质性相似侵权判定

初 萌 著

出版发行：知识产权出版社有限责任公司		网　址：http://www.ipph.cn	
电　话：010-82004826		http://www.laichushu.com	
社　址：北京市海淀区气象路50号院		邮　编：100081	
责编电话：010-82000860转8768		责编邮箱：laichushu@cnipr.com	
发行电话：010-82000860转8101		发行传真：010-82000893	
印　刷：北京中献拓方科技发展有限公司		经　销：新华书店、各大网上书店及相关专业书店	
开　本：880mm×1230mm　1/32		印　张：11	
版　次：2023年1月第1版		印　次：2023年1月第1次印刷	
字　数：240千字		定　价：68.00元	

ISBN 978-7-5130-8492-5

品跨地域流动弱化了"接触"要件的必要性,"接触"似乎变得不证自明。因应这一变迁,本书创造性地提出了删除"接触"要件的做法,并将"接触"要件中辅助抄袭判断这一内核,纳入实质性相似判定中进行分析。这一做法的本质在于,让"实质性相似"中的"抄袭"判断转化为"排除独立创作可能性"的判断,这有助于将版权保护范围限定在作者贡献了独创性的部分,同时体现出对创作自由这一利益的充分尊重。

其二,本书提出了"排除独立创作可能性—市场替代—均衡分析"三步骤的判定方法,同时引入了作品创作主体、作品消费主体和法官三重视角,实现了对实质性相似判定的系统性改造。关于实质性相似判定,现在比较突出的问题是大众与专业人士存在认知上的差异:大众认为相似的,未必是抄袭的结果;而专业人士作出的不构成实质性相似的判定,又总是难以获得大众的认同。在本书初萌博士所提出的系统性改造方案中,大众与专业人士缺一不可,但又各司其职。前者,专注于美学吸引力的判断;后者,致力于准确认定抄袭行为。以此为指引,读者可在阅读中实现身份代入,通过沉浸式阅读把握实质性相似判定的精髓,作出理性的判断。

其三,本书提出了"作品侵权"与"行为方式侵权"二元区分标准,进而实现了版权侵权判定的体系化。在过往的实践中,这两项标准是杂糅的。作品侵权的判断被囊括于复制权和改编权之中,这一方面束缚了"实质性相似"概念的发展,另一方面也造成了著作财产权体系混乱、"公开传播"的统领性无法显现等问题。本书的研究清晰地表明,作品侵权与行为方式侵权分属两个维度,是体系化的版权侵权判定中不可或缺的组成部分。这一发现，不仅有助于明确实质性相似判定在版权侵权判断中的地位，而且能够为网络时代复制权的地位、著作财产权的核心内涵、合理使用的类型化分析等热点问题，提供解答或者提供一个解答的分析维度。

本书付梓之际，我非常乐意向知识产权学界、实务界及对版权问题感兴趣的读者们推荐此书。同时，也衷心地祝愿初萌博士能够在未来学术的道路上不断取得新的突破。

是为序。

易健明

2022 年 12 月 9 日

序 二

作品实质性相似侵权判定是版权领域的重要问题。在实践中，作品实质性相似判定通常以"方法"的面貌示人，普通观察者测试法、内外部测试法及"抽象—过滤—比较"测试法等典型判定方法均具有鲜明的工具性和操作性特征。但是，作品实质性相似侵权判定的意义和价值并不限于其实用属性，更为重要的是，作品实质性相似侵权判定汇集了多个版权法的重要理论，整合了多项版权制度，集中呈现了版权法的精神和理念。面对作品实质性相似侵权判定实践中的"方法"之惑，我们应当跳出"方法"看"方法"，将作品实质性相似侵权判定置于版权法的理论体系和制度体系之中进行考察，探求作品实质性相似侵权判定的内在规律，力争透彻回答"是什么""为什么""怎么办"这些根本性问题。我们欣喜地看到，初萌博士撰写的《作品实质性相似侵权判定》一书就是这样一部阐明原理、揭示规律、重塑方法的力作。在我看来，本书具有以下特点。

第一，明确作品实质性相似侵权判定的体系定位。作者提出了体系化的版权侵权判定思路，并明确实质性相似判定在其中的地位。作者运用民法原理和版权法原理，阐释了行为违法性在侵权判定中的基础性地位，对版权侵权的违法性要素进行分析，提炼出"未经授权""公开传播""作品具备侵权属性"三个要素，并阐明实质性相似判断的功能定位在于从作品侵权属性的角度考察版权侵权行为违法性及其违法阻却事由，即实质性相似判定应当服务于对作品侵权属性的判定。上述观点及其论证既考虑到版权侵权的特殊性，又顾及到民事侵权的一般规则，有效运用了版权制度和民事侵权制度两种资源共同解决作品实质性相似侵权判定问题，有助于增强作品实质性相似侵权判定的确定性和客观性。

第二，厘清作品实质性相似侵权判定的思维路径。针对司法实践存在的混同"排除独立创作可能性"和"均衡分析"的思维惯性，作者提出了新的思维路径，即在确定被控侵权作品不存在独立创作完成的可能性的基础上，进一步的考察应围绕被控侵权作品是否存在对权利作品美学吸引力的替代而展开，并辅之以均衡分析。针对司法实践中的商标思维与版权思维错位，作者重申了商标思维与版权思维的区别，即商标侵权重在考查相关公众是否会对商品或者服务的来源产生混淆，而在版权侵权的判断中，首先需要认定的是本领域普通创作者是否会认为被控侵权作品有独立创作完成的可能性。此外，作者还充分运用了类型化的思维方式，从不同维度对作品实质性相似侵权判定进行场景化分析。作者致力于正本清源，将作品实质性相似侵权判定的思维引导到正确的路径之上。作者的努力无疑是成功的。

第三，重塑作品实质性相似判定的分析方法。作者从"事实与法律""局部与整体""相似与差异""大众与专家""共性与个性""行为与结果"六个维度对关于实质性相似的争议进行了提炼，并就实质性相似判定应当如何展开作出了详细分析，创造性地提出了"排除独立创作可能性—市场替代—均衡分析"三步分析法。作者提出，应当将"实质性相似"中的"独创性"判断转变为"排除独立创作可能性"的判断，"市场替代"分析应采作品受众视角，"均衡分析"应由法官围绕被控侵权人是否存在"寄生营销"、是否损害原告作品市场、是否存在其他不侵犯版权的可替代的使用方式等角度展开价值判断。作者谦虚地认为，本书提出的"三步分析法"是对作品实质性相似侵权判定方法的改造，但在我看来，"三步分析法"是对作品实质性相似侵权判定方法的重塑。作者在提出和论证"三步分析法"的过程中不仅展现了"大胆假设"的创新意识和创新能力，而且充分体现了"小心求证"的严谨态度。作者对"六个维度""三步分析法"等问题的论述在诸多方面体现出科学性和进步性，在此不再赘述。作为一部具有较高创新性的著作，本书的某些观点必然存在可商榷之处，相信这些有待进一步探讨的问题会成为作者今后学术研究的新起点，也会启发读者进行更多的思考。

衷心祝贺《作品实质性相似侵权判定》一书出版，衷心祝愿初萌博士取得更大的学术成就，也期待更多的学界同仁关注和研究作品实质性相似侵权判定问题。

2022 年 12 月 9 日

前　言

实质性相似成为版权侵权判定的核心问题，是技术变迁、产业发展与浪漫主义哲学思潮共同作用的结果。独创性理论、"思想—表达二分"理论、公共领域理论和读者反应理论为作品实质性相似侵权判定提供了理论基础，"保护著作权利""鼓励自由创作"和"促进社会文化繁荣"为作品实质性相似侵权判定提供了价值指引。

历史上的作品侵权判定标准经历了从"抄袭""不当利用"两项标准并存，到"抄袭＋不当利用"，再到"接触＋实质性相似"的演变。目前，"接触＋实质性相似"已经成为公认的版权侵权判定标准。与相对易于证明的"接触"不同，对于"实质性相似"，虽然司法实践中已发展出普通观察者测试法、内外部测试法、"抽象—过滤—比较"测试法等主要判定方法，并以反比规则、几近相同标准、最小使用和自由使用原则作为补充，但这些标准存在矛盾且较为模糊、主观性强，并未澄清"实质性相似"的具体内涵，反倒平添了不少混乱。

基于中国与美国的学理观点和司法实践，从"事实与法律""局部与整体""相似与差异""行为与结果""大众与专家""共性与个性"六个维度剖析既有的争议，能够还原"实质性相似"的本质。反观接触要件，于实然层面，其在网络时代日益呈现出不证自明的特性；于应然层面，其合理性因如下三个原因而被削弱：一是对"接触可能性"的过分依赖导致版权专利化，二是错误预设了接触与独立创作之间的互斥关系，三是与公众接触权产生矛盾。取消接触要件的独立地位，将其合理内核纳入实质性相似考量，是可取的方法。

　　基于上述分析，实质性相似的地位与内涵得以进一步明晰。在体系化的版权侵权判定思路中，实质性相似判定服务于"作品具备侵权属性"这一判断，与"未经授权""公开传播"共同构成版权侵权判定的三要素。实质性相似判定的核心是"排除独立创作可能性"判断，其具体展开方式为：假定被控侵权人未接触权利作品，在将两部作品中同时存在的明显错误转化为正确内容且排除权利作品中的特异性元素的前提下，若此时仍存在完成被控侵权作品的合理可能性，则实质性相似不成立。通过引入"本领域普通创作者"视角，有助于实现排除独立创作可能性判断的客观化。在排除独立创作可能性判断基础上，同时考察作品的消费市场和被控侵权人的创作自由利益，应将"被控侵权作品是否存在对权利作品美学吸引力的替代""均衡分析"纳入考量，形成完整的"排除独立创作可能性—市场替代—均衡分析"三步分析法。此外，实质性相似判定在诉讼中的合理运用，还需以作品比对举证责任的正确分配、专业信息的充分挖掘为依托；合理处理实质性相似与停止侵权救济的适用之间的关系，也应纳入考量。

　　改造后的实质性相似判定方法能够有效解决司法实践中的疑难问题，亦有助于消除"排除独立创作可能性"与"均衡分析"混同、商标思维与版权思维错位等现象；对于人工智能等技术在创作、侵权判定领域的适用，亦能够有效应对。总体而言，这一实质性相似侵权判定方法具有较强的普适性、前瞻性。

目　录

第一章 引 言

1.1 研究背景及研究意义

1.1.1 研究背景

版权制度自诞生以来，就与商业的发展密不可分。在 15 世纪的欧洲，出版业伴随着印刷术的兴起而蓬勃发展，在出版商的盈利需求与统治者思想管控压力的共同驱动下，作为垄断特权的最早的版权制度得以诞生。1709 年，英国下议院通过的《为鼓励知识创作而授予作者及购买者就其已印刷成册的图书在一定时期内之权利的法》（以下简称《安娜女王法》）废除了印刷特许制度，第一次确立了作者在版权法上的主体地位，版权的私权属性也因此而开始显现。在 300 多年的发展中，版权中的财产权利随技术演进而不断扩充，但其实现机制始终如一：以专有权的设置制造人为稀缺，进而围绕这些权利构建起系统性的交易规则。毫不夸张地说，版权法本

身就是一部商业规则之法。❶

整体而言，中国版权制度的产生是 19 世纪中期以来伴随着西方列强在中国的知识产权利益诉求被动移植而来的 ❷，具有"舶来品"性质。《中华人民共和国著作权法》（以下简称《著作权法》）的出台，以及前两次修改亦主要由外部力量推动。至于本土版权产业，则是在近几十年来的理念更迭与制度实践沉淀之下才逐步发展起来的。长达十余年的《著作权法》第三次修改进程，充分体现了本土版权产业的兴起。影视行业要求将深度链接行为纳入信息网络传播权直接侵权规制、游戏产业主张删除"摄制"要件以便游戏画面的视听作品保护等，都是本土版权产业利益诉求的体现。相关数据显示，我国版权产业自 2013 年至 2018 年的行业增加值从 4.27 万亿元增至 6.63 万亿元，产业规模增长了 55%；❸2019 年中国版权产业行业增加值为 7.32 万亿元，同比增长 10.34%，占 GDP 的比重为 7.39%。❹ 不夸张地说，版权产业已成为经济发展新引擎。2021 年 9 月 22 日，《知识产权强国建设纲要（2021—2035 年）》发布，"版权产业增加值占 GDP 比重达到 7.5%"被列入发展目标 ❺，进一步凸显

---

❶ 韦之. 作为商业规则的著作权法［J］. 电子知识产权，2012（11）：71.

❷ 杨利华. 中国知识产权思想史研究［M］. 北京：中国政法大学出版社，2018：3.

❸ 姜天骄. 我国版权产业占国民经济比重提升［EB/OL］.（2019-12-31）［2022-06-13］. http://www.gov.cn/shuju/2019-12/31/ content_5465288.htm.

❹ 陆成宽. 2019 年中国版权产业增加值占 GDP 的比重达 7.39%［N］. 科技日报，2021-01-14（5）.

❺ 中共中央 国务院印发《知识产权强国建设纲要（2021—2035 年）》［EB/OL］.（2021-09-22）［2022-09-07］. http://www.gov.cn/zhengce/2021-09/22/content_5638714.htm.

了促进版权产业发展的必要性。

本土版权产业的兴起对版权学术研究提出了新的要求，其中之一便是范式转换。具体而言，在研究目的方面，对制度的比较法研究已不足够，应将本土版权产业的良性发展纳入考量，既要关注已有作品权利的保护，也要防止保护过度对未来作品创作激励的损害。在研究内容方面，一是秉持理论指导实践的思想，应更为关注版权基础理论问题的研究，对于从域外引进的制度与理念，除了要考虑其合理性之外，还应深入考察其"本身所处的语境"❶，以及植入中国是否会出现"水土不服"的状况；二是鉴于技术发展日新月异，对版权产业发展不利的隐性因素日积月累，这也需要理论与制度的回应。

本书选择"作品实质性相似侵权判定"作为研究对象，正是基于上述考量。根据我国学界和司法实践的通说，"接触＋实质性相似"是版权侵权判定的基本规则。这一规则是美国司法实践的产物，而其他国家事实上也采取了类似的规则。❷ 在具体适用中，由于"接触"指的是接触的可能性，一般采用推定原则，其证明难度在网络发行成为主流传播方式的今天已然大大降低，其在侵权判定中的基础地位开始受到质疑。❸ 与此同时，"实质性相似"在侵权

---

❶ 马丁·W.海塞林克.新的欧洲法律文化［M］.魏磊杰，吴雅婷，译.北京：中国法制出版社，2018：122.

❷ 宋戈.作品"实质性相似＋接触"规则研究［D］.武汉：中南财经政法大学，2019：19.

❸ BARTOW A. Copyrights and Creative Copying［J］. University of Ottawa & technology journal，2003，1：75-84.

判定中的核心地位日益巩固。与作品的原样复制不同，需要经过实质性相似判定的往往涉及高级抄袭，如近年来因技术发展而逐渐兴起的"洗稿"行为。这种行为的侵权属性不易被确定，极易引发争议。如认定标准过高，会大大降低规避侵权的成本，不利于版权保护；如认定标准过低，将独立创作或者合理借鉴认定为侵权，也会损害未来创作者的积极性，引发创作领域的"寒蝉效应"。当前的理论研究与司法实践尚未很好地解决实质性相似侵权判定问题，这一概念的模糊性也导致了判决的不可预测，并间接损害了版权法目的的实现。❶具体而言，我国当前司法实践中存在法官对各种类型作品应当适用何种判断方法观点不一的问题，有的法院强调整体判断，有的则强调局部判断。此外，法院对鉴定结论、专家证言态度不同，判断视角选择不同，对"独创性"的理解不同，判决缺乏充分说理等问题，也普遍存在。规则不统一，则无法为行为主体提供稳定的预期，因此，当务之急是确定关于"实质性相似"判定的统一规则并为之提供正当性说明。

1.1.2　研究意义

"作品实质性相似侵权判定"是一个具有理论意义的研究，其与版权法上的独创性理论、"思想—表达二分"理论、公共领域理论联系密切，共同发挥版权界权功能，实现保护创作中的劳动投

---

❶ HELFING R F. Substantial Similarity and Junk Science：Reconstructing the Test of Copyright Infringement［J］. Fordham intellectual property, media & entertainment law journal, 2020, 30（3）: 735.

入、激励创作，促进作品传播和未来作品的创作，鼓励文化市场的繁荣三者的统一。而上述具体理论在版权权利界定方面的作用并非等同：在不存在具体侵权行为的情况下，版权往往仅具有宣告意义，其权利界限不甚明晰；只有当侵权行为出现时，版权保护的范围才能确切显现，进而使版权从宣告性权利转化为实在的权利。当前，我国版权理论界对"实质性相似"问题的研究还主要停留在对国外理论进行借鉴的层面，缺乏本土贡献。确定"实质性相似"的内涵，对其分析要素、判定方法进行提炼，发展出体系化的实质性相似判定思路，具有一定的理论意义。

研究作品实质性相似侵权判定也具有重要的实践意义，这一研究本质上就是以实践为导向的。目前，我国司法实践中尚未形成相对统一的实质性相似侵权判定标准，"小明"诉"小茗同学"案一、二审截然相反的判决，就是典型体现。❶科技的发展降低了抄袭成本，以"洗稿"为代表的高级抄袭已代替原样复制成为侵权的主要形态，这对实质性相似侵权判定提出了新的要求。着眼于当下实质性相似侵权判定司法需求猛增而缺乏统一、有效裁判标准的问题，以及对技术发展有效回应的需求，本书旨在提炼出科学、合理的实质性相似侵权判定视角、要素、方法、步骤等，从而为司法实践中涉及高级抄袭的作品侵权纠纷提供解决思路。

❶ 参见北京知识产权法院（2016）京 73 民终 1078 号民事判决书。

1.2 文献综述

关于实质性相似侵权判定问题，国内外学者的研究可谓汗牛充栋。这些研究大致可归纳为六个方面：一是关于实质性相似起源与内涵的研究，二是关于实质性相似判定方法及其在不同类型作品中的适用的研究，三是关于实质性相似判定视角的研究，四是对既有实质性相似判定方法问题的梳理，五是对实质性相似司法裁判的实证分析，六是对实质性相似判定改进方案的研究。

1.2.1 实质性相似的起源和内涵

关于实质性相似的起源和内涵，国内文献探讨相对较少，亦未形成定论。梁志文指出，实质性相似是一个开放性强、未成文法化的法律原则。[1] 周小舟认为实质性相似概念含糊，并无可供量化的检索方法。[2] 这也增加了这一问题的研究难度。我国学者多数认为"实质性相似"与"独创性"之间存在密切联系，进而以对"独创性"问题的研究作为"实质性相似"问题的突破口，其中比较有代表性的为：龙云辉认为实质性相似判定是从独创性中引申出来的；[3] 熊琦指出实质性相似是关于侵权作品是否复制了原作品独创性部分

---

[1] 梁志文 . 版权法上实质性相似的判断［J］. 法学家，2015（6）：37.

[2] 周小舟 . 论接触要件在剽窃案中的程序和实质意义——从《小站》案切入［J］. 华东政法大学学报，2016（2）：116.

[3] 龙云辉 . 美术作品侵权判断的特殊性问题研究［J］. 学海，2008（4）：185.

的判断；❶阮开欣指出实质性相似判定的核心在于相似元素是否构成独创性表达；❷崔国斌认为只要被告抄袭的内容本身具有独创性，无论原告或被告再额外创作多少内容，也不应影响该抄袭部分的侵权属性；❸李扬认为实质性相似指的是作品创作性表达虽然并非完全或基本相同，但创作表现本质上相同；❹李雨峰认为实质性相似判定关乎借用部分独创性的程度，即后续作品是否大量借用先前作品的独立技巧、劳动；❺李国泉、寿仲良、董文涛认为实质性相似考察的是作品是否达到一定创作高度要求；❻何怀文认为"实质性相似"的本质是保护作品表达基于独创性的社会价值，这需要相似部分具有一定的独创性高度。❼

　　由于实质性相似判定源于美国司法实践，国外文献对其起源与内涵的分析更为深入。有学者认为实质性相似判定的兴起与改编权的赋予有关❽，在此之前，作品版权保护范围一般仅限于禁止原样复制。有学者强调浪漫主义创作观在"实质性相似"概念产生中的作

❶　熊琦."接触＋实质性相似"是版权侵权认定的"神器"吗？［N］.中国知识产权报，2017-07-14（10）.

❷　阮开欣.如何判断版权侵权中"实质性相似"［N］.中国知识产权报，2015-12-23（8）.

❸　崔国斌.著作权法：原理与案例［M］.北京：北京大学出版社，2014：671.

❹　李扬.著作权法基本原理［M］.北京：知识产权出版社，2019：320.

❺　李雨峰.思想/表达二分法的检讨［J］.北大法律评论，2007（2）：452.

❻　李国泉，寿仲良，董文涛.实质性相似加接触的侵权标准判断［J］.人民司法，2010（16）：38.

❼　何怀文.著作权侵权的判定规则研究［M］.北京：知识产权出版社，2012：128.

❽　GODOY-DALMAU G. Substantial Similarity: Kohus Got It Right［J］. Michigan business & entrepreneurial law review，2017，6（2）：236.

用。❶ 在另一项研究中，该学者通过历史考察发现，传统上判定作品相似的标准有两个：一是从证据角度判断是否存在抄袭行为；二是基于挪用部分的数量、在经济或美学意义上的重要性或者是否会导致消费者对两部作品的整体产生混淆，判断是否构成不当利用。这两种截然不同的判断都被称为"实质性相似"判断。❷ 对于 20 世纪以来部分判决仅基于作品对普通消费者的美学吸引力展开侵权评判的做法，该学者持否定态度，认为不能放弃对抄袭的考察，唯有如此方能保护创作自由。❸ 有学者指出，法官一般会在三个层面上使用"实质性相似"一词：一是判定是否存在抄袭行为，二是判断相似部分是否达到版权法上的"独创性"要求，三是衡量两部作品是否在整体概念和感觉上构成相似；这种使用的不一致导致无从获得一个清晰的"实质性相似"概念。❹ 与之类似，有学者认为实质性相似的判定包括三方面的内容，即被告作品非独立创作、抄袭部分受版权保护、对受版权保护部分的使用具有实质性。❺ 有学者指

---

❶ COHEN A B. Copyright Law and the Myth of Objectivity: the Idea-Expression Dichotomy and the Inevitability of Artistic Value Judgments [J]. Indiana law journal, 1990, 66: 203.

❷ COHEN A B. Masking Copyright Decisionmaking: the Meaninglessness of Substantial Similarity [J]. UC Davis law review, 1987, 20: 724-727, 741-742.

❸ 同 ❷737.

❹ HELFING R F. Substantial Similarity and Junk Science: Reconstructing the Test of Copyright Infringement [J]. Fordham intellectual property, media & entertainment law journal, 2020, 30（3）: 738-739.

❺ LATMAN A. "Probative Similarity" as Proof of Copying: Toward Dispelling Some Myths in Copyright Infringement [J]. Columbia law review, 1990, 90（5）: 1189.

出实质性相似考察的是抄袭部分的价值或重要性，构成实质性相似的未必是独创性部分，而是最能体现作者人格、判断和努力的部分。❶ 有学者认为，实质性相似的核心是存在对原告权利的"实质性损害"。❷ 对于"实质性"的考察，学者多从"质"与"量"两个维度展开。

　　总的来看，我国学者大多认为实质性相似判定与作品独创性判断相关，主要分歧在于构成实质性相似所要求的独创性的高低；国外文献除对独创性的考察之外，还十分注重挪用部分的经济价值、美学价值，以及引发消费者混淆、对权利作品构成市场替代的可能性。此种分歧之根源，以及不同考察要素之间逻辑关系之理顺，是本书需要解决的问题之一。

1.2.2 实质性相似判定方法及其在不同类型作品中的适用

　　关于实质性相似的判定方法，国内文献通常认为主要包括部分分析法与整体分析法两种，其中，部分分析法也包括抽象分离法（也称"抽象测试法"）、"抽象—过滤—比较"测试法，整体分析法也可称为"整体观念及感觉法"。学者就两种方法的适用提出了不同的观点。吴汉东指出在实质性相似分析中应以抽象测试法为主，

---

❶　BALGANESH S. The Normativity of Copying in Copyright Law [J]. Duke law journal, 2012, 62 (2): 216, 281.

❷　LAPE L G. The Metaphysics of the Law: Bringing Substantial Similarity down to Earth [J]. Dickinson law review, 1994, 98 (2): 203-204.

以整体分析法为辅。❶卢海君将部分分析法称作"约减主义",认为其应主要适用于文字作品,而视觉艺术作品与音乐作品则主要适用整体分析法。之所以如此区分,在于后者的表达方式可选择范围更为广泛。❷刘琳基本认同这一观点,但认为对适用整体分析法的情形应同时引入"思想—表达二分"理论进行分析,对适用抽象测试法的情形应就元素组合的独创性进行分析❸,这与李杨所倡导的综合运用抽象分离法和整体分析法具有基本相同的考量。❹梁志文认为应根据作品独创性高低和技术含量确定适用何种判定方法,技术含量越低、独创性越高,越应采用整体分析法;技术含量越高、独创性越低,越应采取部分分析法,注重对思想、概念等不受保护元素的排除。❺孙松认为虚构性的文学作品更适合整体分析法,对实用性、功能性和事实性作品则应适用部分分析法。❻陈锦川指出,对于文字作品改头换面的抄袭,可采用抽象测试法;对于具有艺术性或美感的作品,如摄影、图形、美术、电影作品等,可采用整体分

---

❶ 吴汉东. 试论"实质性相似＋接触"的侵权认定规则［J］. 法学,2015（8）:67.

❷ 卢海君. 论作品实质性相似和版权侵权判定的路径选择——约减主义与整体概念和感觉原则［J］. 政法论丛,2015（1）:138-142.

❸ 刘琳. 版权法上实质性相似判定路径的检视与优化——以"小茗同学"案为主样本［J］. 中国版权,2020（3）:20.

❹ 李杨. 改编权的保护范围与侵权认定问题:一种二元解释方法的适用性阐释［J］. 比较法研究,2018（1）:73.

❺ 梁志文. 版权法上实质性相似的判断［J］. 法学家,2015（6）:46-50.

❻ 孙松. 论著作权实质性相似规则的司法适用——以琼瑶诉于正案为视角［J］. 中国版权,2015（6）:64.

析法。❶阳贤文认为作品的独创性与侵权认定所要求的实质性相似程度之间存在反比关系。❷除上述对作品类型的整体分析之外，还有部分学者从单一作品类型出发进行考察。例如，杨雄文、王沁荷认为美术作品的实质性相似判定应适用整体分析法；❸殷贵山、邱立民认为文学作品的实质性相似判定应以部分分析法为主，辅之以整体分析法，以弥补部分分析法无法适用或适用结果明显不合理的弊端；❹卢海君认为网络游戏规则的实质性相似判定应适用"抽象—过滤—比较"测试法；❺华劼认为音乐作品的实质性相似判定应首先考察公众的整体感觉，若公众认为作品不构成相似，则不构成侵权，反之则仍需适用部分分析法，在专家认为不相似的情况下还需由公众在专家指引下再次作出整体判断。❻

国外文献对实质性相似判定方法的分析主要基于司法实践中发展出的三种测试法：普通观察者测试法（Ordinary Observer Test）、内外部测试法（Extrinsic Intrinsic Test）及"抽象—过滤—比较"测试法（"Abstraction–Filtration–Comparison" Test）。普通观察者测试法关注普通观察者是否会倾向于忽视两部作品的差异，而认为它们

❶ 陈锦川.何为"实质性相似"？[J].中国版权，2018（5）：18.

❷ 阳贤文.美国司法中实质性相似之判断与启示[J].中国版权，2012（5）：48.

❸ 杨雄文，王沁荷.美术作品的表达及其实质相似的认定[J].知识产权，2016（1）：45.

❹ 殷贵山，邱立民.文学作品实质性相似的司法判定方法评析[J].出版发行研究，2017（10）：85.

❺ 卢海君.网络游戏规则的著作权法地位[J].经贸法律评论，2020（1）：139.

❻ 华劼.音乐著作权侵权实质性相似判定研究[J].中国版权，2020（5）：51.

在美学上的吸引力是相同的；内外部测试法首先由法官就作品是否存在抄袭展开外部测试，通过外部测试后再在实质性相似判定阶段考察一般受众的整体观念及感觉。这两种方法都具有较浓厚的"整体分析"特点，而"抽象—过滤—比较"测试法属于"部分分析"。除上述测试法之外，"模式标准"也经常被学者提及。该标准认为文学作品受版权保护的是作品的模式，即事件的展开与人物间的交互关系。❶ 不过，该标准的适用范围较小，仅限于文学作品。根据学者对相关案例的研究，上述不同测试法之间并非泾渭分明。例如，适用整体分析法的法院也针对独创性较低的作品发展出了更具辨别力的观察者测试法，将比对范围限制在独创性要素中。❷ 对于这一现象，我国学者尚未予以充分重视。至于上述方法的选择，只有少部分学者认为应就所有作品类型适用单一的判断方法。总体而言，认同"抽象—过滤—比较"测试法者居多。❸ 更多学者主张根据作品类型从上述不同方法中筛选。有学者从简单作品与复杂作品、臆想作品（fanciful works）与功能作品（functional works）的双重区分出发，认为对简单的臆想作品应适用整体分析法、通常不需

---

❶ CHAFEE Z. Reflections on the Law of Copyright: I [J]. Columbia law review, 1945, 45（4）: 514.

❷ GODOY-DALMAU G. Substantial Similarity: Kohus Got It Right [J]. Michigan business & entrepreneurial law review, 2017, 6（2）: 244-245.

❸ BROADDUS A M. Eliminating the Confusion: A Restatement of the Test for Copyright Infringement [J]. DePaul journal of art, technology & intellectual property law, 1995, 5（1）: 68-78; MOHLER J M. Toward a Better Understanding of Substantial Similarity in Copyright Infringement Cases [J]. University of Cincinnati law review, 2000, 68（3）: 994.

要专家证言的引入，对复杂的臆想作品应主要基于整体印象作出判断，但需注意不受版权保护的元素；对功能作品在判定时更应过滤掉不受保护的元素、借助专家证言辅助判断。❶有学者认为应围绕各种作品类型中的独创性元素发展出不同的判定方法，对文学、戏剧类作品可适用抽象测试法，对软件和技术类作品应注重过滤掉不受保护的元素，对美术、雕塑、建筑等作品可适用整体观念及感觉法。❷有学者认为实质性相似判定方法应随作品潜在表达方式多样性的差异而浮动，若作品只有较少的潜在表达方式，只有两部作品"几近相同"时，才能构成实质性相似，这一要求随作品潜在表达方式的增多而放宽。❸另有学者指出对真人秀电视节目❹、建筑作品❺、时尚设计❻应当适用"几近相同"的判定方法。

通过梳理文献可以发现，实质性相似判定方法及其在不同类型

---

❶ SAMUELSON P. A Fresh Look at Tests for Nonliteral Copyright Infringement [J]. Northwestern university law review, 2013, 107（4）: 1849.

❷ KUIVILA M. Exclusive Groove: How Modern Substantial Similarity Law Invites Attenuated Infringement Claims at the Expense of Innovation and Sustainability in the Music Industry [J]. University of Miami law review, 2016, 71（1）: 278.

❸ RENE BUSEK J. Copyright Infringement: A Proposal for a New Standard for Substantial Similarity Based on the Degree of Possible Expressive Variation [J]. UCLA law review, 1998, 45（6）: 1795.

❹ FOX D. Harsh Realities: Substantial Similarity in the Reality Television Context [J]. UCLA entertainment law review, 2006, 13（2）: 260.

❺ SU D. Substantial Similarity and Architectural Works: Filtering out Total Concept and Feel [J]. Northwestern university law review, 2007, 101（4）: 1882.

❻ ELMAN V. From the Runway to the Courtroom: How Substantial Similarity is Unfit for Fashion [J]. Cardozo law review, 2008, 30（2）: 704.

作品中的适用是学者们涉足最多的领域。对于这一问题，国内外学者的研究思路趋于一致，均以司法实践中既有的判定方法为基础，从对不同类型作品所含独创性元素高低的先入为主的判断出发，作出相应取舍。

1.2.3 实质性相似判定视角的选择

由于不同主体对作品的感知判断能力存在差异，主体视角的选择将对实质性相似判定结果产生重要影响。纵观国内外文献，学者眼中适格的实质性相似判定视角可分为两类："公众"视角和"更具辨别力的专业人士"视角。对于"公众"这一概念，学者通常在两个维度使用，一是"作品的受众或潜在受众"，二是"社会上具有合理注意力的观察者"。

选取"作品的受众或潜在受众"视角的学者主要关注被控侵权作品对原作现有市场及潜在市场的影响。国外文献中，有学者认为采取这一视角更契合版权法的目的，因为受众的选择是作品市场替代效应的直接体现；[1]另有学者从矫正正义出发进行考察，认为确定被告是否破坏原告与其作品的联系本质上是一个由作品受众所作出的主观判断。[2]我国主流观点亦采取这一视角，从"读者"[3]"普通

---

[1] FERDINAND SITZER M. Copyright Infringement Actions: The Proper Role for Audience Reactions in Determining Substantial Similarity [J]. Southern California law review, 1981, 54（2）: 385-416.

[2] BALGANESH S. The Normativity of Copying in Copyright Law [J]. Duke law journal, 2012, 62（2）: 257.

[3] 梁志文. 版权法上实质性相似的判断 [J]. 法学家, 2015（6）: 44.

观众"❶"一般大众"❷"受众群体"❸"相关作品领域的假想目标理性公
众"❹等角度探讨实质性相似判定问题。

"社会上具有合理注意力的观察者"视角的引入,是其他法律
中"合理人"标准向版权法的自然延伸。国外有学者采纳这一观
点。❺不过整体而言,这一视角未被学者广泛采取。其内在原因是,
版权侵权案件需解决的核心问题是"抄袭"的有无,即使将社会上
具有合理注意力的观察者置于被控侵权人的地位,也难以确定为创
作出与被控侵权人的作品相似的作品,其是否必须要抄袭原告的
作品。❻易言之,版权侵权领域的"抄袭"判断与侵权法中的"过
错"判断的不可通约性,决定了其延伸适用必将面临阻碍。不过,
这一标准的提出有助于提升实质性相似判定的客观性,值得进一步
探索。

"更具辨别力的专业人士"视角的采用,通常是出于对特定类
型作品创作所需技能及作品独创性高低的考量。例如,梁飞指出对

---

❶ 赵林翔,阮开欣.美国电视剧作品实质性相似判定标准[EB/OL].(2018-11-02)[2022-09-07].http://ip.people.com.cn/GB/n1/2018/1102/c179663-30378376.html.

❷ 杨雄文,王沁荷.美术作品的表达及其实质相似的认定[J].知识产权,2016(1):49.

❸ 杨红军.论著作权侵权判断主体的界定[J].东岳论丛,2020(1):173.

❹ 袁锋.论著作权法中的拟制主体[J].电子知识产权,2020(12):28.

❺ 原文表述为"ordinary observers with reasonable degree of astuteness and mental acumen"。BARTOW A. Copyrights and Creative Copying[J]. University of Ottawa & technology journal, 2003, 1: 92-93.

❻ FERDINAND SITZER M. Copyright Infringement Actions: The Proper Role for Audience Reactions in Determining Substantial Similarity[J]. Southern California law review, 1981, 54(2): 390.

16

于创作需要特定技能的作品，以及使用范围有限的计算机软件、地图、音乐等作品，应以该领域的普通专业人员为判定主体；❶蒋舸认为在对科学论文、新闻报道、计算机程序等含有大量公有领域信息的作品作侵权判定时，若专业人士与作品受众的观点产生冲突，应以专业人士的观点为准。❷国外文献中，一般并不直接认可专家视角，但越来越多的研究强调专家对作品受众或潜在受众判断的指引作用。

上述视角中，"作品的受众或潜在受众"视角以版权人经济利益的维护为出发点，容易引发过度保护的问题。相较而言，"社会上具有合理注意力的观察者"视角、"更具辨别力的专业人士"视角更注重对被控侵权人创作行为、创作空间的分析。不同视角的选取反映了学者们在版权保护的基本理念方面存在差异，缺乏共识。这也是本书需要解决的问题。

1.2.4　当前实质性相似判定存在的问题

对于当前实质性相似判定存在的问题，国内外文献都进行了较为细致的分析。

国内文献中，学者大多指出整体分析法的问题在于未排除不受版权保护的元素，从而导致不适当地拓宽版权保护范围；部分分析

---

❶　梁飞. 法院怎么判定作品实质性相似［N］. 中国新闻出版广电报，2019-09-27（7）.

❷　蒋舸. 著作权直接侵权认定中的"用户感知"因素——从复制权到信息网络传播权［J］. 环球法律评论，2021（2）：68.

法则未考虑不受版权保护的元素的编排、组合可能具有独创性，进而未能给予充分的版权保护。除此之外，学者还对当前实质性相似判定方法的主观性提出批评。例如，许波指出，抽象观察法具有较强的主观性，且被过滤掉的元素的组合可能构成独创性表达，因此未必能够脱离整体分析法而单独适用；❶ 朱梦笔认为信息传递过程中的"损耗"使得人们对同一作品的理解难以完全相同，因此实质性相似判定不应过于强调人的主观感受；❷ 刘强、孙青山指出，实质性相似判定的主体标准和客体标准存在抽象、主观性强的弊端，导致法院的判决难以客观、一致。❸

相较而言，国外文献对当前实质性相似判定问题的研究更深入一些，除国内文献中已经提及的缺陷外，还注意到了如下问题：其一，从起源上看，将实质性相似作为纯粹事实问题交给普通观察者衡量的做法，是出于制约下级法院权力的程序法考量，并非对版权侵权判定深思熟虑后的产物❹，普通观察者测试本质上解决的是程序法而非实体法问题，其重要性、客观性存疑。其二，当前实质性相似判定存在美学歧视、作品类型歧视等问题，如对以借用、篡改在

❶ 许波. 著作权保护范围的确定及实质性相似的判断——以历史剧本类文字作品为视角 [J]. 知识产权，2012（2）：34.

❷ 朱梦笔. 美术作品实质性相似认定论析 [J]. 湖州师范学院学报，2017（5）：81−82.

❸ 刘强，孙青山. 人工智能创作物著作权侵权问题研究 [J]. 湖南大学学报（社会科学版），2020（3）：142.

❹ BALGANESH S. The Questionable Origins of the Copyright Infringement Analysis [J]. Stanford law review，2016，68：798.

先作品为特征的挪用艺术不甚友好❶，更倾向于保护美术形象而非文字形象❷，无法排除法官主观判断等❸，都是这一问题的典型体现。上述问题的解决需要进一步考察不同作品类型所对应的创作空间大小，细化作品创作空间考察的具体指标及步骤。其三，当前实质性相似司法裁判中存在以对在先作品的接触与使用作为构成实质性相似的证据的做法，其实质是以接触判定取代了抄袭判定❹，违背了版权保护的本旨。

1.2.5 实质性相似司法裁判的实证分析

国内文献中，比较有代表性的实证分析是黄小洵的博士学位论文《作品相似侵权判定研究》，该文对我国 2000—2014 年二审判决的 103 个涉及实质性相似侵权判定的案例进行了研究。研究结果显示，此类司法案例在数量上呈上升态势，所涉作品以文字、美术作品为主；从裁判结果来看，我国法院认定构成实质性相似侵权的二

---

❶ AREWA O. From J.C. Bach to Hip Hop：Musical Borrowing, Copyright and Cultural Context［J］.North carolina law review，2006，84：547.

❷ PING LIM T. Beyond Copyright：Applying a Radical Idea-Expression Dichotomy to the Ownership of Fictional Characters［J］. Vanderbilt journal of entertainment & technology law，2018，21（1）：111.

❸ YEN A C. Copyright Opinions and Aesthetic Theory［J］. Southern California law review，1998，71：249-250；COHEN A B. Copyright Law and the Myth of Objectivity：the Idea-Expression Dichotomy and the Inevitability of Artistic Value Judgments［J］. Indiana law journal，1990，66：212-229.

❹ SAMUELSON P. A Fresh Look at Tests for Nonliteral Copyright Infringement［J］. Northwestern university law review，2013，107（4）：1826-1827.

审判决比例远高于 50%，而美国仅为 20% ~ 30%，作者据此认为我国法院比美国法院更易判定被告侵权成立，且我国侵权现象比较严重。❶ 宋戈的博士学位论文《作品"实质性相似 + 接触"规则研究》以 2014—2018 年一审判决的 232 份案例为分析样本，发现在涉及实质性相似侵权判定的案例中，两部作品往往呈现高度的相似性以达到混淆商品经营的目的，由此引发了商标侵权判断与版权侵权判断的混同。受制于这一侵权现状，我国对作品实质性相似判定呈现出"简单化"的弊端，科学化、系统化的认识尚待形成。❷

国外文献中，有学者对版权侵权纠纷简易判决的适用情况进行了实证调查，发现被控侵权一方提起的简易判决动议常获法院支持❸，这说明很多涉及实质性相似侵权判定的案件并未进入实质审理阶段。另有学者针对美国联邦巡回上诉法院 1923—2011 年审理的 234 个实质性相似案件开展实证研究，结果显示，无论是采用普通观察者测试法、内外部测试法还是"抽象—过滤—比较"测试法，原告的胜诉率并无显著差别（分别为 32.8%、25%、23.5%）❹，差异

❶ 黄小洵.作品相似侵权判定研究［D］.重庆：西南政法大学，2015：89–100.

❷ 宋戈.作品"实质性相似 + 接触"规则研究［D］.武汉：中南财经政法大学，2019：138.

❸ BISCEGLIA J J. Summary Judgment on Substantial Similarity in Copyright Actions ［J］. Hastings communications and entertainment law journal（Comm/Ent），1993—1994，16（1）：75.

❹ 不过，也有相反的观点认为这种差异具有显著性。ROGERS E. Substantially Unfair: An Empirical Examination of Copyright Substantial Similarity Analysis among the Federal Circuits［J］. Michigan state law review，2013，2013（3）：922–923.

主要存在于不同作品类型之间。❶ 这一研究在一定程度上为以下观点提供了佐证:"关于实质性相似判定的方法,只是法官为主观判断披上合法外衣而使用的话术"。该研究还发现了法院对合理使用的态度转变对实质性相似侵权判定的影响。具体而言,在美国联邦最高法院对 Campbell 案作出有利于被告的合理使用判决后的一段时间内,关于实质性相似侵权的判定也呈现出有利于被告的趋势。❷有学者就 2010—2019 年美国法院判决的实质性相似案件展开详细分析,发现与 1923—2011 年相比,权利人胜诉率大幅度下降,并将产生这一现象的原因归结为司法机关所陷入的两大误区:一是过于青睐简易判决,忽视了陪审团在事实裁判中的作用;二是过分关注侵权作品提供的新价值与版权政策目标的契合性,而忽视其对权利人的损害。❸ 以此事实为基础,该作者进一步宣告了"实质性相似的死亡"。❹

1.2.6　实质性相似判定的改进方案

诚然,学者发出"实质性相似的死亡"之感慨,旨在揭示实质性相似判定在程序和实体方面所陷入的误区,而非否定"实质性相

❶ LIPPMAN K. The Beginning of the End: Preliminary Results of an Empirical Study of Copyright Substantial Similarity Opinions in the U.S. Circuit Courts [J]. Michigan state law review, 2013, 2013 (2): 546.

❷ 同 ❶ 562.

❸ LIM D. Substantial Similarity's Silent Death [J]. Pepperdine law review, 2021, 48 (3): 782.

❹ 同 ❸ 774.

似"在版权侵权判定中的地位。事实上，其地位也无法被撼动。有益的探索应围绕实质性相似判定的改进方案来展开。

国内文献中，对实质性相似判定的改进方案主要包括两方面：一是综合运用整体分析法与部分分析法，以弥补两者各自的弊端；二是综合考虑作品的独创性、技术含量、功能性等，确定具体适用的判定方法，这在上文"1.2.2 实质性相似判定方法及其在不同类型作品中的适用"中已有分析，不再赘述。还有学者指出，应探寻作品"结构主义"的分析方法，实现对实质性相似判定的改造。❶

国外文献对这一问题的分析还涉及如下层面：首先，诸多文献都十分强调专家证言在实质性相似判定中的作用。❷ 其次，不少学者提出了完善法官对陪审团裁判指引的方案，包括要求陪审团分别列明其认为作品中构成相似与差异的元素、促使陪审团对其事实认

---

❶ 宋戈. 作品"实质性相似＋接触"规则研究［D］. 武汉：中南财经政法大学，2019：85.

❷ LIEBERMAN N. Un-blurring Substantial Similarity：Aesthetic Judgments and Romantic Authorship in Music Copyright Law［J］. New York university journal of intellectual property and entertainment law，2016，6（1）：94-96；LEMLEY M A. Our Bizarre System for Proving Copyright Infringement［EB/OL］.（2010-08-18）［2020-08-08］. http://ssrn. com/abstract=1661434；CADWELL J. Expert Testimony，Scenes a Faire，and Tonal Music：A（Not So）New Test for Infringement［J］.Santa Clara law review，2005，46（1）：167-169；SAMUELSON P. A Fresh Look at Tests for Nonliteral Copyright Infringement［J］. Northwestern university law review，2013，107（4）：1840-1847；KUIVILA M. Exclusive Groove：How Modern Substantial Similarity Law Invites Attenuated Infringement Claims at the Expense of Innovation and Sustainability in the Music Industry［J］. University of Miami law review，2016，71（1）：276-279.

定结果进行说理等。❶ 最后，有学者从作品数据库的建立出发，探
讨了借助算法判定实质性相似的可行性。❷ 总的来看，上述改进的
基本方向都是促使实质性相似的判定更加客观、更具有预测性。不
过，相反的尝试亦有之。有学者立足于已有测试法的局限性，或
提出以版权保护目的为出发点进行个案评判的激进方案 ❸，或主张
直接以"损害"判断代替"实质性相似"判定。❹ 尤为值得注意的
是，不少学者从跨学科研究的角度提出了改进方案，这些研究有：
①有学者指出，对文字作品的侵权判定可借助内容分析法，包括符
号工具分析（"sign-vehicle" analysis）和语义内容分析（semantical
content analysis），前者对词语、短语、句子及其组合出现的频率进
行分析，后者则对表达的内容进行分析。借助内容分析法，能够为
普通观察者的判断提供解释。不过有学者也指出，这一研究尚不成

---

❶ BOOTH N. Backing Down: Blurred Lines in the Standards for Analysis of Substantial
Similarity in Copyright Infringement for Musical Works [J]. Journal of intellectual property
law, 2016, 24（1）: 127-128; JON SPRIGMAM C, FINK HEDRICK S. The Filtration
Problem in Copyright's Substantial Similarity Infringement Test [J]. Lewis & Clark law
review, 2019, 23（2）: 593.

❷ LIEBESMAN Y J. Revisiting Innovative Technologies to Determine Substantial
Similarity in Musical Composition Infringement Lawsuits [J]. IDEA: The law review of the
Franklin Pierce center for intellectual property, 2018, 59（1）: 157-180.

❸ ROODHUYEN N K. Do We Even Need a Test? A Reevaluation of Assessing
Substantial Similarity in a Copyright Infringement Case [J]. Journal of law and policy, 2007,
15（3）: 1417-1418.

❹ LAPE L G. The Metaphysics of the Law: Bringing Substantial Similarity down to
Earth [J]. Dickinson law review, 1994, 98（2）: 194-204.

熟，应当审慎适用。❶②有学者从罗森布莱特的读者反应理论出发，认为应区分输出式阅读（efferent reading）和美学式阅读（aesthetic reading），前者注重对作品及其结构的分析及知识的获取，后者更强调直觉与主观感受，而不同阅读方式的选择取决于读者阅读的目的。由于专家多为输出式阅读，陪审团阅读更具美学式阅读特点，因此应当在实质性相似的判定中为专家与陪审团分配不同的任务。❷③有学者在音乐版权侵权判定中借鉴了认知心理学的研究结论——对声音的感知一般基于特征元素而非整体，进而强调对音乐作品进行元素拆分分析；❸另有学者从格式塔理论对经验和行为整体性的强调出发，认为对美术作品的侵权认定应强调整体视觉印象。❹上述研究有助于拓宽实质性相似问题研究的学术视野，对本书具有启发意义。

❶ SORENSEN R C, SORENSEN T C. Re-Examining the Traditional Legal Test of Literary Similarity: A Proposal for Content Analysis [J]. Cornell law quarterly, 1952, 37 (2): 646-653.

❷ SAID Z K. A Transactional Theory of the Reader in Copyright Law [J]. Iowa law review, 2017, 102: 618-647.

❸ CORNGOLD I. Copyright Infringement and the Science of Music Memory: Applying Cognitive Psychology to the Substantial Similarity Test [J]. AIPLA quarterly journal, 2017, 45 (2): 338-346.

❹ LEE M H. Seeing's Insight: Toward a Visual Substantial Similarity Test for Copyright Infringement of Pictorial, Graphic, and Sculptural Works [J]. Northwestern university law review, 2017, 111 (3): 857-862.

1.3 现有研究的不足之处

通过文献梳理可以发现，当前实质性相似判定及相关研究存在如下不足。

首先，实质性相似的内涵仍有待厘清，尤其是学界对实质性相似与"抄袭""不当利用"的渊源关系、实质性相似与作品独创性之间的关联、构成实质性相似的部分是否需要具有重要的经济或美学价值、实质性相似与消费者混淆的关系等问题，尚存在分歧，需要结合版权保护的基本理念作出进一步阐释。

其次，虽然现有研究大多认为当前实质性相似判定方法存在诸多弊端，但就改进方案的研究仍显不足。大多数研究仍旧从这些判定方法出发，只是基于不同类型作品的特性在不同判定方法中作出取舍，或者结合，对判定要素的类型化分析与提炼依旧缺乏。这种"小修小补"的做法治标而不治本，亦无助于作品类型歧视问题的解决。此外，对于"实质性相似"与"抄袭"的关系，相关认识误区仍旧存在；对于在"以公开发表推定接触"的网络时代，是否有必要继续坚持"接触＋实质性相似"的判定标准，亦缺乏有力的论证。这也反映出既有研究对当前实质性相似判定方法弊端的认识并不充分，承继有余而创新不足。

再次，在跨学科研究方面，学者们更为关注认知领域，对创作领域鲜有涉及。在全民创作的时代，人们不再仅仅是作品的消费者，更是作品的创作者。实质性相似判定所实现的，与其说是创作者与作品消费者之间的利益平衡，不如说是在先创作者与在后创作者的利益平衡。因此，有必要从创作本身的空间、场景、目的及限制因素出发，结合创作理论，对现有研究的缺失进行补足。

最后，现有研究最大的问题在于缺乏整体性、系统性、客观性。这主要表现在三方面：一是满足于以作品类型为基础的分类研究，注重差异性而忽视共性，因而未能针对各类作品提炼出相对统一的实质性相似判定步骤；二是对实质性相似与合理使用关系的探讨浅尝辄止，缺乏深入研究，进而无法形成体系化的侵权判定规则；三是侧重对主观标准的依赖，未能形成相对客观、对行为人而言能够提供预期的评判标准。

上述研究的不足之处便是本书致力解决的问题。

1.4 研究方法

1.4.1 历史研究法

历史研究法关注制度与学术观点的发生与演进。作为版权法发展到一定阶段的产物，实质性相似判定的出现反映了版权保护范围的扩大。分析这一转变背后的经济、政治、哲学、观念等历史背景，将有助于对实质性相似判定的目的和本旨进行把握。此外，通过对实质性相似判定的制度与学术观点的演进进行梳理，追踪其发展脉络，也是全面理解各种不同判定方法的共性与差异、辩证分析其利弊的必要步骤。

1.4.2 比较研究法

通过比较研究法的运用，分析实质性相似判定规则在不同法律体系、制度与文化环境中运作模式的共性和差异，总结其成功经验与失败教训，往往能够实现"他山之石，可以攻玉"的效果。一方面，由于实质性相似判定并非源于我国司法实践，具有"舶来品"属性，对输出国同一制度的比较研究有助于规则的明晰；另一方面，对于我国司法实践中实质性相似判定的弊端，也可以从比较研究法的两个层面予以把握：一是既有的实质性相似判定方法、标准等在输出国的适用中已经暴露出的问题，二是由于我国在借鉴中的遗漏或者政治、经济、文化差异等因素所导致的"水土不服"。

1.4.3 案例研究法

实质性相似判定作为作品侵权判定的核心问题，具有很强的实践导向，有必要对其进行实证研究。作为实证研究重要组成部分的案例研究更能体现司法者的裁判逻辑和价值取向，并能直观、迅速地反映实质性相似判定中存在的问题。引入案例研究法，能够使本书提出的改进方案更具有针对性和建设性。

1.4.4 交叉研究法

交叉研究法，也称跨学科研究法。社会科学中各学科之间的界限并非泾渭分明，不同学科在高度分化的同时又紧密联系、相互补充，交叉研究的重要性也因此而凸显。实质性相似判定就处于交叉学科研究地带，除知识产权法学科之外，还有对被控侵权作品市场替代可能性的判定需基于认知心理学而展开，对侵权与否的判断也需综合考量文学、艺术等领域的创作手法、创作原则及作品的社会学意义，诉讼中实质正义的实现更离不开事实查明机制的运作。因此，有必要引入交叉研究法，以完善作品实质性相似侵权判定问题的研究视角。

1.5 创新之处

本书的创新之处主要体现在对现有研究不足之处的回应，具体表现在如下六方面。

第一，基于对实质性相似侵权判定案例的研究，提炼出"创作市场"与"消费市场"两个考察向度，挖掘其中具体判定思路与"实质性相似"的契合点，丰富了"实质性相似"这一概念的具体内涵。

第二，将学理和司法实践中关于"实质性相似"判定的争议归结为"事实与法律""局部与整体""相似与差异""大众与专家""共性与个性""行为与结果"六重关系，并展开具体论证。

第三，从应然和实然两个维度阐释了"接触"要件的式微，进而为"接触＋实质性相似"判断规则向"实质性相似"判断规则的演变提供正当性解释。

第四，对"实质性相似"判断与"独创性"判断的关系作出澄清，指出在确权和侵权判断中应当适用不同的"独创性"标准。同时，为避免语义混淆，提出将"实质性相似"中的"独创性"判断转变为"排除独立创作可能性"的判断，并结合创作理论，提出"要素分析—提取相似点—比较"的具体考察思路。

第五，系统分析学理观点和司法实践并作出扬弃，提炼出具有普适性的"实质性相似"判定具体步骤："排除独立创作可能性—市场替代—均衡原则"，以实现版权保护与创作自由利益的平衡。

第六，从体系化视角对版权侵权的违法性要素进行分析，提炼出"未经授权""公开传播""作品具备侵权属性"三个要素，阐明实质性相似判定服务于作品侵权属性的判断，并对"实质性相似"与"合理使用"的区别作出详细分析。

1.6 结构安排

本书按照如下的行文逻辑展开。

第一章为"引言"。首先介绍研究的背景和意义，并就现有文献进行综述，确定研究内容。第一章还对本书主要研究方法和创新之处进行说明。

第二章为"'作品相似侵权'的历史之维与价值之维"。"历史之维"从"作品相似侵权"的概念及其起源切入，深挖这一概念产生的时代背景。"价值之维"考察作品相似侵权判定的理论基础，以及所欲实现的目的，为后续章节的探讨提供价值指引。

第三章为"作品相似侵权判定的传统标准：'接触 + 实质性相似'"。通过对实质性相似判定的司法实践进行历史回溯，确定其具体内涵，提炼出主要判定方法和辅助判断标准，并对中国与美国实质性相似司法实践进行比较分析，意欲呈现实质性相似侵权判定思路的发展脉络，明晰促成其发展的动力因素，并揭示实质性相似判定中普遍存在或者仍有待澄清的问题，进而为第四章的具体分析做好铺垫。

第四章为"对现有实质性相似判定标准的反思"。着眼于现有实质性相似判定思路的局限性，第四章从实质性相似的基本定位、判断内容、判断主体，以及实质性相似判定与作品类型的关系出发，从"事实与法律""局部与整体""相似与差异""大众与专家""共性与个性""行为与结果"六个维度对关于实质性相似的争议进行了提炼，并就实质性相似判定应当如何展开作出了详细的分析。

第五章为"作品实质性相似侵权判定方法之改造"。遵循"提出问题—分析问题—解决问题"的思路，第五章在第三章、第四章的基础之上，提出实质性相似侵权判定方法改造的具体方案。总体而言，方案的核心有两点：一是提出体系化的版权侵权判定思路，明确实质性相似判定在其中的地位；二是从实质性相似的内涵及其所欲实现的价值出发，对已有判定方法取其精华、去其糟粕，提出更为科学、具体的判定步骤和判断要素。

第六章为"实质性相似侵权判定中的几个特殊问题"。第六章以第五章提出的实质性相似分析框架为基础，就几个特殊问题进行分析，以进一步论证该分析框架的普适性。此外，第六章也对司法实践的一些错误、学理观点上的部分误解作出澄清，并就举证责任、专家意见的审查及停止侵权的适用等诉讼法上的遗留问题提出解决思路。

第七章为"结论"。该章对本书主要论点进行提炼，阐述其创造性价值及意义，并对作品实质性相似侵权判定领域未来的重要研究议题进行预测。

第二章 "作品相似侵权"的历史之维与价值之维

2.1 "作品相似侵权"概念及其产生

"实质性相似"，顾名思义，即"实质性"与"相似"的结合。这一概念的提出意味着，在认定一部作品对在先作品构成侵权时，应当首先考察两部作品是否存在相似之处，然后评判相似之处是否具有"实质性"，甚至需要对其进行法律上的负面评价。为便于理解"实质性相似"，对"作品相似侵权"这一概念及其产生的历史进行回顾，是合适的出发点。

2.1.1 从原样复制到"作品相似侵权"

2.1.1.1 特许出版权时期"作品相似侵权"的阙如

与现代版权法对"作者—作品"关系的强调不同，在版权法的早期制度样态中，作者身份并不显现，甚至是缺失的。现代版权法诞生之前，作者虽为作品文本的事实创作者，但对作品并无伦理上的控制权、法律上的支配权。❶ 究其原因，则要归咎于双层依附性：第一层依附性存在于出版商与封建政府之间，第二层依附性存在于作者与出版商之间。就前者而言，作为《安娜女王法》前身的特许出版制度是官商勾结的产物，政府授予这种垄断权的主要原因并非保护出版商公会的财产权，而是为政府对出版业的监管建立有效制度；❷ 书商之权利，若非借助言论管控之话语，则难以落实。❸ 由此可见，这一制度具有以书商公会利益实现之"名"、实施政府言论管控之"实"的色彩，凸显了书商利益对政府言论管控利益的依附性。就后者而论，在印刷出版这一媒体稀缺 ❹ 的年代，特定的市场结构决定了作品的传播只能借助纸质印刷载体进行，并无其他传播渠道，出版与版权的密切关系 ❺，作者对出版商的依附性由此形成。版权法"印刷出版之子"之名 ❻ 正是这一依附性的写照。

由于存在双重依附性，早期的版权制度无关私权之保护，诸如"独创性"等强调作者对作品贡献的概念并无生成土壤，亦不存在受版权保护的部分与不受版权保护的部分之间的区分，作品是作为整体而非其具体组成部分被纳入法律规制的。英国《安娜女王法》

---

❶ 徐小奔，陈永康.作者的功能化与人工智能"机器作者"的承认［J］.中国版权，2021（2）：41.

❷ 马克·罗斯.版权的起源［M］.杨明，译.北京：商务印书馆，2018：23.

❸ 黄海峰.知识产权的话语与现实——版权、专利与商标史论［M］.武汉：华中科技大学出版社，2011：15-17.

❹ 吴伟光.版权制度与新媒体技术之间的裂痕与弥补［J］.现代法学，2011（3）：56.

❺ 郑成思.版权法（上）［M］.北京：中国人民大学出版社，2009：2.

❻ 段瑞林.知识产权法概论［M］.北京：光明日报出版社，1988：28.

将复制权严格限于印刷权和重印权，1790 年《美国版权法》在"复制权"规定中强调其与作品载体之间的关联❶，均体现出此时的"复制"概念受到严格限制，仅对作品原封不动地"完全复制"被纳入规制。❷鉴于特许出版权时期受版权控制的仅是字面侵权行为，"作品相似侵权"这一概念尚不具备生成的土壤。

2.1.1.2 私权保护时期"作品相似侵权"的兴起

随着封建社会的衰落和市民社会权利观念的进化，出版商基于垄断特权的版权主张，日益丧失了正当性基础。为迎合新的社会发展潮流，出版商开始主张对出版物的垄断保护并非基于王室授权产生，而是基于作者权利的转让。他们从自然法思想中汲取养分，用作者对作品的"精神所有权"取代"出版所有权"，为自己的垄断权利主张提供新的理论光环。❸其中，不得不提的是英国 18 世纪的"文学财产之争"，这是促进版权法现代转型的标志性事件。

由于专有出版权仅在一定期限内存续，为在图书版权到期之后继续享有出版控制权，出版商提出了"文学作品之上存在普通法的永久财产权"这一主张，指出有期限的专有出版权只是补充而非替代作者先前已经存在的永久性普通法权利❹，从而将个人作者推向了

❶ 孙玉芸.作品演绎权研究 [M].北京：知识产权出版社，2014：20-26.

❷ 黄小洵.作品相似侵权判定研究 [D].重庆：西南政法大学，2015：9.

❸ 吴汉东.无形财产权基本问题研究 [M].4 版.北京：中国人民大学出版社，2020：41.

❹ 布拉德·谢尔曼，莱昂内尔·本特利.现代知识产权法的演进：英国的历程（1760—1911）[M].金海军，译.北京：北京大学出版社，2012：13.

争议舞台的核心，开启了"作者—作品"关系强化的新历程。除此之外，作者在版权法中的地位，还因"印刷"权利的有限性而进一步凸显。具体而言，以往以"印刷"作为确认保护对象的方法虽然具有可视、明确等优点，但也存在极大弊端——"把所提供的保护限定在摹本复制件上，将大大破坏支持者自己的利益"，因为"它对于涉及原文本之外的复制形式就不能提供任何保护了"。❶ 为更好地维护自身权益，出版商开始主张除印刷版本体现的具体描述方式之外，作者在作品中表达思想情感的体裁或者风格也受保护，而后者即构成文学财产的专有领域。❷ 不难看出，出版商的本意在于控制原样复制之余，进一步将在一定程度上相似的作品纳入其得以主张权利的范围。

随着 1774 年 Donaldson v. Becket 案判决宣告文学财产之上不存在普通法上的永久财产权，"文学财产之争"告终。不过，这一争论的意义得以延续，它让"作者"从版权制度的幕后走到台前，成为现代版权制度的核心角色。

在大西洋彼岸的美国，类似的故事也在上演。在 1854 年判决的 Stowe v. Thomas 案中，法官指出《汤姆叔叔的小屋》一书的德文翻译无涉侵权，因为版权的本质是"复制权"，即制作副本的权利，作者所享有的版权仅及于呈现在作品上的具体表达形式。❸ 该案判

---

❶ 布拉德·谢尔曼，莱昂内尔·本特利. 现代知识产权法的演进：英国的历程（1760—1911）[M]. 金海军，译. 北京：北京大学出版社，2012：36-37.

❷ 同 ❶ 39.

❸ Stowe v. Thomas, 23 F. Cas. 201（C.C.E.D. Pa. 1853）（No. 13, 514）.

决并非特例，其中体现的版权观念统治了 19 世纪上半叶的美国。❶
不过在此之后，一种关于作者智慧创造的核心是"难以捉摸的智力
本质（elusive intellectual essence）"并可以以不同形式呈现的观点逐
渐占据上风❷，对作品的部分复制、"实质性相似"随即被纳入司法
规制。❸ 这一观念转变背后的促成因素正是作者在版权法中主体地
位的凸显。

一言以蔽之，"作品相似侵权"概念的兴起是版权法进入私权
保护时期的产物。

2.1.2　推动"作品相似侵权"概念发展的因素

版权法中，"作品相似侵权"概念的发展体现为版权权利范围
的扩大。正如《安娜女王法》仅规定了专有出版权，1790 年《美国
版权法》也仅赋予了印刷、重印、出版、销售的权利，早期的版权
保护主要是围绕复制发行行为展开的。❹ 此时的复制仅指与原作品
近乎完整的、文字性的复制，并不包括对作品的派生性使用。❺ "作
品相似侵权"被纳入版权视野，意味着不仅未体现新的独创性的删

❶ BRACHA O. The Ideology of Authorship Revisited: Authors, Markets, and Liberal Values in Early American Copyright [J]. The Yale law journal, 2008, 118（2）: 225.

❷ 同 ❶226.

❸ RACHUM-TWAIG O. Copyright Law and Derivative Works: Regulating Creativity [M]. New York: Taylor & Francis Group, 2019: 3.

❹ ANTHONY R R. Innocent Infringement in U.S. Copyright Law: A History [J]. The Columbia journal of law & the arts, 2007, 30（2）: 140.

❺ 梁志文. 论演绎权的保护范围 [J]. 中国法学, 2015（5）: 143.

减、增添、同义反复、文字改写等行为被纳入复制权规制，未经许可进行翻译、改编、摄制等增加新的独创性的演绎行为也将获得版权法上的负面评价。回溯历史可以发现，这一概念是在私权观念兴起的背景下，伴随着技术的变迁、产业保护的诉求与哲学思潮的发展而逐步在版权法中生成、演变的。

2.1.2.1　技术的变迁

"作品相似侵权"概念的发展源于技术的变迁。毫不夸张地说，版权发展的历史就是一部版权人的权利随技术演进而不断扩张的历史。之所以如此，是因为版权保护本质上是一种市场机制。无论是给劳动以报酬的劳动财产论还是以激励作品的创作与传播为核心的激励理论，其制度化落实都依赖于作品的市场化运营，进而受制于版权交易的市场结构。在决定市场结构的诸多因素中，技术的影响尤为深远，极易产生"颠覆式创新""创造性破坏"的效果，损害版权人获益的能力。版权随技术发展而扩张，便成为恢复权利人控制作品权利的一种必要的补救措施。

从历史上看，技术创新对版权人权利的负面影响主要体现在两方面。其一，降低版权人在原有市场的获益能力。出版特权的解除降低了印刷产业的进入门槛，技术的进步又使得复制者能够以较低成本制作作品的替代物，这些替代物虽然改变了最终呈现的作品表达，却是基于该作品而生成的，保留了作品的核心内容和基本表达，与之具有基本相同的美学吸引力。此时，若不扩大复制权的范围使之囊括此类规避侵权的行为，那么由于市场替代效应，版权的经济价值将大打折扣。其二，创造出替代原有市场的新市场。一个典型的例子是摄制技术及由此催生的电影市场。在"小说—剧本—电影"的链条之中，前者构成后者的创作基础，而后者既保留了前者的基本表达又贡献了新的表达，三者虽不属于同一市场，但仍旧具有一定的市场可替代性。若小说版权人无法对改编剧本、摄制电影的行为施以控制，无异于在实质上剥夺其版权。从这个角度来看，"作品相似侵权"是顺应技术变迁的必然产物。

2.1.2.2　产业保护的诉求

"作品相似侵权"概念的发展离不开产业保护的诉求。从技术变迁的视角理解版权权利的扩大，看似具有不可反驳的合理性，但也掩盖了制度演进背后能动的"人"的因素。我们对法律演进的分析通常采取"外部视角"与"内部视角"二分进路。前者又称功能主义视角，强调法律对外部世界中利益诉求的回应；后者又称自治主义视角，认为法律与社会沿着不同的路径演进，法律领域具有一定的自治性，法律概念的演进在很大程度上是由法官、立法者对法律内在一致性和价值的探索来实现的，目的是自身体系的融洽。❶依笔者之见，完整的法律史分析应当是上述视角的融合，但也应更为注重外部视角分析，因为法律毕竟最终需作用于法律之外的广泛社会场景。就知识产权法分析的外部视角而言，广受认可的是哈罗德·德姆塞茨的产权理论和基于功利主义的激励理论。这些理论认

❶　CARROLL M W. The Struggle for Music Copyright [J]. Florida law review, 2005, 57: 914-918.

为，一旦一种资源变得非常有价值，以致赋予产权激励所带来的效益超出其运行成本，财产权就会产生；[1] 若不扩张财产权，将无法激励作品的创作与传播。然而，这种基于理论的正当性分析不得不面临现实世界中成本收益数据缺失的困扰，看似"精美"，却难免给人空中楼阁之感。更务实的"外部视角"解读，是将这一理论纳入利益博弈进程，以之为版权产业寻求自身利益扩张的理论工具，并考察立法、司法机关对产业保护诉求的回应。易言之，需要考察版权扩张进程中"人"的因素。

根据学者的研究，扩张版权最初的推动因素是图书跨国贸易，版权人在国外市场上对译作的权利主张使翻译权得以"入法"，进而开启了版权人控制作品演绎创作的扩张之路。[2] 这一使作品改编经过了"由合理模仿到侵害版权的演化过程"[3] 的努力，也必然强化一种意识——版权保护不应停留在作品的最终表达形式上，而需延及作品的内容。[4] 无独有偶，产业保护的诉求也体现在音乐作品版权扩张之中。1777 年德国作曲家约翰·塞巴斯蒂安·巴赫起诉一伦敦音乐出版商未经授权印刷、分发其奏鸣曲作品并获得胜诉，开启了英国普通法保护音乐作品的先河；[5]《美国版权法》也于 1831 年

---

[1] DEMSETZ H. Toward a Theory of Property Rights [J]. American economic review, 1967, 57（2）: 350.

[2] 梁志文. 论演绎权的保护范围 [J]. 中国法学, 2015（5）: 143.

[3] 李杨. 作品改编权保护的历史之维 [J]. 知识产权, 2018（6）: 37.

[4] See Act of 8 July 1870, ch. 230, § 86, 16 Stat. 198.

[5] CRONIN C. I Hear America Suing: Music Copyright Infringement in the Era of Electronic Sound [J]. Hastings law journal, 2015, 66（5）: 1194-1195.

修订时将音乐作品纳入版权保护客体。但是，此时的音乐版权仅针对整部音乐作品，而不为其组成部分提供保护。在 1915 年宣判的 Boosey v. Empire Music 案❶ 中，纽约南区法院首次判定对音乐作品部分的使用可以构成侵权。法院在说理中回应了当时作为新兴产业的美国音乐产业的利益诉求，指出"从现实视角出发，此类音乐作品往往只能流行一时，若在公众对其仍有兴趣之时就切断版权保护，将造成严重的损害"❷。在更广的视野之中，产业诉求始终是法院在判决中不断诉诸的利器，而组织化的版权利益团体相比于个体化的侵权人而言，往往能够提供更具说服力的解释。根据论题学的观点，意见本不具有真理性，其妥当性是由论辩来支持的❸，因此，能够提供更具说服力解释的组织化利益团体便具有了在一定程度上决定立法结果的能力。从这个角度来看，从"原样复制"到"作品相似侵权"概念的引入，只是围绕版权扩张展开的广泛利益博弈进程的一个缩影。

2.1.2.3 哲学思潮的发展

"作品相似侵权"概念的产生还要归功于哲学思潮的发展，"浪漫作者"观念在其间发挥了重要作用。除"外部视角"与"内部视角"的区分之外，在法律演进的分析中还存在一种基于"物质"与

---

❶ Boosey v. Empire Music, 224 F. 646（S.D.N.Y. 1915）.

❷ Boosey v. Empire Music, 224 F. 646, 647（S.D.N.Y. 1915）.

❸ 詹姆斯·E. 赫格特. 当代德语法哲学［M］. 宋旭光，译. 北京：中国政法大学出版社，2019：186.

"观念"的二分法，前者强调经济社会的发展对法律的影响，后者则主张法律的变迁时常受时代观念左右。[1]"浪漫作者"观念的引入是后者在版权制度演进中的一个重要缩影。

李琛教授曾指出，作者人格权的引入是"浪漫主义的美学和法学偶遇的结果"[2]。其实，这一表述同样适用于作品相似侵权判定。在浪漫主义美学盛行之前，柏拉图的理念论极具影响力。这种理论认为，形式的事物对应可感世界，作为意向的对象，是偶然、不真实的存在；理念的组成对应可知世界，作为知识的对象，是必然的真实的存在。始终处于生灭变化中的可感世界不过是对真实的、永恒存在的可知世界的摹仿或分有。[3]理念中已经包含事物所有可能的样态，所谓"创作"不过是对自然界的一种"模仿"，所谓"作者"也并非"作"者，只不过是"大自然的搬运工"。与之相应，最早的"创新"（creativity）被认为是神的启示，与人的创造力并无关联。[4]既然艺术创作并不具有创新属性，赋予版权的道德基础便不存在。更有甚者，在理念论看来，画家、诗人等艺术家的工作，其实质仅在于对影像的模仿，而模仿者对于自己描画的事物是否美

---

[1] CARROLL M W. The Struggle for Music Copyright [J]. Florida law review, 2005, 57: 914.

[2] 李琛. 著作权基本理论批判 [M]. 北京：知识产权出版社，2013：178.

[3] 王彩蓉. 柏拉图理想国的理念论解读 [J]. 山西大同大学学报（社会科学版），2012（6）：27.

[4] GLAVEANU V P, KAUFMAN J C. Creativity: A Historical Perspective [C] // KAUFMAN J C, STERNBERG R J. The Cambridge Handbook of Creativity (Second Edition). Cambridge: Cambridge University Press, 2019: 9–12.

与正确并不具有真知，他们"在进行自己的工作时是在创造远离真实的作品，是在和我们心灵里的那个远离理性的部分交往""他的创作是和心灵的卑贱部分打交道的"❶，文学作品、艺术品所附着的"低劣物质永远会抵制完美无瑕的印记，妨碍理念的自我实现"，这便否认了艺术的正当性。❷ 在上述思想的影响下，期冀作者获得超出文本本身之外的权利是难以想象的。

直到浪漫主义美学兴起，并催生出"浪漫作者"观念，这一认识才得到纠正。浪漫主义美学盛行于 18 世纪后半期至 19 世纪前半期的欧洲，以人性的张扬为突出特点，这一观念在社会意识领域与创作领域产生了深远影响。质言之，在社会意识层面，浪漫主义使"艺术是对个人情感与个性的反映"这一观点开始获得广泛的社会认同，由于个性不仅体现在作品最终呈现的形式之中，对作品一定程度的删减、增添、抽象仍可能保留作者的个性要素，版权法只保护表达思想的具体方式而不保护作为其基础的抽象内容的观点，就丧失了哲学基础；❸ 在艺术创作领域，浪漫主义美学重塑了作品创作方式——艺术家不再以传统教学方法中所强调的图式作为创作的出发点，他们逐渐认为"努力描绘那事先绝不可能预见、事后也绝不

---

❶ 柏拉图. 理想国 [M]. 郭斌和, 张竹明, 译. 北京: 商务印书馆, 2009: 399–407.

❷ E. H. 贡布里希. 艺术与错觉——图画再现的心理学研究 [M]. 杨成凯, 李本正, 范景中, 译. 南宁: 广西美术出版社, 2012: 137.

❸ COHEN A B. Copyright Law and the Myth of Objectivity: the Idea-Expression Dichotomy and the Inevitability of Artistic Value Judgments [J]. Indiana law journal, 1990, 66: 204.

可能重现的唯一的视觉经验才是艺术家的任务"❶。更为开阔的创作思路与视野为作者个性的展现提供了更大的空间，这也进一步强化了人们对"作品属于作者"这一观念的认同。在创作领域与社会意识领域的互动中，"作品相似侵权"概念得以不断发展。

2.2　作品相似侵权判定的理论基础与价值取向

如上文所述，"作品相似侵权"概念的产生是经济与社会发展的产物，但不可否认的是，这一概念的引入也带来了新的问题。当版权仅能控制字面侵权时，版权保护的边界是清晰的，因独立创作产生相同作品进而被认定为侵权的情形几乎不存在，公众的创作自由能够得到充分保障。然而，一旦版权控制范围超出字面侵权，深入作品的形式与内容，版权与公众创作自由的冲突便成为隐患。如何实现利益平衡便成为版权立法与学术研究无法回避的重要课题。

从大的方向来看，版权法对这一问题的回应主要是通过基础理论与价值取向的确定实现的。基础理论既包括专注于版权的"思想—表达二分"理论、独创性理论、公共领域理论，也包括文学领域中的读者反应理论；价值取向则主要包括"保护著作权利""鼓励自由创作"和"促进社会文化的繁荣"三个方面。

---

❶　E. H. 贡布里希 . 艺术与错觉——图画再现的心理学研究［M］. 杨成凯，李本正，范景中，译 . 南宁：广西美术出版社，2012：154.

2.2.1 作品相似侵权判定的理论基础

2.2.1.1 "思想—表达二分"理论

"思想—表达二分"理论是作品相似侵权判定的重要理论基础之一。版权法只保护表达，不保护思想，是其核心内涵。与人们通常所认为的"思想是表达的内容，表达是思想的形式"[1]不同，"二分法"中的"思想"与"表达"均有特定的内涵，主要从内容的抽象程度、个性体现程度进行划分。

"思想—表达二分"理论将文化科技领域的思想、规则、主题、事实等排除在出版权保护范围外，供他人自由使用。[2]其在成文法中的体现，典型代表为《美国版权法》第102条（b）款，具体规定为："在任何情况下，对作者独创作品的版权保护，不得扩大到思想、程序、方法、系统、运算方式、概念、原理或发现，无论作品以何种形式对其加以描述、解释、说明或者体现。"[3]类似的规定也体现在《与贸易有关的知识产权协定》（以下简称《TRIPS协定》）中，具体条文为："版权的保护仅及于表达方式，而不延伸至思想、程序、操作方法或数学概念本身。"

根据学者的考察，费希特将"素材"和"形式"的概念纳入

---

[1] 冯晓青，刁佳星.从价值取向到涵摄目的："思想/表达二分法"的概念澄清[J].上海交通大学学报（哲学社会科学版），2021（4）：28.

[2] 杨利华.从应然权利到实然权利：文化权利的著作权法保障机制研究[J].比较法研究，2021（4）：134.

[3] 17 U.S. Code § 102（b）.

版权保护，是"思想—表达二分"理论的思想源头。❶ 在费希特看来，如果有一样东西是我所拥有且其他人没有办法进行物理上的利用的，那么这个东西是合法地归属于我的。以此为出发点，费希特作出了如下区分：思想的所有者在出版之前享有对思想的专有权利，一旦出版，思想则成为公有财产，思想的所有者无法再对其进行物理上的利用；作品形式的所有者对其创作的形式享有永久的排他力、不受发表与否的限制，换言之，作品的形式是他人无法进行物理上的利用的。❷ 费希特对上述区分的论证主要基于认识论视角。依其之见，人们学习新知识的基本方法是通过类比将新知识融入其既有的知识模式（reworking the idea into his or her existing thought patterns），由于每个人既有的知识模式与知识体系都是独特的，因此对同一传授者所传授的知识，不同的接收者将会以不同的方式进行消化，并形成各自富有个性的表达。❸ 由此可自然得出"思想不可以独占、作品的形式可以独占"的结论，从而为版权仅保护作品形式、不保护作品的思想提供解释。

需要指出的是，费希特据此得出只有逐字抄袭方构成侵权，则

---

❶ 王凤娟，刘振. 著作权法中思想与表达二分法之合并原则及其适用 [J]. 知识产权，2017（1）：88.

❷ PING LIM T. Beyond Copyright: Applying a Radical Idea-Expression Dichotomy to the Ownership of Fictional Characters [J]. Vanderbilt journal of entertainment & technology law, 2018, 21（1）：119-122.

❸ PING LIM T. Beyond Copyright: Applying a Radical Idea-Expression Dichotomy to the Ownership of Fictional Characters [J]. Vanderbilt journal of entertainment & technology law, 2018, 21（1）：122.

未免走得太远。依循其论证思路，"作品中展现作者个性、能够体现不同作者之间差异性的部分，均无法由他人进行物理上使用，进而具备获得版权法保护的资格"，才是理应得出的结论。其中，"个性""差异性"等术语也揭示了"思想—表达二分"理论与独创性理论之间的亲和力。

版权法不保护思想的原因，除费希特所提出的"思想无法占有"这一事实考量之外，还涉及必要性、正当性等价值考量。由于思想的自由流通不会损害传播者，反而使其从对思想的广泛传播中获得认同感，所以版权保护思想的必要性大打折扣。此外，思想作为一定环境下公众推进发展的产物，亦不具备为个体所垄断的正当性。❶ 反之，若对思想赋予版权保护，人们为使用思想，要么不得不在确认思想的所有人和磋商使用思想的许可条件方面付出成本，要么需在寻求替代表达方式方面花费成本；❷ 此外，还会导致寻租成本和更大的保护成本，减少社会整体福利。❸

"思想—表达二分"理论具有坚实的理论基础，但在具体运用中却存在不少问题。虽然以"二分"形式呈现，"思想"与"表达"却并非泾渭分明。以文学作品为例，一般认为作品的主题为思想、具体的文字表述为表达，但情节架构、具体情节、人物关系、人物形象究竟是思想还是表达，则难有定论。即使后续发展出针对有限

---

❶ 杨利华.公共领域视野下著作权法价值构造研究［J］.法学评论，2021（4）：128.

❷ 王素玉.版权法的经济分析［M］.北京：经济科学出版社，2016：119.

❸ 冯晓青，刁佳星.从价值取向到涵摄目的："思想／表达二分法"的概念澄清［J］.上海交通大学学报（哲学社会科学版），2021（4）：33.

表达的"合并原则"、过于普通的场景不受保护的"场景原则"❶，由于这些原则的适用本身也充满争议❷，其在促进"思想—表达二分"理论清晰化方面所发挥的作用十分有限。除此之外，"思想—表达二分"理论的局限性还体现在如下方面：其一，司法实践中为克服"思想—表达二分"理论适用的任意性而作出的尝试有时会产生适得其反的效果，使法律适用更为僵化，关于"游戏规则不属于表达"的观点即为最典型的例子❸，这种观点的广泛运用将不利于激励创新。❹其二，二者并非"有无之分"，而是"程度之别"，这是二分法固有的局限性之所在。❺英国法院就曾指出，"思想"可进一步细分为"概括性的思想"与"具体思想"，对后者的使用存在成立版权侵权之可能。❻其三，有学者通过研究发现，法院关于什么是"思想"的观点经常取决于对作品市场价值、成功程度、作者声誉的考量，缺乏一致性，这种判断实质上是以法官个人对作品价值的

---

❶ 场景原则由扬克维奇（Yankwich）法官在 Schwartz v. Universal Pictures 案中引入，其指出，正如手绢在擦拭红墨水后必然会出现红色斑迹，在作品中也存在一些必然会产生的场景。既然具有不可避免性，就应当在版权侵权判定中予以特殊考量。85 F. Supp. 270, 275（S.D. Cal. 1945）.

❷ FAUST M J. What Do We Do with a Doctrine Like Merger? A Look at the Imminent Collision of the DMCA and Idea/Expression Dichotomy [J]. Marquette intellectual property law review, 2008, 12（1）: 131.

❸ 初萌. 实质性相似判定中的创作空间考察 [J]. 中国版权，2020（5）: 59.

❹ 参见暴雪娱乐有限公司、上海网之易网络科技发展有限公司与上海游易网络科技有限公司擅自使用知名商品特有装潢纠纷、虚假宣传纠纷、其他不正当竞争纠纷案一审民事判决书，上海市第一中级人民法院（2014）沪一中民五（知）初字第 22 号。

❺ 初萌. 实质性相似判定中的创作空间考察 [J]. 中国版权，2020（5）: 59.

❻ Ibcos Computers Ltd v. Barclays Finance Ltd, [1994] FSR 275.

判断取代了"思想—表达二分"判断；❶ 从这个角度来看，"思想—表达二分"理论或许只是"用一种所谓客观的、科学的、明确的、标准化的方法去试图解决一个本来就属于主观的、经验的、模糊的、不具操作性的命题"。❷

2.2.1.2 独创性理论

我国多数学者均认为作品实质性相似侵权判断与独创性判断之间存在密切联系，独创性理论在认定作品相似侵权中的地位可见一斑。需要指出的是，"独创性"针对作品的表达而言，"思想"与"表达"的界分对于"独创性"的界定至关重要——"思想—表达二分"理论将具有独创性的思想排除在版权保护之外。不过，这两种理论亦非泾渭分明，"合并原则""场景原则"之实质是将不具独创性的表达归入"思想"范畴。有学者亦指出，对"思想"与"表达"不应从语义学的角度理解，而应关注其背后的隐喻，即以"思想"指代作品中不受保护的部分，以"表达"指代作品中受保护的部分。❸ 由此可见这两种理论之间的关联。

"独创性"由"独"与"创"两部分构成，"独"是指作品独立

---

❶ COHEN A B. Copyright Law and the Myth of Objectivity: the Idea-Expression Dichotomy and the Inevitability of Artistic Value Judgments. Indiana law journal, 1990, 66: 212-229.

❷ 熊文聪. 被误读的"思想/表达二分法"——以法律修辞学为视角的考察 [J]. 现代法学，2012（6）：177.

❸ GOLDSTEIN P. Copyright: Principles, Law and Practice [M]. Boston: Little, Brown and Company, 1989: 76.

创作完成、不存在抄袭，"创"是指作品具有创作性。[1]在艺术领域，人们对创作性的理解与其所采取的"艺术"观念有关，形式主义的艺术观强调作品的物理呈现，意图主义的艺术观关注艺术家的创作意图，制度主义的艺术观关注艺术领域的创作者与鉴赏者如何看待作品，相应地，对独创性的理解也存在形式主义、意图主义与制度主义的维度。[2]

整体来看，世界各国版权法主要采用形式主义的独创性理念，从呈现的作品样态判断其是否具有独创性。创作意图对版权的赋予虽然必要，却并不充分，最终仍需结合作品呈现方式作出具体判断。只是对于创造性高度的要求，不同国家存在差异，这种差异在一定程度上归因于关于独创性的制度主义观念。一般来说，大陆法系国家对创造性要求较高，通常要求作品具有一定的审美意义，或者达到特定的创作高度[3]，且更为强调创作主体和创作过程，具有一定的主观主义色彩；[4]英美法系国家对创造性标准要求较低，多采用付出劳动的额头流汗标准。之所以存在前述差异，主要是因为

———————

❶《最高人民法院关于审理著作权民事纠纷案件适用法律若干问题的解释》第15条规定："由不同作者就同一题材创作的作品，作品的表达系独立完成并且有创作性的，应当认定作者各自享有独立著作权。"其中，"独立完成"与"创作性"是司法实践对独创性内涵的总结。

❷ YEN A C. Copyright Opinions and Aesthetic Theory [J]. Southern California law review, 1998, 71: 247-302.

❸ 图比亚斯·莱特. 德国著作权法 [M]. 2版. 张怀岭，吴逸越，译. 北京：中国人民大学出版社，2019：26.

❹ 杨述兴. 作品独创性判断之客观主义标准 [J]. 电子知识产权，2007（8）：63-64.

大陆法系国家注重版权保护的人格理论、强调作者与作品之间的归属关系，而英美法系国家更多以功利主义视角对待作品、将版权视为促进经济社会文化繁荣的制度工具。有学者指出，我国近代以来的两次立法都选择了欧洲大陆的作者权制度，其较高标准的独创性要求应当成为我国作品保护的基点。❶ 不过，对我国司法判决的调研则显示，法官对独创性的标准并未形成一致看法，存在四种不同观点：第一种要求作品具有一定的"创作高度"；第二种要求作品体现"作者个性"，即作者某种程度的取舍；第三种要求作品具有"最低限度的创造性"；第四种融合了前述三种观点，如要求作品的智力创作高度能够体现作者独特的智力判断与选择、展示作者个性并达到一定的创作高度。❷ 可见，我国司法实践中尚不存在统一的独创性判断标准。

值得注意的是，独创性标准的发展业已呈现出两大法系融合的趋势。一方面，美国 1991 年裁判的 Feist 案提出了"最低限度创造性"的标准，提高了独创性要求；❸ 类似的标准还体现在关于版权登记的规定之中，如"名称、标题、口号等词语及简短词组""人们熟知的符号或设计""仅仅是印刷纹饰、字体或颜色的变化"等因不具独创性而不能进行版权登记。❹ 在实践中，商品的简单包装

---

❶ 李明德.两大法系背景下的作品保护制度［J］.知识产权，2020（7）：3-13.

❷ 李自柱.作品独创性的实证分析与路径选择［J］.版权理论与实务，2021（6）：42-45.

❸ Feist Publications, Inc. v. Rural Telephone Service Company, Inc., 499 U.S. 340（1991）.

❹ 37 C.F.R. § 202.1（a）.

等因不能体现出足够的个性选择而沦为司空见惯的样式，亦无法获得版权登记。❶ 另一方面，作为大陆法系国家的日本就采取了较低的独创性标准，几乎所有的体育赛事录像画面都能被认定为作品；❷ 我国司法实践中认定体育赛事直播画面为作品的案例 ❸，也体现了独创性要求的降低；此外，欧盟立法与司法实践亦开始放宽作品独创性判定标准，只要作品属于作者的智力创造（be the author's own intellectual creation），即便作品并不具有审美意义 ❹、抑或承担了一定的技术功能 ❺，均不影响独创性的判定。两大法系独创性标准融合的结果，是独创性标准日益客观化为"区分性"标准 ❻，作品不必须是"艺术品"，只要体现出人类个性化选择 ❼，即便体现的量很微小，也值得版权保护。

---

❶ KLUFT D. Copyright Office Denies Protection for "Unique" Product Packaging ［EB/OL］.（2018-08-06）［2021-10-05］. https://www.trademarkandcopyrightlawblog. com/2018/08/copyright-office-denies-protection-for-unique-product-packaging.

❷ 袁秀挺，方帅. 体育赛事直播的著作权保护述评［C］// 易继明. 私法（第14辑·第1卷）. 武汉：华中科技大学出版社，2017：343-344.

❸ 参见央视国际网络有限公司与暴风集团股份有限公司侵犯著作权纠纷再审民事判决书，北京市高级人民法院（2020）京民再127号。

❹ CJEU judgment of 12 September 2019, Cofemel — Sociedade de Vestuário SA v. G-Star Raw CV, C-683/17, ECLI：EU：C：2019：721.

❺ CJEU judgment of 11 June 2020, SI, Brompton Bicycle Ltd v. Chedech/Get2Get, C-833/18, ECLI：EU：C：2020：461.

❻ 初萌. 论作品独创性标准的客观化——基于欧盟最新立法与司法实践的探讨［J］. 版权理论与实务，2021（6）：29.

❼ 孙昊亮. 全媒体时代摄影作品的著作权保护［J］. 法律科学（西北政法大学学报），2021（3）：112.

独创性标准的改变对于作品相似侵权判定意义重大。鉴于独创性与实质性相似之间存在密切关联，前者之变化需后者调整予以回应，以在实现版权保护的同时防止对自由创作空间的过度侵蚀。

2.2.1.3 公共领域理论

如果说独创性理论从正面规定了作品受版权保护的要件的话，那么公共领域理论则从反面界定了版权不能侵入的范围。从最广义的角度看，文学、艺术、科学领域内所有不受版权法保护的思想、缺乏独创性的内容、超过版权保护期限的作品、政府文件等不受版权法保护的作品、不构成版权侵权的行为，均可被纳入公共领域范畴。

公共领域是作品存在的基础和前提，其在版权法中具有基础地位，能够服务于版权法促进知识创造与传承文化的目标。❶公共领域理论具有广泛的正当性基础。激励理论中，已经预设了公共领域——若版权保护范围过宽，公众表达自由受限，则无法促进作品创作与传播效应最大化。公共领域的存在亦为正义的道德观念所要求。根据科恩的观点，财产权的赋予应当以外部世界由所有公民联合所有的假设为前提，每项占有必须经过联合所有者们的批准，公共领域先于财产权而存在。❷即使通常被认为支持版权扩张的劳动财产理论，也隐含了捍卫公共领域、保护知识产品的使用者与未来

❶ 杨利华.公共领域视野下著作权法价值构造研究［J］.法学评论，2021（4）：122.
❷ 埃里克·肖科尔特.分配正义、福利和自由的经济学［C］//克劳斯·某纳·谢勒.正义.王淑娟，译.南昌：江西人民出版社，2020：141-142.

创造者、平衡各方利益的要求。这是因为虽然洛克从每个人对身体的所有权人手，论证了私人财产所有权的正当性❶，但其眼中的私人财产权并不是绝对的，需受限于"留有足够的同样好的东西给其他人所共有"这一条件，所以其中蕴含着对公共领域的捍卫。对此，詹姆斯·塔利的分析尤为精辟，他指出，洛克眼中最为根本的自然法并不是私人基于劳动而获得财产权，而是人类作为一个整体必须被保存，以及为实现这一保存所应施加于每个人的慈善的积极义务："每个人的包容性权利指向一个既定社会中的物品。这项权利被每个个体享有是因为这有利于实现保存人类的目的。当极度困境的情况出现时，事实上就意味着一个人的个体权利被另一个人的主张压制了……物品的所有者如果没能交出物品，那么他就侵犯了此刻属于贫困之人的份额，而应受到惩罚"。❷ "贫困的人像其他所有人一样，享有'在这个世界上舒适生活的权利'"❸，这一论断同样适用于知识贫困者。就创作而言，一人版权之享有不得致使公众的创作自由、言论自由受限，不应阻碍人们获取丰富的精神文化成果，这便是公共领域的道德之维。

公共领域理论的制度落实，主要体现为关于作品独创性的要求、保护期的限制，以及排除客体、合理使用、法定许可等规定。

---

❶ 洛克 . 政府论（下篇）[M]. 叶启芳，瞿菊农，译 . 北京：商务印书馆，2009：18. 易继明 . 评财产权劳动学说 [J]. 法学研究，2000（3）：95–107.

❷ 詹姆斯·塔利 . 论财产权：约翰·洛克和他的对手 [M]. 王涛，译 . 北京：商务印书馆，2014：178.

❸ 同❷.

随着版权扩张的态势愈演愈烈，学者对公共领域理论的关注亦与日俱增。国外学者中，李特曼的研究最具代表性，其认为健全的公共领域对鼓励创作具有积极意义，是版权制度的支柱。❶ 国内学者中，亦不乏从宪法解释学角度阐释"著作财产权不属于宪法财产权，而是对宪法财产权的限制"观点者 ❷，主张最好的版权制度应当实现表达自由和财产自由最大化、构建版权公共领域基础设施、实现公平正义者 ❸，分析技术理性对版权法的侵蚀并从商谈民主理论中寻求破解之道者。❹ 无论采用何种具体观点，公共领域理论均倡导版权保护的平衡理念。公共领域理论对作品相似侵权判定的重要意义在于，提示立法者、裁判者注重被控侵权人与权利人之间的两造关系，不能过度关注权利人损失之补救，而致被控侵权人行为之自由于不顾。

2.2.1.4　读者反应理论

与独创性理论、"思想—表达二分"理论、公共领域理论等学界公认的版权基础理论不同，读者反应理论本无涉版权，而生发于文学领域。笔者将之纳入作品相似侵权判定的理论基础，主要是考虑到这一理论与版权法"市场之法"基本属性的契合。

---

❶ LITMAN J. The Public Domain [J]. Emory law journal, 1990, 39：965–1023.

❷ 刘义. 著作财产权的宪法基础——基于宪法解释学立场的辨析 [J]. 知识产权, 2016（1）：78–83.

❸ 徐瑄，吴雨辉. 论版权立法的对价技艺 [J]. 知识产权, 2013（10）：33–42.

❹ 初萌. 版权扩张之反思——以技术理性为视角 [J]. 科技与法律, 2013（1）：38–47.

政府奖励、政府资助和版权制度，是最常被提及的创作激励制度。政府奖励、政府资助虽有一定的效率，但难以解决寻租问题，且服务于政府而非社会公众的偏好，致使劣势明显。这一劣势恰好能够为版权法"市场之法"的属性所克服。除被界定为非法作品者的版权保护受到一定限制之外，版权法不屈服于特定主体的价值判断，而对创作者一视同仁。版权法通过产权配置与市场机制联结了作者与读者，使符合大众审美的作品源源不断地产生并服务于文化事业繁荣。版权法对作品创作的激励具有重结果、轻过程的特点。诚然，一部经典作品往往是作者耗费心血、精雕细琢的产物，也因之而获得市场认可。不过，也存在这样的情况：有些作者煞费苦心创作的作品却不受市场认可；有些作者不费吹灰之力便能创作出广受市场认同的作品。此时，版权法重结果、轻过程的特点便体现为对前者的忽视、对后者的褒奖，尽显市场"优胜劣汰"之本质。

版权法的"市场之法"属性使作品的读者地位凸显，这与读者反应理论可谓异曲同工。早期文学理论对作品的理解建立在"作者—作品"关系之上，读者仅仅是作品的被动接受者。随着西方结构主义思潮兴起，"作者—作品"关系被解构。根据索绪尔的结构主义语言学观点，语言是一个自我指称的、具有特定结构的符号系统，作者的创作需要遵循这一系统及其结构的限制，这一被共享的系统及其结构也为人们理解具体文本含义、实现从对"作者"到"文本结构本身"的强调提供了可能性。鉴于作品的中心意义不再是作者的灵魂，而是更深层次的文本结构本身，作为作者的主体便被有效地消解了。❶伴随着文学理论"全神贯注于作者""绝对关心作品"❷的阶段之终结，从作者中心向读者中心的趋势亦开始显现。其主要表现之一，即关注读者的主观能动性在构建作品意义方面的作用。

　　读者反应理论的代表性人物是沃尔夫冈·伊瑟尔。他认为，文本意义的产生源于读者与文本的相互交流❸，这种交流以如下形式展开："作品的语句组成了一个个关联指涉，读者犹如移动的视点，在文本内部的指涉网中游移，游移的方式是'保留'（retention）和'延伸'（pretension）。延伸指的是由'文本—读者'互动造成的读者对下文的期待，保留则是上文一系列期待对读者造成的影响、变化。"❹不难看出，"交流"意味着读者已在阅读之中对文本融入己见，读者眼中的"文本"与作者意欲表达的"文本"已非同一"文本"，其已成为形式意义上的作品文本与读者基于自身阅历引发的想象结合的产物。与之相应，对作品相似与否的价值判断便不能仅基于对作品字面含义的理解，而应从读者角度思考是否存在作品美学吸引力层面的市场替代效应。

---

❶ 特雷·伊格尔顿.二十世纪西方文学理论［M］.伍晓明，译.北京：北京大学出版社，2007：109–110.

❷ 同❶73.

❸ 林晓青.伊瑟尔的阅读理论解读［J］.图书馆学研究，2017（14）：3.

❹ 朱刚.不定性与文学阅读的能动性——论 W.伊瑟尔的现象学阅读模型［J］.外国文学评论，1998（3）：110.

2.2.2　作品相似侵权判定的价值取向

2.2.2.1　保护著作权利

任何法律制度背后都有重要的价值考量，版权制度亦无例外。版权法为利益平衡之法，旨在实现创作者、传播者、使用者利益的均衡保护。但是，笼统的利益平衡观除概括性地描述合理性之外，"几乎没有切实用途"❶。为增强版权法中利益平衡机制的可操作性，有必要确定何种利益更为优先。

对于这一问题，国内外均有学者给出了令人信服的答案。美国学者墨杰斯指出，在知识产权法体系中，核心原则是尊重知识产权的财产权属性，"最好的出发点还是保持一种对财产的个人所有权的信念"。❷我国学者中，刘春田认为，版权法的宗旨在于建立以保护创作者权利为基础的私权制度，把传播者、阅读者置于和作品创作者相同的地位并不符合版权法的基本原则；❸孙阳指出，版权法以作者权利的实现为制度核心，兼顾社会公众对于文学、艺术和科学领域独创性表达的合理需求；❹丛立先强调，版权法科学的利益分配和均衡应当以加强创作者利益保护为首要原则，并适当考虑使用者

---

❶　刘银良. 百尺竿头，何不更进一步？——评著作权法第三次修改［J］. 知识产权，2013（2）：26.

❷　罗伯特·P.莫杰思. 知识产权正当性解释［M］. 金海军，史兆欢，寇海侠，译. 北京：商务印书馆，2019：19-20.

❸　刘春田. 民法理念与著作权法修改［J］. 版权理论与实务，2021（1）：33-34.

❹　孙阳. 诚实信用原则与著作权惩罚性赔偿的制度性兼容［J］. 版权理论与实务，2021（5）：25-26.

的利益。❶ 相较于传播者、使用者利益的实现，上述观点均更强调著作权利保护的优先地位。依笔者之见，这一观点的正确性源于其与激励理论的契合。如果说保护版权是版权法的直接目的，那么鼓励有益于社会主义精神文明、物质文明建设的作品的创作和传播，乃至促进社会主义文化和科学事业的发展与繁荣，则是版权法的最终目的。在版权法框架内，最终目的的实现应当以直接目的为手段，不得对版权本身构成实质贬损。

从体系解释的角度出发，亦可得出上述结论。《保护文学和艺术作品伯尔尼公约》（以下简称《伯尔尼公约》）及《TRIPS 协定》均规定了针对版权的权利限制条款，以保障创作自由及公共利益。但上述限制的适用须受制于"三步检验法"，仅当具体情形满足"某些特殊情况""不损害作品的正常使用""不致无故侵害作者的合法权益"三项要求时，方能适用。可见，虽有合理使用、法定许可等限制性条款的存在，保护著作权利始终是版权法的核心诉求；与权利人的焦点地位相比，使用者在版权法中仅具有"剩余地位（residual status）"。❷

从本质上说，保护著作权利在版权法欲促进的诸价值之中的基础地位，正是正义理念的体现。"在公众心目中，不正义常常与对

❶ 丛立先. 论著作权制度中的利益博弈与利益平衡［J］. 政法论丛，2013（3）：87 97.

❷ EFRONI Z. Access-Right: The Future of Digital Copyright Law［M］. Oxford: Oxford University Press，2010：154.

权利的侵犯联系在一起""正义实质上就是对个人权利的尊重"。❶
版权法以著作权利保护为直接目的，正义在其中的核心体现即为对
侵害版权行为的矫正。

2.2.2.2 鼓励自由创作

从作品分析的角度，一部作品可以被切分为受版权法保护的
部分与不受版权法保护的部分，前者是作品独创性的体现，后者落
入公共领域范畴。事实上，我们无法找到一部完全"独创"的作
品，更直白地说，"全世界无非也只是个复制品"。❷ 这是因为：首
先，人类创作活动具有延续性，断然要从历史中的作品汲取营养；
其次，对于特定类型、题材而言常见的元素往往已不具备独创性，
即便曾经具有，也已随时间的流逝进入公共领域；最后，任何作品
的基础形式构成元素（basic building blocks elements of form）❸ 均归于
公共领域，美术作品中的线条、形状、色彩，文学作品中的单个文
字，无不如此。由于作品中不可避免地存在属于公共领域的成分，
当我们说一部作品具有独创性时，仅是指它的整体具有独创性，这
一判定能否适用于其特定组成部分，仍需从独创性部分与公共领域

---

❶ 伯纳德·卡伦. 正义的哲学理论［C］// 克劳斯·莱纳·谢勒. 正义. 王淑娟,
译. 南昌：江西人民出版社，2020：48.

❷ 劳勃·萧尔. 原创的真相：艺术里的剽窃、抄袭与挪用［M］. 刘泗翰，译. 台
北：阿桥社文化，2019：24.

❸ ANG S. The Idea-Expression Dichotomy and Merger Doctrine in the Copyright
Laws of the U.S. and the U.K.［J］. International journal of law and information technology,
1994, 2（2）：132.

成分切分的角度展开具体分析。

　　将独创性部分交由版权法规制，同时使人们能够自由使用公共领域部分进行创作而免遭责难，是作品相似侵权判定理应实现的目标。与合理使用、法定许可等制度类似，作品相似侵权判定也承担着保障创作自由的重要功能。二者的不同之处在于：合理使用、法定许可的主要目的包括促进未来作品的创作、保护使用者和消费者权益、反垄断、促进公共利益的实现等❶，就创作自由而言，其主要通过保障公众获取作品的权利来间接实现鼓励未来作品创作的效果。作品相似侵权判定则直指权利人与被控侵权人的两造关系，其豁免侵权的理由亦需直接从三个维度指向创作自由：一是免除被控侵权人搜寻权利作品的义务❷，基于被控侵权人存在独立创作的可能性而提供豁免；二是允许被控侵权作品作出明显改变权利作品的基本表达、美学含义，进而使市场替代不复存在的利用行为；三是对一些不存在合理的替代表达方式的情形，只要不致不合理地损害权利作品的市场，亦应允许使用。易言之，作品相似侵权判定所欲

---

❶　SAMUELSON P. Justifications for Copyright Limitations & Exceptions［EB/OL］.［2021-04-21］. https://www.law.berkeley.edu/files/Justications_for_Copyright_Limitations_and_Exceptions_-_Pamuela_Samuelson.pdf.

❷　根据创作自由原则，在后作者并没有规避在先作品的义务。我国司法实践中曾有法院认为，在被告对原告作品有较深入了解的情况下，应该承担较高的规避义务，尽可能采用不同表达方式，以免出现结构和内容上的雷同。参见郑某峰、张某强等与储某良等著作权权属、侵权纠纷一审民事判决书，郑州市中级人民法院（2016）豫01民初665号。这一判决实为对创作者课以调查既存作品的注意义务。这种做法的危害在于"将导致创作活动的萎缩，并使得文化发展停滞"。丁文杰. 接触要件的基本内涵及认定规则［J］. 知识产权，2019（3）：27.

强调的是，只要作品并非故意抄袭的产物，不对原作之美学吸引力构成替代，符合均衡理念，则皆受创作自由之保护。如果说合理使用、法定许可属于版权与其他权利、权益的外部平衡，作品相似侵权判定则属于版权内部平衡，二者在版权保护与创作自由的平衡机制方面存在一定的差异。在体系化的版权侵权判定之中，不仅需要明晰作品相似侵权判定在鼓励自由创作方面的功能定位，还需明确其与合理使用、法定许可之间的边界。

2.2.2.3 促进社会文化的繁荣

保护著作权利和鼓励自由创作的终极目的是促进社会文化的繁荣。起初，作为促进表达产生的引擎❶，版权保护与创作自由具有较强的内在一致性。然而，随着版权保护范围从禁止原样复制扩展到禁止作品相似，以版权压制创新和有洞见的批评、评论、表达的情况时有发生❷，版权保护与创作自由的冲突愈发显现，公共领域常受侵蚀。为纠正这一现象，有学者从宪法解释学角度提出了"著作财产权不属于宪法财产权，而是对宪法财产权的限制"❸的观点。这一观点虽不无矫枉过正之嫌，却深刻地道出了二者的潜在冲突。为促

---

❶ 在著名的 Eldred v. Ashcroft 案中，Ginsburg 法官指出"版权的目的是促进自由表达的生成与传播"。Eldred v. Ashcroft, 537 U.S. 186, 219（2003）.

❷ WEINSTOCK NETANEL N. Copyright and the First Amendment: What Eldred Misses-and Portend［C］//GRIFFITHS J & SUTHERSANEN U. Copyright and Free Speech: Comparative and International Analyses. Oxford: Oxford University Press, 2005: 139.

❸ 刘义. 著作财产权的宪法基础——基于宪法解释学立场的辨析［J］. 知识产权，2016（1）: 78-83.

进社会文化的繁荣，需要突破版权保护与创作自由具有一致性的思维倾向，在二者之间找到最佳的平衡点。

依笔者之见，激励理论能够为这一平衡点的确定提供指引。在自然权利框架下，作者有权获得基于劳动的一切所得；在激励理论框架下，对作者的报偿服务于造福大多数人的目的。[1] 前者本质上是作者导向的，后者则是社会导向的。[2] 激励理论天然地具有限制版权扩张的倾向——只要版权保护的力度已足以激励作品的创作，则无必要进一步扩张版权保护。实践中，由于缺乏经验数据支撑，激励理论在适用中逐渐偏离了平衡价值，成为版权人据以实现权利扩张的话术，异化为实现版权人利益最大化的保护投资理论[3]，其主要表现即为每当出现可为版权人掌控的新兴市场时，"如不扩大版权保护则无以激励创作"便成为版权人利益集团用以游说立法、司法机构的核心主张，并往往获得支持。考虑到版权保护与创作自由的潜在冲突，若要使版权法发展回归理性，真正实现促进文化繁荣的目的，就应紧紧围绕激励理论的原初含义构建版权制度。

就作品相似侵权判定而言，接受激励理论的指引意味着除判断是否存在独立创作的可能性之外，还需考察被控侵权作品对权利作品的市场替代效应，以及判决对未来作品创作市场可能产生的积极

---

❶ 罗伯特·P.墨杰斯，比特·S.迈乃尔，马克·A.莱姆利，等. 新技术时代的知识产权法［M］. 齐筠，张清，彭霞，等译. 北京：中国政法大学出版社，2003：16.

❷ GINSBURG J C. A Tale of Two Copyrights：Literary Property in Revolutionary France and America［J］. Tulane law review，1990，64（5）：993.

❸ 初萌. 网络版权保护亟须平衡理念的回归——评 VidAngel 禁令案［C］// 张平. 网络法律评论（第20卷）. 北京：北京大学出版社，2018：290.

或消极影响，进而综合评估并确立有助于社会文化繁荣的作品相似侵权判定规则。

2.3 本章小结

产生之初的版权法主要服务于政府言论管控与出版商谋取垄断利润的双重目的，出版商与封建政府的关系、作者与出版商的关系呈现出双重依附性，进而决定了当时的版权法主要控制对作品的原样复制行为。伴随着技术的变迁、利益集团的游说、浪漫主义哲学思潮的发展，版权法规制逐步延伸到作品相似领域。"思想—表达二分"理论、独创性理论、公共领域理论和读者反应理论为作品相似侵权判定提供了理论基础，"保护著作权利""鼓励自由创作"和"促进社会文化繁荣"为作品相似侵权判定提供了价值指引。

第三章　作品相似侵权判定的传统标准："接触 + 实质性相似"

3.1　判定思路的演变

3.1.1　从"抄袭""不当利用"并存到"抄袭 + 不当利用"

在作品相似侵权判定的早期案例中，对"抄袭"的认定是核心问题，其指向作品来源判断。原告为在侵权诉讼中取胜，一方面需要证明被告曾经阅读过原告的作品，另一方面还须证明原、被告作品的相似程度极高，以至于可以公平地得出"被告的作品事实上源于原告作品"的结论；相反，如若被告仅是不经意、不自知地使用了原告作品，或者与原告一样从公共领域中汲取作品的养分，则不构成侵权。❶ 以 Greene v. Bishop 案为例，法院认为需要认定的核心问题在于，被控侵权的被告所借鉴的资源究竟是对所有潜在作者同

---

❶　COHEN A B. Masking Copyright Decisionmaking: the Meaninglessness of Substantial Similarity [J]. UC Davis law review, 1987, 20: 724-725.

等开放的，还是仅来源于原告因而并非其可以合法借鉴的。**❶** 可见，来源问题是确定侵权与否的关键。通常而言，"对所有潜在作者同等开放"的内容，往往指向不具有独创性的公共领域，抄袭判断本质上是关于"被控侵权人是否使用原告作品独创性内容"的判断，与独创性判断具有一致性。需要指出的是，虽然此时已经出现"实质性等同"（substantial identity）这一概念，但其功能仅限于辅助确定被告是否存在独立创作的可能性；**❷** 相较于创作来源，"实质性等同"仅处于从属地位，尚未进化为在作品侵权判断中具有统领意义的"实质性相似"概念。

除强调作品来源的抄袭判断之外，另有一组早期案例更为关注被告的行为是否构成不当利用。"不当利用"在英语中对应的单词是"misappropriation"，其中，"mis"有"坏、错误"的含义，"appropriation"是拉丁文的 ad（参照、向等）和 proprius（拥有）的组合词，意思是参照某物从而视某物为己有。**❸** 在作品相似侵权判定中，法官对"不当利用"关注的落脚点是被控侵权人是否使用了原告作品中有价值的部分。Daly v. Palmer 案即为这一组案例的典型，该案中被告并未直接抄袭原告作品中的语句，而只是借用了其

---

❶ Greene v. Bishop, 10 F. Cas. 1128, 1134（C.C.D. Mass. 1858）（No. 5763）.

❷ 例如，从 Emerson v. Davies 案判决中可以看出这一逻辑关系，原文如下："The resemblances in those parts and pages are so close, so full, so uniform, so striking, as fairly to lead to the conclusion that the one is a substantial copy of the other, or mainly borrowed from it. In short, that there is a substantial identity between them."

❸ 王洪斌. 艺术挪用的前世今生及其所面临的法律困境与出路 [J]. 文化艺术研究，2017（1）：23.

中的场景，且借用的数量仅为 5 个场景中的 1 个。即便如此，法官依旧判决被告的行为构成版权侵权，理由是：戏剧是表演的艺术，场景中呈现的事件组合就如同音乐作品中的曲调和旋律，是对受众而言最有价值的部分；该案中虽然原、被告作品存在差异，但就这一最有价值的部分而言，原、被告作品的表演几乎以相同的顺序激发同样的情绪、传递相同的印象。❶因此，可以合理认为被告对原告构成版权侵权。在后续案例中，"不当利用"的含义进一步被扩充，甚至有法院认为若一系列共同事件的存在足以证明存在"对另一个故事主题的借用"，即可认定侵权成立。❷整体而言，法院普遍认为不当利用应当指的是取走一些有价值的东西❸，这些有价值的东西直指作品中呈现出的对消费者具有美学吸引力的部分。

从理论上看，抄袭判断与不当利用判断具有不同的面向。前者着眼于被控侵权人，关注其创作是否具有原创性、对在先作品的借鉴是否控制在合理范围内；后者将视点聚焦于作品传播市场的消费者，重点考察两部作品对于消费者而言是否具有相同的美学吸引力。从市场划分的角度看，抄袭判断面向作品的创作市场，不当利用判断面向作品的消费市场。但事实上，法院往往在侵权分析中杂糅这两种判断，笔者试以 Blume v. Spear 案中法院的分析为例。

---

❶　Daly v. Palmer, 6 F. Cas. 1132, 1137−1138（C.C.S.D.N.Y. 1868）（No. 3, 552）.

❷　BOYDEN B E. Daly v. Palmer, or the Melodramatic Origins of the Ordinary Observer [J]. Syracuse law review, 2018, 68: 169.

❸　LAPE L G. The Metaphysics of the Law: Bringing Substantial Similarity down to Earth [J]. Dickinson law review, 1994, 98（2）: 187.

> 至于侵权问题，本案是不存在疑问的。涉案两部音乐作品的主题和旋律实质上相同。被控侵权作品使用了权利作品中具有独特性的小节。在被具有演奏能力的音乐家表演时，它们听起来几乎相同。虽然被控侵权作品与权利作品存在一定的差异，但它们的呈现方式表明被告从原告作品中取走了一些东西，而不是独立创作完成了新的音乐作品。❶

　　根据学者的分析，上述段落中，第二句点明"涉案两部音乐作品的主题和旋律实质上相同"，既涉及抄袭判断，也涉及不当利用判断；第三句强调了使用部分的独特性，以不存在独立创作的可能性推定抄袭的存在，属于抄袭判断；第四句强调两部作品"听起来几乎相同"，从受众的整体感觉出发进行评判，属于不当利用判断；第五句直指被告"不是独立创作完成了新的音乐作品"，而是存在巧妙规避原告作品的行为，属于抄袭判断。❷两种判断的杂糅既体现出法院对作品相似侵权违法性的具体体现尚缺乏明确认知，也隐约预示了两者结合的未来趋势。

　　在美国联邦第二巡回上诉法院于1946年判定的 Arnstein v. Porter 案中，两种判定思路最终实现了融合。法院在该案审理中采取了"抄袭＋不当利用"双重判定标准，这一标准也因而被称为

---

❶ Blume v. Spear, 30 F. 629, 631（C.C.S.D.N.Y. 1887）.

❷ LAPE L G. The Metaphysics of the Law: Bringing Substantial Similarity down to Earth［J］. Dickinson law review, 1994, 98（2）: 186.

"阿尔斯坦测试法"（Arnstein test）。其具体适用步骤如下：第一步，判断是否有证据证明被告接触过原告的作品，以及两部作品的相似程度是否足以证明存在抄袭。第二步，在抄袭判断成立的基础上，进一步考察抄袭行为是否具有非法性，是否构成不当利用。❶ 通常而言，如果普通观察者会忽略两部作品之间的差异而认为它们具有相同的美学吸引力，则构成不当利用。❷ 对 Arnstein v. Porter 案所涉音乐作品而言，美学吸引力的判断关注的是被告是否从原告作品中盗用了足够多的能够取悦外行听众的内容。❸ 法院还特别指出，证明不当利用的相似性证据无须达到足以证明抄袭的程度 ❹，足见这两个要件具有不同的面向。

---

❶ Arnstein v. Porter, 154 F.2d 464, 468（2d Cir. 1946）. 原文如下："If there is evidence of access and similarities exist, then the trier of facts must determine whether the similarities are sufficient to prove copying…If copying is established, the only does there arise the second issue, that of illicit copying（unlawful appropriation）."

❷ LIEBERMAN N. Un-blurring Substantial Similarity：Aesthetic Judgments and Romantic Authorship in Music Copyright Law［J］. New York university journal of intellectual property and entertainment law, 2016, 6（1）: 108−109.

❸ Arnstein v. Porter, 154 F.2d 464, 473（2d Cir. 1946）. 原文如下："The question, therefore, is whether defendant took from plaintiff's works so much of what is pleasing to the ears of lay listeners, who comprise the audience for whom such popular music is composed, that defendant wrongfully appropriated something which belongs to the plaintiff."

❹ Arnstein v. Porter, 154 F.2d 464, 469（2d Cir. 1946）. 原文如下："If copying is otherwise shown, proof of improper appropriation need not consist of similarities which, standing alone, would support an inference of copying."

3.1.2 从"抄袭 + 不当利用"到"接触 + 实质性相似"

阿尔斯坦测试法的提出具有里程碑意义，其适用延续至今。从"抄袭 + 不当利用"到"接触 + 实质性相似"的演变，始终未离开阿尔斯坦测试法的内核。事实上，被普遍认为版权侵权判定主流标准的"接触 + 实质性相似"，就是由 Arnstein v. Porter 案中的"抄袭 + 不当利用"标准演变而来的。抄袭判断、不当利用判断均关注作品相似的程度，这一事实为演变提供了理论可能性。具体而言，对抄袭判断而言，除了以存在接触为前提之外，唯当两部作品具有足够程度的相似性（即"实质性相似"），方能证明被告作品来源于原告作品；对不当利用判断而言，需要解决的核心问题也在于被告是否使用了原告作品的实质性部分 ❶，唯此方能将视点聚焦于对原告作品市场的损害。"抄袭 + 不当利用"被改写为"接触 + 证明存在抄袭的实质性相似 + 证明存在不当利用的实质性相似"，亦即"接触 + 实质性相似"，也便不足为奇了。

在著名的 Krofft v. McDonald 案中，美国联邦第九巡回上诉法院正式抛弃了"抄袭 + 不当利用"的表述，从而实现了判断标准向"接触 + 实质性相似"的自然过渡。❷ 在该案判决中，美国联邦第九巡回上诉法院直接表明其所提出的"接触 + 实质性相似"标准正是从"抄袭 + 不当利用"标准演变而来，具体路径是在该标准基础上

---

❶　BARTOW A. Copyrights and Creative Copying [J]. University of Ottawa & technology journal, 2003, 1: 81.

❷　Sid & Mart Krofft Television Prods., Inc. v. McDonald's Corp., 562 F.2d 1157（9th Cir. 1977）.

融入了"思想—表达二分"判断。该法院认为，抄袭判断中的实质性相似指的是思想的实质性相似，不当利用判断中的实质性相似则指表达的实质性相似。❶由于该案具有广泛的影响力，"实质性相似"这一术语在日后的发展中逐渐取代了"不当利用"在作品相似侵权判断中的地位。"接触＋实质性相似"的判断标准也逐步发展为学界与司法实务界公认的作品相似侵权判断标准。

3.2 "接触"及其判定

从作品侵权判定标准的演变可以看出，在"接触＋实质性相似"判断中，"接触"要件从抄袭要件而来，其核心在于确定是否存在"将既存作品用于自身作品之中"这一客观事实❷，因而属于事实判断。证明接触的证据既包括直接证据，也包括间接证据，后

---

❶ Sid & Mart Krofft Television Prods., Inc. v. McDonald's Corp., 562 F.2d 1157, 1165（9th Cir. 1977）. 原文如下："［W］e believe that the court in Arnstein was alluding to the idea-expression dichotomy. When the court in Arnstein refers to 'copying' which is not itself an infringement, it must be suggesting copying merely of the work's idea, which is not protected by the copyright. To constitute an infringement, the copying must reach the point of 'unlawful appropriation', or the copying of the protected expression itself." 根据学者的观点，美国联邦第九巡回上诉法院在该案中认为"抄袭"判断只需关注思想实质相似，是对 Arnstein v. Porter 案判决的误读，Arnstein v. Porter 案判决关注的是是否存在对受版权保护的要素的使用。DER MANUELIAN M. The Role of the Expert Witness in Music Copyright Infringement Cases［J］. Fordham law review, 1988, 57：138. 这一误读在美国联邦第九巡回上诉法院后续判决中得到了纠正。Shaw v. Lindheim, 919 F.2d 1353, 1357（9th Cir. 1990）.

❷ 丁文杰. 接触要件的基本内涵及认定规则［J］. 知识产权, 2019（3）：24.

者指向"接触可能性",或称"接触的推定"。被控侵权人曾与版权人就权利作品许可问题展开谈判、被控侵权人曾经购买过版权人的作品复制件、被控侵权人主动承认接触过权利作品等,均构成证明"接触"的直接证据。此外,虽无法直接证明"接触",但若被控侵权作品存在与版权作品同样的错误,且该错误的出现难以用巧合来解释,一般也可推定存在"接触"。纵观"接触"判定的案例可以发现,"接触的推定"主要关注三个要素:一是作品是否发表,二是作品的传播范围,三是原、被告所处领域的相近性。如果作品十分流行,法院通常倾向于推定存在"接触"。❶

在部分案件中,版权作品与被控侵权作品存在惊人的相似性,乃至不存在原、被告分别独立创作完成的可能性,此时法院通常倾向于放宽接触的成立条件,但是这一放宽也存在限度。例如,在著名的 Selle v. Gibb 案中,美国联邦第七巡回上诉法院以"不能证明存在接触"为由拒绝了原告的侵权指控。该案中,原告主张歌曲"How Deep Is Your Love"侵犯其对歌曲"Let It End"享有的版权。法院认为,权利作品仅在芝加哥地区表演过两三次,原告也仅向11 家音乐录制公司递交了作品录音带,其中 8 家公司返还、3 家公司未予回复,仅凭上述证据无法证明"接触"要件的成立。可见,"虽然惊人的相似性往往能够作为推定'接触'的证据,但原告仍需承担最低限度的证明责任,以证明存在被告'接触'过原告作品

---

❶ CADWELL J. Expert Testimony, Scenes a Faire, and Tonal Music: A (Not So) New Test for Infringement [J]. Santa Clara law review, 2005, 46 (1): 143.

的合理可能性。"❶ 这一观点在美国司法实践中被沿用。在美国联邦第九巡回上诉法院于 2016 年判决的 Domino 案中，审理法官也认为原告提出的三项证据——市场上存在着音乐作品交易的中介机构、存在原告的吉他手与被告合作的传闻、原告的歌曲在加利福尼亚圣巴巴拉市盛行之时被告的合作方正在该地录制歌曲——尚不足以推定存在接触，从而驳回了其诉讼请求。❷ 英国法院于 2021 年判决的 Smith v. Dryden 案亦作出了类似的判决，法院认为原告的作品尚未商业发行，其在 Vimeo 视频网站分享作品的行为与被告"接触"其作品之间仅具有"极其脆弱的连结"，尚不能证明"接触"之存在。❸

　　"接触"要件承担着禁止复制他人作品的制度功能。❹ 对"接触"要件的强调，目的是寻找被控侵权作品与版权作品之间的渊源关系。即便两部作品存在惊人的相似性，但若无法证明存在最低限度的"接触"可能性，则不应作出侵权判定，这是因为已有证据无法排除被控侵权作品乃独立创作之可能。若非如此，版权法为独立创作完成的作品分别赋予版权的特殊构造便无从实现，从而无异于将独创性标准替换为新颖性标准。但是，接触要件对于证明渊源关系显然是不充分的。例如，若被控侵权作品从权利作品处使用的是其创作者从第三方或者公共领域中获取的元素，这一元素的最终渊源显然为第三方或者公共领域，而非权利作品的创作者，"接触"与"渊源"之间的对应

❶　Selle v. Gibb, 741 F.2d 896, 902（7th Cir. 1984）.

❷　Loomis v. Cornish, 836 F.3d 991（2016）.

❸　Smith v. Dryden and others,（2021）EWHC 2277（IPEC）.

❹　刘琳. 我国版权侵权"接触"要件的检讨与重构［J］. 知识产权, 2021（11）: 73.

关系自然无法成立。这也是"接触"要件所固有的局限性。

随着创作与传播场景的变迁，尤其是互联网时代的到来，作品的网络发表往往成为推定"接触"的有力证据；脱胎于抄袭要件的"接触"要件逐渐脱离其本来含义，变得十分易于证明。在此背景之下，"接触"要件是否仍具独立存在的意义，值得进一步思考。❶

3.3 "实质性相似"及其判定

实质性相似判定是作品相似侵权判断的核心，在"接触"要件极易证明的网络时代尤甚。从学理观点和司法实践来看，可以将实质性相似判定方法区分为主要方法和辅助标准。主要方法包括普通观察者测试法、内外部测试法、"抽象—过滤—比较"测试法，辅助标准包括反比规则（inverse-ratio rule）、几近相同标准（virtual identity standard）、最小使用（de-minimis use）与自由使用（free use）原则。此外，鉴于简易判决在实质性相似判定中的重要作用，本部分也将其作为补充考察因素予以单独分析，以丰富、完善"实质性相似"的内涵。在本部分的最后，笔者将对我国实质性相似判定的司法实践分别进行整体分析和四个维度的具体分析，并在现有分析的基础上对中国与美国实质性相似判定司法实践的异同进行归纳。

---

❶ BARTOW A. Copyrights and Creative Copying［J］. University of Ottawa & technology journal, 2003, 1：84.

3.3.1　主要方法

3.3.1.1　普通观察者测试法

适用普通观察者测试法的代表性案例是 Arnstein v. Porter 案，这一方法最为显著的特点是将侵权判断的权力交于消费者。其具体适用中，实质性相似判定所欲解决的两个关键问题——作品之间是否存在来源关系、是否具有相同或近似的美学吸引力，均应交由消费者解决。鉴于版权法的目标在于"使作者因其受保护的表达而享有作品的排他性读者市场"，而市场替代体现于消费者的选择，美国联邦第二巡回上诉法院对消费者观点的强调也就不难理解了。❶

从历史视角来看，除对作品市场损害的关注之外，下述因素也间接推动了普通观察者测试法的产生。其一，审理法官将 Arnstein v. Porter 案的核心争议归结为程序问题，认为在存在事实争议之时，应限缩法官的自由裁量权，不宜作出简易判决。以这一理念为指引，审理法官提出"抄袭＋不当利用"两步检验法中的每一步判断都属于事实判断，因而需要陪审团参与。❷ 其二，该案所涉作品属于面向大众的流行音乐作品，关注受众反应实属情理之中。其三，专家对作品的分析往往以对作品的拆分为前提，一旦拆分过度则会

---

❶　GOLDSTEIN P. Copyright § 7.3.2.（1989）. 李明德. 美国知识产权法［M］. 北京：法律出版社，2014：363-364.

❷　但是审理该案的弗兰克（Frank）法官并未解释为何第二步判断也涉及事实问题。BALGANESH S. The Questionable Origins of the Copyright Infringement Analysis［J］. Stanford law review, 2016, 68：804-806.

导致"只见树木不见森林"的后果；而普通观察者测试更注重两部作品的整体判断，这恰能避免该后果。其四，有观点主张普通观察者测试法是侵权法中"合理人"标准向版权法自然延伸的体现，虽然这一观点的合理性存疑 ❶，但其对普通观察者测试在侵权判定中地位的巩固不容忽视。

虽然消费者视角同时适用于抄袭判断与不当利用判断，但在适用方式上却存在差异。抄袭判断并不排斥专家证言的运用；相反，专家对作品的拆分分析被认为有助于消费者作出正确的抄袭判断。❷不当利用判断则不然，由于主要关注被告作品对原告作品消费市场的影响，作为非消费者的专家，其意见被认为是不相关的，因而不宜采信；❸法院通常并不关注两部作品元素的具体比对结果，而以整体相似度作为判定的依据。❹

随着司法案例不断积累，普通观察者测试法的内涵不断丰富，亦发展出了两种重要的变形——"更具辨别力观察者测试法"与"潜在受众标准"，以更有效、灵活地应对个案中的特殊情况。

---

❶ 需要注意的是，"普通观察者"与侵权法中的"合理人"并不一致。正如尼莫（Nimmer）教授所言，在版权侵权案件中，需要解决的问题是被告是否抄袭了原告的作品。即便将普通观察者置于被告的地位，也无法确定为了创作出与被告相同的作品，他是不是必须要抄袭原告的作品。FERDINAND SITZER M. Copyright Infringement Actions: The Proper Role for Audience Reactions in Determining Substantial Similarity [J]. Southern California law review, 1981, 54（2）: 390.

❷ Arnstein v. Porter, 154 F.2d 464, 468-469（2d Cir. 1946）.

❸ Arnstein v. Porter, 154 F.2d 464, 473（2d Cir. 1946）.

❹ BALGANESH S. The Normativity of Copying in Copyright Law [J]. Duke law journal, 2012, 62（2）: 217.

　　更具辨别力观察者测试法主要适用于含有较多非独创性元素的作品。[1]美国联邦第二巡回上诉法院于 1991 年判决的 Folio Impressions, Inc. v. Byer California 案，是适用该测试法的典型案例。法院在判决中指出，为证明被告存在侵权，原告需要首先证明存在抄袭，然后证明抄袭的对象是受版权保护的元素，因而是非法的。[2]更具辨别力观察者测试法的提出，意味着消费者在不当利用判断中不再对两部作品进行整体比对，而应对具体元素是否具有独创性有一定的洞察力，从而向专家标准靠拢。之所以提出这一测试法，是因为对于含有较多非独创性元素的作品而言，若两部作品的相似之处仅为非独创性元素、落入公共领域，即便能够确认其存在相同或近似的美学吸引力，被告的使用行为亦不具有可归责性，故不应被界定为"不当利用"。此时，提高对观察者辨别力的要求将有助于创作自由利益的实现。根据学者的考察，采取普通观察者测试法的美国联邦第一、三、五、七巡回上诉法院也无一例外地接纳了更具辨别力观察者测试法[3]，足见其广泛的适用性和影响力。

　　潜在受众标准主要针对作品潜在受众范围较窄或有一定特殊性的情形。如前文所述，普通观察者测试实为"消费者标准"，一般而言，普通观察者与潜在受众并无区别，这可从 Arnstein v. Porter

---

[1]　BALGANESH S. The Normativity of Copying in Copyright Law [J]. Duke law journal, 2012, 62（2）: 221-222.

[2]　Folio Impressions, Inc. v. Byer California, 937 F.2d 759, 766（2d Cir. 1991）. 原文如下："…show the copying was 'illicit' by demonstrating that the similarities relate to protectible material."

[3]　GODOY-DALMAU G. Substantial Similarity: Kohus Got It Right [J]. Michigan business & entrepreneurial law review, 2017, 6（2）: 244-245.

案审理法院对市场损害的强调中合理推断出来。但上述论断并不严谨，因为"普通观察者"通常指涉及文学、艺术、科学领域版权作品的一般消费者，无涉具体作品类型；"潜在受众"则更为关注作品消费市场的特殊性。就 Arnstein v. Porter 案所涉流行音乐作品而言，由于其潜在受众范围较广，两者区别不大。但对于工程设计图、儿童玩具等潜在受众群体较小的作品，适用普通观察者测试和潜在受众标准可能得出截然不同的侵权判定结果。在 Ideal Toy Corp. v. Fab-Lu, Ltd. 案中，法院就从作品的商业价值出发，指出"正如 Arnstein v. Porter 案的相关公众为作曲者创作所面向的门外汉群体，本案的相关公众应设定为儿童，因为这些玩具是为其创作的"。❶类似的，就具有一定欣赏门槛的作品而言，由于潜在受众往往拥有与购买决定相关的专业知识，而外行人并不具备这一知识，那么法院的调查就应围绕潜在受众的观点展开。❷与之相应，陪审团判定时亦需引入潜在受众的观点，并认真对待那些了解潜在受众趣味和观点的专家的意见。❸

总的来说，普通观察者测试法关注作品消费群体所作出的判断，根据这一标准，抄袭、不当利用均属事实判断，需要陪审团作出裁决；专家所承担的角色是对作品进行拆分，确定其独创性部分

---

❶ Ideal Toy Corp. v. Fab-Lu, Ltd., 261 F. Supp. 238, 242（S.D.N.Y. 1966）.

❷ Dawson v. Hinshaw Music, Inc. 905 F.2d 731, 736（4th Cir. 1990），cert. denied, 498 U.S. 981.

❸ LEMLEY M A. Our Bizarre System for Proving Copyright Infringement［EB/OL］.（2010-08-18）［2020-08-20］. http://ssrn.com/abstract=1661434.

与非独创性部分，以专业知识辅助陪审团的事实认定工作。无论如何，专家不能取代陪审团的事实认定功能。由于抓住了消费者需求这一市场驱动要素，普通观察者测试法可谓深谙版权法"市场之法"运行之道，因而成为作品实质性相似侵权判定的主要方法之一。不过，这一测试法也存在先天不足，因而频遭诟病。其中，两步测试的判定主体都为普通观察者是诟病最多之处。一方面，同一事实判断者在抄袭阶段的认定将影响其对不当利用的判断，这实际上相当于以"抄袭"判断取代"抄袭＋不当利用"判断，化两步测试为单一测试。❶另一方面，由于消费者在判定实质性相似时的真实心理往往是先对两部作品是否构成相似作出整体判断，得出结论，然后再从具体分析入手解释其得出结论的原因。❷因此，也存在以"不当利用"判断取代"抄袭＋不当利用"判断之可能。无论是以"抄袭"取代"不当利用"，还是反之，终会导致两步测试法预设的功能无法充分实现，创作市场与消费市场相区分的"理想之光"被埋没。这一问题更因消费者判断能力的缺乏而凸显。

---

❶　SAMUELSON P. A Fresh Look at Tests for Nonliteral Copyright Infringement [J]. Northwestern university law review, 2013, 107（4）: 1825-1827. BRASHEARS-MSCATEE S. Total Concept and Feel or Dissection: Approaches to the Misappropriation Test of Substantial Similarity [J]. Chicago-kent law review, 1992, 68（2）: 921.

❷　BISCEGLIA J J. Summary Judgment on Substantial Similarity in Copyright Actions [J]. Hastings communications and entertainment law journal（Comm/Ent）, 1993-1994, 16（1）: 83.

3.3.1.2 内外部测试法

内外部测试法由美国联邦第九巡回上诉法院在 1977 年判决的 Krofft v. McDonald 案中首次提出，该案判决清晰表明，其来源于 Arnstein v. Porter 案的普通观察者测试法，并以"外部测试"取代"抄袭判断"、以"内部测试"取代"不当利用"判断。其中，外部测试依托于一些可列举、易于分析的具体指标展开，因而又称"客观判断"；内部测试关注普通理性人（ordinary reasonable person）的内心感受，因而又称"主观判断"。权利人必须同时通过内、外部测试，方能证明侵权成立。

根据 Krofft v. McDonald 案判决，内外部测试法与普通观察者测试法的主要区别清晰可见，集中体现在如下方面：其一，在抄袭判断中不再关注普通消费者的看法，而是直接由法官径直或者在专家指引下从作品类型、使用素材、作品主题、场景设置等维度，展开抄袭与否的分析。❶其二，法院认为抄袭判断的核心在于确定是否存在思想层面的实质性相似。值得注意的是，上述第二点实为对 Arnstein v. Porter 案判决的误读。若第一阶段的判断仅强调思想层面的相似性，则无异于推定抄袭之成立，从而使这一判断失去意义。❷也正因如此，有学者从判决合理性的角度，提出"Krofft v.

---

❶ Sid & Mart Krofft Television Prods., Inc. v. McDonald's Corp., 562 F.2d 1157, 1164（9th Cir. 1977）.

❷ LATMAN A. "Probative Similarity" As Proof of Copying: Toward Dispelling Some Myths in Copyright Infringement ［J］. Columbia law review, 1990, 90（5）: 1203.

McDonald 案与 Arnstein v. Porter 案的抄袭判断是在不同阶段完成" ❶ 的观点。所幸的是，这一问题在后续的 Shaw v. Lindheim 案判决中已得到纠正；❷ 自此，外部测试阶段的关注点亦从思想领域转到表达领域，重新回归正确的轨道。至于内部测试，法院在多年的司法实践中始终贯彻同一标准——通过比较两部作品的整体概念与感觉（total concept and feel），确定是否存在不当利用。

　　整体概念与感觉判断由美国联邦第二巡回上诉法院在 1970 年判决的 Roth 案中首次阐明。该案中，法院认为原、被告生产的问候卡片美术作品在人物形象、传递的情绪、文字与美术形象的组合及词汇的选择等方面均有重要的相似之处，以至于可以认为两部作品具有相同的整体概念与感觉，构成实质性相似，并据此认定侵权成立。❸ 该案法院对作品整体概念与感觉的强调，与地区法院所作出的相反判决不无关系。依据地区法院的观点，该案被告与原告卡片上的文字部分相似，但这些文字仅由普通的英文和词汇组成，并不具有独创性，对于处于公共领域的内容的使用不能构成侵权。上诉法院认为这一观点过于片面，没有考虑作品中的所有要素；而唯有将文字、文字的组合、美术作品、美术作品与文字之间的联系作

---

❶ FLASZ E. War of the Dolls: Did the Ninth Circuit Fail to Apply the Intended Audience Test in Holding Substantial Similarity Should Be Determined from the Perspective of the Ordinary Observer and Not a Child in Mattel, Inc. v. MGA Entertainment, Inc. [J]. Pace intellectual property, sports & entertainment law forum, 2012, 2 (1): 173.

❷ Shaw v. Lindheim, 919 F.2d 1353, 1357 (9th Cir. 1990).

❸ Roth Greeting Cards v. United Card Company, 429 F.2d 1106, 1110 (9th Cir. 1970).

为一个整体进行考察，方能得出正确的结论。

整体概念与感觉判断不区分作品中受版权保护的元素与不受版权保护的要素，这一做法被认为是"不寻常的"。[1] 依笔者之见，在 Roth 案中提出整体概念与感觉判断标准，未免"操之过急"。从严谨的角度，法院只需指出不受版权保护的元素之组合可能享有版权保护，进而具有侵权层面的评判意义，该案争议即可解决。不过从另一个角度看，整体概念与感觉判断和普通观察者测试中的美学吸引力判断具有高度一致性，这对于统一裁判标准、减少当事人选择法院的动机是有利的。此外，整体概念与感觉判断允许事实裁判者直接诉诸直觉，从而减轻裁判负担[2]，也是其一大亮点。

整体看来，对整体概念与感觉判断的批评要远多于褒赞。这些批评意见主要集中在如下方面：一是这一判断过于主观，因而具有不确定性；二是由于采用内外部测试法的法院并未发展出类似于更具辨别力观察者测试法的标准，而是将非独创性要素与独创性要素一并在内部测试中予以考量，侵权认定的风险必会随之大大增加，从而引发创作领域的"寒蝉效应"。[3] 上述批评不无道理，却也有

[1] MOHLER J M. Toward a Better Understanding of Substantial Similarity in Copyright Infringement Cases [J]. University of Cincinnati law review, 2000, 68（3）: 984.

[2] ABRAMSON E M. How Much Copying under Copyright? Contradictions, Paradoxes, Inconsistencies [J]. Temple law review, 1988, 61: 147.

[3] BOOTH N. Backing down: Blurred Lines in the Standards for Analysis of Substantial Similarity in Copyright Infringement for Musical Works [J]. Journal of intellectual property law, 2016, 24（1）: 123-127. 冯颢宁. 论版权法中实质性相似认定标准的选择 [J]. 中国版权, 2016（6）: 78.

一定的夸大成分，因为其忽视了内外部测试法适用的逻辑顺序。事实上，内部测试仅在外部测试通过的情况下方需进行，而外部测试通常由具有一定版权专业知识的法官作出，辅之以专家证言，主要着眼于原告作品中的可保护元素 ❶，重在判断两部作品的客观相似程度，因而能够在一定程度上保证其结论的客观性、准确性。司法实践中，如若两部作品的大部分相似之处均源于公共领域，则难以通过外部测试。根据学者对美国联邦第九巡回上诉法院判决的实证分析，在其 2002 年以来判决的 30 个涉及文学作品版权侵权的案例中，法院无一例外地认为原告无法通过外部测试。❷ 这也恰恰是内外部测试法相较于普通观察者测试法的优越之处。如此一来，针对内部判断所提出的质疑亦可在很大程度上得到解决。

3.3.1.3 "抽象—过滤—比较"测试法

"抽象—过滤—比较"测试法由美国联邦第二巡回上诉法院在 Computer Associates v. Altai 案中首次提出，其渊源可追溯到汉德法官在 1930 年 Nichols 案中提出的抽象测试法。Nichols 案关乎电影作品对戏剧作品的侵权问题，在判决中，法院采取了类似于 Arnstein v. Porter 案的两步测试，在第一步中允许对作品的拆分分析，在第二步中考察观众的主观感受；不同之处则在于拆分的具体方式。法

---

❶　Funky Films, Inc. v. Time Warner Entertainment Co., 462 F.3d 1072, 1077（9th Cir. 2006）.

❷　HELFING R F. Substantial Similarity in Literary Infringement Cases：A Chart for Turbid Waters［J］. UCLA entertainment law review，2014，21（1）：19.

院认为，从具体的文字表达开始，通过忽略具体细节、层层提炼，最终得出作品的主题或题目，是一个不断抽象的过程。这一过程中，存在一个版权保护的临界点，在临界点之上的相似仅为思想层面的相似，不予追究，在临界点之下的相似则构成版权侵权。[1] 由于这一侵权判定的作出以对作品的层层抽象为基础，故得"抽象测试法"之名。

抽象测试法为拆分分析提供了一种可行思路，但是其对受版权保护与不受版权保护的元素的理解并不全面。除抽象的思想不受版权保护之外，表达的基础构件，落入场景原则、合并原则、超出版权保护期的具体表达，以及其他不具有独创性的表达，也是版权公共领域的重要组成部分。正因如此，强调纵向抽象而忽视横向过滤的做法并不可取，这便为抽象测试法向"抽象—过滤—比较"测试法的转变提供了动因。

Computer Associates v. Altai 案涉及计算机程序的版权侵权判定。根据该案判决，"抽象—过滤—比较"测试法的具体步骤如下：第一步，将原告的程序抽象为不同的层级；第二步，过滤掉不受版权保护的元素，其中包括程序所体现的抽象理念、效率导向的设计元素、标准化的编程技巧、由兼容需求等外部因素所决定的具体架构等；第三步，在剔除上述元素之后，就原、被告程序中剩余的独创性部分进行比较，得出侵权与否的最终结论。[2] 三步判断中，均可

---

[1] Nichols v. Universal Pictures Co., 45 F. 2d 119, 121（2d Cir. 1930）.

[2] Computer Associates International, Inc. v. Altai, Inc., 982 F. 2d 693, 707-710（2d Cir. 1992）.

引入专家证言。对于不同类型的作品，抽象、过滤的元素有所差异，但一般而言，思想、流程、事实、公共领域的信息、属于思想与表达合并的材料、落入场景原则的信息等，均属应被过滤的信息。❶ 值得注意的是，Computer Associates v. Altai 案的审理法院在判决中指出，版权侵权成立需要满足两项要件，一是原告享有合法有效的版权，二是被告存在对原告作品的抄袭行为，"不当利用"则未被提及。❷ 由此可见，"抽象—过滤—比较"测试法仅适用于抄袭判断，不适用于不当利用判断。

虽然普通观察者测试法与"抽象—过滤—比较"测试法均由美国联邦第二巡回上诉法院提出，但后者并未直接取代前者，而是分别适用于不同类型的作品。在 Computer Associates v. Altai 案判决中，该法院就明确指出，对于以艺术性为主，普通消费者能够欣赏的音乐、视觉艺术、文学作品，普通观察者测试法仍为主要适用的标准；对于技术性较强、有一定复杂性、不为外行观察者所理解的作品，方需适用"抽象—过滤—比较"测试法。❸ 总的来看，对计算机软件作品适用"抽象—过滤—比较"测试法，是司法实践中的普

---

❶ Gates Rubber Co. v. Bando Chemical Industries, Ltd., 9 F.3d 823, 834–836（10th Cir. 1993）.

❷ Computer Associates International, Inc. v. Altai, Inc., 982 F. 2d 693, 701（2d Cir. 1992）.

❸ Computer Associates International, Inc. v. Altai, Inc., 982 F. 2d 693, 713–714（2d Cir. 1992）.

遍态度；❶ 至于计算机软件之外的其他作品，仅美国联邦第六巡回上诉法院、美国联邦第十巡回上诉法院和哥伦比亚特区巡回上诉法院采取了这一标准，其中，哥伦比亚特区巡回上诉法院将其适用范围限定于两部作品的相似之处涉及较多不受版权保护的元素的情形，美国联邦第六巡回上诉法院、美国联邦第十巡回上诉法院则将其作为实质性相似判定的唯一标准。❷

作为对主观标准的纠偏，"抽象—过滤—比较"测试法具有不言而喻的优越性❸，体现出对创作自由这一利益的充分重视。这一标准也因考虑因素的全面性、适用上的有序性，而受到学界称赞。❹ 不过，对这一标准的质疑亦未曾停止，概言如下。首先，层层抽象耗时耗力，虽有助于判断准确性的提升，但与诉讼资源之投入是否成正比，不无疑问。其次，一些作品实难从垂直的角度展开层层抽象。例如，有计算机专家在提交的"法庭之友"意见中，从程序的控制结构（control structure）、数据结构（data structure）、数据流（data flow）、信息

---

❶ Engineering Dynamics v. Structural Software., 26 F.3d 1335, 1342-1343（5th Cir. 1994）; Gates Rubber Co. v. Bando Chemical Industries, Ltd., 9 F.3d 823, 834-836（10th Cir. 1993）.

❷ GODOY-DALMAU G. Substantial Similarity: Kohus Got It Right［J］. Michigan business & entrepreneurial law review, 2017, 6: 248.

❸ ZWEIG S E. The "Blurred Lines" Music Copyright Case Went Wrong Because Courts Are Not Using Modern Abstraction-Filtration-Comparison（AFC）Infringement Tests ［EB/OL］.（2017-05-13）［2021-05-05］. https://patentassociate.com/2017/05/13/blurred-lines-copyright-afc-tests/.

❹ COULTER J D. Computers, Copyright and Substantial Similarity: The Test Reconsidered［J］. John Marshall journal of computer & information law, 1995, 14（1）: 69.

架构（information architecture）等层面进行了区分，这一区分显然不是层层抽象的结果；❶ 此外，人们也往往难以用文本分析的方式对艺术作品进行层层抽象。❷ 最后，不具独创性的元素的编排、组合可能具有独创性，不少汇编作品即是如此，但这一点恰恰是"抽象—过滤—比较"测试法所忽视的，并可能导致对版权保护范围不适当的限缩。

关于上述三种主要方法的比较，可参考表 3.1。

表 3.1　三种主要方法的比较

比较维度	普通观察者测试法	内外部测试法	"抽象—过滤—比较"测试法
考察内容	抄袭 + 不当利用	抄袭 + 不当利用	抄袭
判断视角的选择	事实裁判者	法官（"抄袭"阶段）、事实裁判者（"不当利用"阶段）	法官
是否允许借助专家证言来判断	"抄袭"阶段（√）"不当利用"阶段（×）	"抄袭"阶段（√）"不当利用"阶段（×）	"抽象"阶段（√）"过滤"阶段（√）"比较"阶段（√）
适用的作品类型	几乎所有作品，尤其是艺术性强、创作空间大的作品		主要适用于技术性强、含有非独创性元素较多的作品；亦有部分法院将这一方法适用于所有作品

注："√"指的是允许借助专家证言来判断，"×"指的是不允许借助专家证言来判断。

---

❶ NEWMAN J O. New Lyrics for an Old Melody: The Idea/Expression Dichotomy in the Computer Age [J]. Cardozo arts & entertainment law journal, 1999, 17（3）: 700-701.

❷ 同 ❶698.

3.3.2 辅助标准

在普通观察者测试法、内外部测试法、"抽象—过滤—比较"测试法之外，还存在着实质性相似判定的辅助标准，包括反比规则、几近相同标准、最小使用和自由使用原则等。与主要方法不同的是，辅助方法并不能够单独适用，需与主要方法结合，以满足实质性相似判定的场景化需求。

3.3.2.1 反比规则

反比规则，是实质性相似判定的重要辅助标准之一。对这一规则未必精确却足够通俗的解读，是将接触要件成立的可能性（以 Pa 表示）与实质性相似的程度（以 Es 表示）相乘，得到一个值 A，并规定认定侵权成立的临界值 B，然后比较 A、B 的大小。由于存在乘积关系，当 Pa 较小时，需要较大的 Es 方能证明侵权成立；用 Arnstein v. Porter 案中的判决语言表示，即"若不存在足够的接触证据，当且仅当两部作品达到惊人的实质性相似时，才能认定侵权成立"。[1] 反比规则则将上述单向规则扩充为双向规则：一方面，极高的实质性相似可以作为推定接触的证据；另一方面，在能够证明存在极高的接触可能性时，裁判者可相应降低对实质性相似的程度要求。如果说"接触"更具行为面向的话，实质性相似的程度则更具结果面向，这一规则在行为与结果之间构建的反比关系，值得深思。

---

[1] Arnstein v. Porter, 154 F.2d 464, 468（2d Cir. 1946）.

据学者考究，反比规则最早可追溯到美国联邦第二巡回上诉法院于 1938 年判决的 Shipman 案。法院在该案中指出，若能够证明存在接触，或被告承认存在接触，则可推定作品相似的产生并非偶然。❶ 不过，美国联邦第二巡回上诉法院在 1961 年判决的另一个案例中推翻了这一观点，指出其非但未消除、反而平添了更多的疑惑。❷ 即便如此，这一规则依旧在美国司法实践中具有很强的影响力，更是统治美国联邦第九巡回上诉法院长达 43 年。我国司法实践中，亦有法院表示对这一规则的认同，认为当接触的概率较高时，认定抄袭对作品内容相似的程度要求相对较低，反之亦然。❸

从理论上看，反比规则并不经得起推敲，其遭受的质疑亦从未停止。版权学界泰斗级教授尼莫就曾一针见血地指出，权利人提供充足的接触证据并不能免除其实质性相似层面的举证义务，只有两相结合，方能证明抄袭之存在。❹ 至于证明存在不当利用的"实质性相似"，更需结合作品消费市场来判断，而与接触与否并无关联。易言之，无论接触要件满足程度如何，实质性相似的证明标准应当

---

❶ 唐雯琳，阮开欣. 音乐抄袭的版权侵权认定问题探析——兼评美国"齐柏林案"[J]. 中国版权，2020（4）：43. 另参见 Shipman v. R.K.O. Radio Pictures, 100 F. 2d 533, 538（2d Cir. 1938）. 原文如下："It might well be said that where access is proved or admitted, there is a presumption that the similarity is not accidental."

❷ Art Music Corp. v. Lee, 296 F. 2d 186, 187（2d Cir. 1961）.

❸ 任文岱.《西虹市首富》涉侵权案落槌 终审不构成抄袭 [N]. 民主与法制时报，2021-10-15（4）.

❹ BROADDUS A M. Eliminating the Confusion: A Restatement of the Test for Copyright Infringement [J]. DePaul journal of art, technology & intellectual property law, 1995, 5（1）: 48.

具有一致性。❶

　　令人欣慰的是，美国联邦第九巡回上诉法院已经认识到反比规则的局限性。在于 2018 年判决的 Led Zeppelin 案中，该院指出，虽然在一般情况下从惊人的相似性中推定存在接触有其合理性，但相反的观点却并不成立，即便存在惊人的接触概率（a striking degree of access），也不能据此推定作品存在相似。鉴于这一规则违背逻辑且制造了不确定性❷，该法院最终作出了废除这一规则的决定。

3.3.2.2　几近相同标准

　　几近相同标准是实质性相似判定的又一重要辅助标准。其具体含义如下：在原告作品独创性较低时，应提高侵权成立要求的实质性相似程度，仅在两部作品几乎完全相同的情况下方能认定侵权成立。加利福尼亚北区联邦地区法院于 1993 年判决的 Apple Computer 案，是适用这一标准的典型案例。该案中，加利福尼亚北区联邦地区法院以作品仅有有限的几种表达方式为由，主张应在侵权判定中考察两部作品是否几近相同❸，这一判定思路最终获得了上诉法院美国联邦第九巡回上诉法院的支持。在具体分析中，美国联邦第九巡回上诉法院使用了"宽"保护（"broad" protection）、"窄"保护

---

❶ BOOTH N. Backing down: Blurred Lines in the Standards for Analysis of Substantial Similarity in Copyright Infringement for Musical Works [J]. Journal of intellectual property law, 2016, 24（1）: 127.

❷ Michael Skidmore v. Led Zeppelin, 925 F. 3d 1051, 1066（9th Cir. 2019）.

❸ Apple Computer, Inc. v. Microsoft Corp., 821 F. Supp. 616, 625（N.D.Cal. 1993）.

（"thin" protection）等术语，认为当原告作品保护范围较窄之时，构成不当利用的实质性相似程度应当相应提高 ❶，这相当于在原告作品独创性高低与实质性相似的程度之间确立反比规则。

从学者的研究来看，对几近相同标准的探讨也局限于原告作品独创性较低的情形。关于美国联邦第九巡回上诉法院 Metcalf 案判决的批评提供了很好的分析样本。该案中，法院认为原告和被告的作品相似之处主要体现在如下方面：场景选择（均为坐落在洛杉矶地区的医院、医疗资源紧张、多数员工为黑人），主题（贫困、种族问题、城市萎缩），人物外在形象（年轻、相貌好、强健、在医院附近长大的黑人医生），情感困境（需要在私人执业的优厚报酬与在城市中心工作的情感上的满足之间作出取舍），感情线的发展（主角先与年轻的职业女性发生恋情，后对医院管理人员产生强烈的吸引力，当管理人员发现主角与其最初的恋人有身体上的亲密接触后关系变得紧张），政治因素（医院的授信申请遭到了一位西班牙裔政客的强烈反对）。法院指出，上述选择和编排层面的相似性足以证明存在抄袭，进而使原告的侵权主张通过外部测试。❷ 批评观点则认为这一判决具有潜在的垄断隐患及创新阻碍效应，鉴于真人秀节目公共领域成分较多，具有"窄"保护属性，唯有适用几近相同标准方能与版权法的目的相契合。❸ 关于建筑作品版权保护的

---

❶　Apple Computer, Inc. v. Microsoft Corp., 35 F.3d 1435, 1443（9th Cir. 1994）.

❷　Metcalf v. Bochco, 294 F. 3d 1070, 1073（9th Cir. 2002）.

❸　FOX D. Harsh Realities: Substantial Similarity in the Reality Television Context［J］. UCLA entertainment law review, 2006, 13（2）: 260.

分析中，也存在类似的批评：考虑到建筑物所具有的功能性，以及建筑设计的选择服务于解决问题需求的特性，有学者认为建筑作品难以具有较高的独创性，在实质性相似判定中理应采取几近相同标准。❶

几近相同标准与更具辨别力观察者测试法都是实质性相似判定的改进方案，但二者具有不同的面向：从字面含义来看，更具辨别力观察者测试法关注的是判定过程，偏重程序；几近相同标准关注的是判定的结果要求，侧重实体。从适用范围来看，更具辨别力观察者测试的关注点并非作品独创性的高低，而是作品中是否含有较多的非独创性成分；几近相同标准则仅适用于独创性较低的作品。二者之差异揭示了几近相同标准独立存在的意义。不过，即便在其狭窄的适用领域，几近相同标准也并非无懈可击。其主要缺陷表现在两个方面：其一，对作品中不受版权保护的部分考察不足。实践中存在原、被告双方作品独创性均较低，但各自对公共领域内容的使用并不相同的情形，此时便可能出现这样的情况—— 一旦将两部作品中公共领域的部分认定为等同，两部作品即满足几近相同标准，因而可判断侵权成立；若不作出这一认定，则二者不构成几近相同，侵权不成立。可见，几近相同标准的提出为被控侵权人提供了规避空间。其二，对作品类型的限制过于僵化。虽然学者与法官均未明确限制适用几近相同标准的作品类型，但具体案例与讨论基

---

❶ SU D. Substantial Similarity and Architectural Works: Filtering out Total Concept and Feel [J]. Northwestern university law review, 2007, 101（4）: 1882.

本限定于建筑、真人秀、时装等；久而久之，也容易形成关于作品类型独创性高低的固化认知。其实，即便这些领域所涉作品整体而言独创性较低，也不能排除例外情况，个案中的细化考量不可避免。若基于对作品类型所涉独创性高低的固化认知而统一适用几近相同标准，反而会阻碍真正有独创性的作品的创作。

3.3.2.3　最小使用与自由使用原则

最小使用原则，又称"微量允许原则""不计琐细原则"。最小使用原则针对的是被控侵权作品未对作品的正常使用产生实质性不利影响的轻微情形，其意义在于平衡权利人利益与社会公益，背后的理念是"法律不理琐事"。❶ 在作品相似侵权判定中，若被控侵权作品满足最小使用的条件，则使用行为不具可责性，实质性相似不成立。❷

最小使用原则具有严苛的适用条件，能够适用这一原则的案例寥寥无几。在典型案例 Fisher 案中，美国联邦第九巡回上诉法院指出，仅在被告对原告作品的利用是微量、零散的乃至普通观察者无法识别出存在这一利用时，方能构成最小使用。❸ 这一标准在

---

❶ 张广良."不计琐细原则"在侵犯著作权案件中的适用研究［J］. 法学家，2008（4）：87.

❷ Tufenkian Import/Export Ventures, Inc. v. Einstein Moomjy, Inc., 338 F. 3d 127, 131（2d Cir. 2003）; Richard N. Bell v. Wilmott Storage Services, LLC, et al., Case Nos. 19-55882, -56181（9th Cir. 2021）.

❸ Fisher v. Dees, 794 F.2d 432, 434（9th Cir.1986）. 原文如下："［A］taking is considered de minimis only if it is so meager and fragmentary that the average audience would not recognize the appropriation."

Newton 案中得以延续，法院再次将普通观察者是否能够觉察到存在对原告作品的利用作为最小使用的成立要件。[1] 一般而言，法院在作出这一判定时，往往会考察如下因素：被告对原告作品使用的总量、时长，是密集使用还是零星使用，是作为前景还是背景使用，是完全可见还是做了模糊化处理，等等。[2] 至于被告是否故意使用原告作品，则不在考察范围。[3]

由于最小使用原则与实质性相似中的不当利用判断均采取普通观察者视角，一些法院在判决中认为二者存在非此即彼的关系[4]，但这一论断并不严谨。"普通观察者无法识别出存在这一利用"指向作品来源判断，即抄袭判断；普通观察者认为两部作品具有相同的审美体验（或美学吸引力、整体概念与感觉），涉及的则是不当利用判断。因此，如下可能性完全存在：两部作品对消费者具有同样的美学吸引力因而存在市场替代，但消费者并不认为其间存在任何来源关系。

在德国法中，存在与最小使用相类似的概念——"自由使用"。与保留原作品基本表达的演绎性使用不同，自由使用虽然也涉及独立新作品的产生，但同时要求新作品与原作品之间必须存在重大差

---

[1] Newton v. Diamond, 349 F.3d 591, 594-595 (9th Cir. 2003).

[2] Gottlieb Dev. LLC v. Paramount Pictures Corp., 590 F. Supp. 2d 625, 630-632 (S.D.N.Y. 2008).

[3] Gottlieb Dev. LLC v. Paramount Pictures Corp., 590 F. Supp. 2d 625, 634 (S.D.N.Y. 2008).

[4] BRODIN M R. Bridgeport Music, Inc. v. Dimension Films: The Death of the Substantial Similarity Test in Digital Sampling Copyright Infringement Claims - The Sixth Circuit's Flawed Attempt at a Bright-Line Rule [J]. Minnesota journal of law, science & technology, 2005, 6 (2): 834.

别，乃至所吸收的原作品的个人特色相对于新作品的自身特色来说已"黯然失色"。❶ 换言之，对自由使用而言，原作品仅为独立创作的诱发因素、灵感来源，原作品的独创性在新作品的独创性中仅处于边缘地位 ❷，乃至在后者中几乎无法察觉前者。❸ 或许正因如此，我国有学者将"自由使用"翻译为"与著作权无关的利用"。❹ 不过，这一翻译未必严谨——若"与著作权无关"指的是新作品并未使用原作品中的独创性部分，从德国司法实践来看，构成自由使用并不以新作品未使用原作品中的独创性部分为必要条件。一方面，如果新作品对原作品的借鉴仅停留在思想层面，因思想不受版权保护，任何人均可自由使用；另一方面，即便新作品中使用了原作品中具有独创性的部分，但是被使用部分在原作品中的原本特质在新作品中淡化而不再具有可识别性（即满足"淡化标准"），或者虽仍具有可识别性，但新作品基于自身特有的独创性而与被使用部分产生了非常大的内部距离（即满足"内在距离标准"），则仍可适用自由使用原则。❺ 上述两项标准中，"淡化标准"关注消费者能否从新作品

❶ 图比亚斯·莱特.德国著作权法［M］.2版.张怀岭，吴逸越，译.北京：中国人民大学出版社，2019：82.

❷ 德国著作权法（德国著作权与邻接权）［M］.范长军，译.北京：知识产权出版社，2013：30.

❸ 西尔克·冯·莱温斯基.国际版权法律与政策［M］.万勇，译.北京：知识产权出版社，2017：130.

❹《十二国著作权法》翻译组.十二国著作权法［M］.北京：清华大学出版社，2011：152.

❺ 易磊.《德国著作权法》自由使用制度研究［J］.苏州大学学报（法学版），2019（3）：89-90.

中识别出原作品，进而认为两部作品之间存在来源关系，其与最小使用原则可谓异曲同工；"内在距离标准"则更注重两部作品的差异之处，将其作为重要因素在侵权判断中予以考量，这一标准的适用为滑稽模仿创作提供了更为广阔的合法空间。我国有学者在探讨用户利用他人作品录制音频内容的合法性时指出，若创作的内容明显超出原作品基本内容的限制，则不属于侵权行为❶，此观点实为内在距离标准的体现。虽然《德国著作权法》在2021年修改时废除了"自由使用"条款，但其多年司法实践中提炼出的考察因素如今仍不乏借鉴意义。

最小使用原则、自由使用原则与实质性相似具有互斥关系，其重要意义在于确定不构成实质性相似的反面情形，并与正面情形一道使"实质性相似"的内涵更为确切、丰富。不过，这两项原则的适用也存在不容忽视的问题。首先，两部作品之间是否存在来源关系理应是一个客观事实判断，不应依消费者的主观认识而改变，这正是内外部测试法与"抽象—过滤—比较"法相较于普通观察者测试法的优越之处，而最小使用原则却更为关注消费者对作品来源关系的判断，不能不说是一种倒退。其次，即便消费者并未认识到两部作品之间的来源关系，基于真实存在的来源关系及因相同的美学吸引力而产生的市场替代，若免除侵权责任，显然对原告是不公平的。最后，"内在距离标准"的过度适用可能导致如下后果：被告

---

❶ 刘友华，魏远山.知识付费平台的著作权纠纷及其解决［J］.知识产权，2021（6）：69.

只要能够在原告作品之外发展出更多新的内容，如仅将原告作品作为其作品中一个章节使用并发展出更为丰富的主题、情节，即可免于被追究侵权责任，此中蕴涵着可为拼凑类作品利用的巨大的侵权规避空间，显然不具正当性。总的来说，这两项原则为实质性相似侵权判定规则的完善提供了可资借鉴的思路，但抽象有余、细化不足，尚需从司法实践中进一步积累，以提炼出类型化的裁判规则。

3.3.3 补充考察因素：简易判决

以普通观察者测试法、内外部测试法、"抽象—过滤—比较"测试法为主体，以反比规则、几近相同标准、最小使用和自由使用原则为枝干，基本能够勾勒出实质性相似判定的主要轮廓。即便如此，在实质性相似判定领域并不存在制约法官自由裁量权的实质因素。究其原因，除多元标准制造的混乱、标准中掺杂过多主观判断之外，还有另外一个常被忽略的重要因素——法院对简易判决的青睐。

美国民事诉讼法对不存在主要事实（material facts）层面的真正争议点（genuine issues）的民事案件规定了简易判决程序，允许法官不经开庭审理，直接作出实体判决。[1]出于"所有当事人都有权出庭"的价值考量，美国法院早期对简易判决较为排斥，这在实质性相似判定中亦有所体现。[2]20世纪80年代至90年代，美国联邦最高法院开展推动简易判决的尝试，在以Celotex案为代表的系列

---

[1] US Federal Rules of Civil Procedure, Rule 56（c）.

[2] Berkic v. Crichton, 761 F.2d 1289, 1292（9th Cir. 1985）; Hoehling v. Universal City Studios, Inc., 618 F.2d 972（2d Cir. 1980）.

案例中，将存在主要事实层面的真正争议点的证明责任转移给简易判决的非动议方，从而放宽了简易判决成立的标准。❶ 自此，简易判决在提高纠纷解决效率、节约司法资源方面的作用得以更为充分的施展，其在作品侵权实质性相似判定中的广泛运用也由此开启。一份关于实质性相似判决的调研显示，美国联邦法院于 2007—2011 年作出的关于实质性相似判定的 60 个判决中，被控侵权人提起的简易判决动议获得支持的概率很高，这与人们关于实质性相似判定不宜由简易判决方式作出的预期大相径庭。❷ 另有调研显示，在 1979—2014 年的 35 年间，美国联邦第九巡回上诉法院审理的控告大众娱乐作品侵犯文学作品版权的案例中，被控侵权人提起的简易判决动议仅有三例未获支持，且这三个案例全部发生在 2002 年之前。❸ 学者针对 2010—2019 年判决案件所做的详尽调研亦显示，法院在 62% 的案件中对被控侵权人提出的简易判决动议予以认可。❹ 可见，实质性相似判定领域依旧存在简易判决适用的巨大空间。

在涉及作品实质性相似侵权判定时，只有当两部作品的不相似程度极高乃至侵权诉讼完全缺乏依据的情况下，才可作出被告胜诉

---

❶ Celotex Corp. v. Catrett, 477 U.S. 317, 322–323（1986）.

❷ DALTON J M, Cable S. The Copyright Defendant's Guide to Disproving Substantial Similarity on Summary Judgment［J］. Landslide, 2011, 3: 26.

❸ HELFING R F. Substantial Similarity in Literary Infringement Cases: A Chart for Turbid Waters［J］. UCLA entertainment law review, 2014, 21（1）: 2.

❹ LIM D. Saving Substantial Similarity［J］. Florida law review, 2021, 73: 628.

的简易判决。❶ 根据学者的研究，被控侵权人的简易判决动议获得支持主要基于如下理由：①两部作品相似之处仅为抽象层面的思想，而非具体表达；②被控抄袭部分为历史事件、客观事实等不受版权保护的信息；③被控抄袭部分落入场景原则范畴，属于特定主题下常见或不可避免要使用的表述方式；④特定场景下仅存在有限的表达方式；⑤表达与思想事实上无法分开；⑥在接受合理指引的前提下，没有理性的陪审员会认为两部作品之间存在实质性相似；⑦两部作品仅存在细微的文字、短语等层面的相似，构成最小使用。❷

将上述判定标准（即"两部作品的不相似程度极高乃至侵权诉讼完全缺乏依据"）与具体事由相对应不难发现，由普通观察者依其日常经验所得出的结论将有很大概率与法官之判断迥异，概因普通观察者难以从创作角度将不受版权保护的要素排除考量。这也可以从对"理性的陪审员"而非"普通观察者"的观点的强调之中看出。事实上，很多原告之所以提起版权侵权诉讼，也正是基于这样的假定：只要能证明被告接触了原告的作品，就能在版权侵权案件中胜诉。他们并不知悉思想与表达的差异，认为无论是思想还是表

---

❶ Twentieth Century-Fox Film Corp. v. MCA, Inc., 715 F.2d 1327, 1330（9th Cir. 1983）. 原文如下："Summary judgment for defendant is appropriate where works are so dissimilar that a claim of infringement is without merit."

❷ BISCEGLIA J J. Summary Judgment on Substantial Similarity in Copyright Actions [J]. Hastings communications and entertainment law journal（Comm/Ent）, 1993—1994, 16（1）: 64-73.

达，都是属于他们的。❶ 这在很大程度上代表了普通观察者的看法。在简易判决中，普通观察者的观点无足轻重，发挥重要作用的是法官的版权法律知识，而这些知识往往并不为普通观察者所具备。

对简易判决的青睐，削弱了普通观察者测试法与内外部测试法之间的核心区别。如上文所述，内外部测试法的主要优越之处是由法官掌控抄袭判断的主导权。但事实上，由于简易判决的广泛运用，不少案件即由法官依照版权理论直接作出简易判决，无须进入实质审理阶段；即便是在采取普通观察者测试法的法院，普通观察者的判断也并非不可或缺。❷Arnstein v. Porter 案所强调的当事人获得审讯的权利，在后续近 80 年的司法实践发展中已逐渐淡化了。

值得警惕的是，简易判决的应用极易引发自由裁量权滥用问题。试举一例分析。在 Johannsong-Pablishing Ltd. v. Lovland 案 ❸ 中，法院支持了被告不侵权的简易判决动议。这一案例的特殊之处在于：其一，原、被告双方均提交了有利于己方的专家意见，而法院认为只有被告提供的专家意见正确适用了外部测试法，因而未采纳原告方的专家意见；其二，虽然原告提出了"对不受保护的元素的选择和编排可产生

---

❶ BISCEGLIA J J. Summary Judgment on Substantial Similarity in Copyright Actions [J]. Hastings communications and entertainment law journal（Comm/Ent），1993—1994，16（1）：76-77.

❷ ROODHUYZEN N K. Do We Even Need a Test? A Reevaluation of Assessing Substantial Similarity in a Copyright Infringement Case [J]. Journal of law and policy，2007，15（3）：1390.

❸ Johannsong-Pablishing Ltd. v. Lovland，2020 U.S. Dist. LEXIS 82464（United States District Court for the Central District of California）.

版权”的主张，但法院认为，原告并未结合其作品中的具体元素选择为这一主张提供具体论证，因而不足以推翻简易判决。但事实上，截然不同的专家意见已是重要事实争议的体现，而论证的缺失也并非不可在庭审中予以补足，直接作出简易判决不免为时过早。法院此举，颇有以简易判决为借口规避案件实质审理之嫌。如何约束法官的自由裁量权，预防“向简易判决的逃避”，使版权实质性相似侵权判断回到客观、审慎的道路，也是一个值得研究的重要课题。

3.3.4　我国“实质性相似”判定

3.3.4.1　学理观点与司法实践概览

虽然我国现行版权法中并无“实质性相似”这一概念，但“接触＋实质性相似”的作品相似侵权判定规则在学界与司法界广受认同已是不争的事实。

在学理观点方面，我国学者多认为实质性相似判定方法可以区分为整体分析法、部分分析法与综合比较法，整体分析法着重比较普通观察者对作品整体的内在感受，部分分析法将比对的范围限定于排除思想、事实、通用元素之后的作品中受保护的部分，综合比较法则主张二者结合。❶ 至于对不同类型的作品应当分别适用何种方法，则存在争议。从近年的研究来看，综合比较法因兼整体分

---

❶ 梁志文 . 版权法上实质性相似的判断［J］. 法学家，2015（6）：38. 孙松 . 论著作权实质性相似规则的司法适用——以琼瑶诉于正案为视角［J］. 中国版权，2015（6）：63. 殷贵山，邱立民 . 文学作品实质性相似的司法判定方法评析［J］. 出版发行研究，2017（10）：83.

析法与部分分析法之所长，尤受学者青睐。例如，刘琳认为对于抽象艺术作品应当适用优化后的整体分析路径，先对两部作品进行整体观察，如认为不存在较大相似性，则得出不构成实质性相似结论。反之，则引入"思想—表达二分法"，对引起较大相似性的因素进行分析：如落入思想范畴，则不构成实质性相似；若落入表达范畴且不构成唯一表达或常用表达，则构成实质性相似。同理，对于文字作品，应当适用优化后的部分分析路径，先对两部作品进行抽象、过滤分析，若认为存在较大相似性，则得出实质性相似的结论。反之，则重新审视过滤出的元素，判断这些事实、惯用表达、唯一表达等在故事情节中出现的位置、与故事脉络或其他元素的组合是否存在较大独创性空间，进而作出是否构成实质性相似的判断。❶ 华劼也认为音乐作品的实质性相似判定应采用综合比较法，先考察公众的整体感觉，若公众认为作品不构成相似，则不构成侵权，反之则仍需适用部分分析法。❷

在司法实践层面，审判指引、典型案例较能反映出司法机关对实质性相似判定的倾向性意见，北京市高级人民法院 2018 年发布的《北京市高级人民法院侵害著作权案件审理指南》（以下简称《北高指南》）、广东省高级人民法院 2020 年发布的《广东省高级人民法院关于网络游戏知识产权民事纠纷案件的审判指引（试行）》（以下简称《广高指引（试行）》）颇具典型意义。相关规定如

---

❶ 刘琳. 版权法上实质性相似判定路径的检视与优化——以"小茗同学"案为主样本 [J]. 中国版权，2020（3）：20.

❷ 华劼. 音乐著作权侵权实质性相似判定研究 [J]. 中国版权，2020（5）：51.

下：其一，《北高指南》第 10.10 条规定了影视作品实质性相似的判定方法应采用综合判断方法，应比较作者在作品表达中的取舍、选择、安排、设计等是否相似，而不应从主题、创意、情感等思想层面进行比较。具体而言，应考察下列因素的相似之处：①台词、旁白，②人物设置、人物关系，③具体情节的逻辑编排，④语法表达、逻辑关系、历史事实等方面的错误，⑤特殊的细节设计。在此基础上，结合两作品相似的表达是否属于原告主张权利作品的核心内容，以及其他因素，作出最终判断。对于相同历史题材作品，《北高指南》第 10.11 条明确指出："根据相同历史题材创作作品中的题材主线、史实脉络，属于思想范畴；选择某一类主题进行创作时，不可避免地采用某些事件、人物、布局、场景，这种表现特定主题不可或缺的表达不受著作权法保护；在作品对比方面，应当着重查明被诉侵权作品是否使用了在先作品在描述相关历史时的独创性表达。"

其二，《北高指南》第 11.8 条规定了计算机软件实质性相似的判定方法，即"在案证据能够证明原告主张权利的计算机软件源程序、文档等文件与被诉侵权的计算机软件相同或者相近似的，可以认定二者构成实质性相似；被告拒不提供被诉侵权的计算机软件源程序，原告能够举证证明二者目标程序相同或者相近似的，或者虽不相同或者相近似，但被诉侵权的计算机软件目标程序中存在原告主张权利的计算机软件特有内容，或者在软件结果（包括软件界面、运行参数、数据库结构等）方面相同或者实质性相似，可以认定原、被告的软件构成实质性相似。"

其三,《广高指引(试行)》将综合判断方法适用于游戏连续动态画面的实质性相似判定,并列举了五方面的审查要素:①游戏连续动态画面整体视听效果,②游戏故事情节的具体编排,③游戏角色、技能、装备等特定体系架构或特殊的画面细节设计,④相同部分在原告主张权利的作品内容中的比例和重要程度,⑤产生相同表达效果是否具有合理原因。

值得注意的是,《北高指南》与《广高指引(试行)》对"实质性相似"的内涵的理解并不相同。《北高指南》在"10.7 侵权认定基本规则"中明确了"被诉侵权作品与原告主张权利的在先作品的相关内容相同或者实质性相似,被告在创作时接触过原告主张权利的作品或者存在接触的可能,且被告不能举证或者说明被诉侵权作品合法来源"的侵权判定三要素,从而将"实质性相似"与"合法来源"相并列。由于合法来源与是否存在抄袭的判断密切相关,所以可以认为《北高指南》中的"实质性相似"包含不构成抄袭的情形。与之不同的是,《广高指引(试行)》中,"产生相同表达效果是否具有合理原因"是实质性相似的审查要素之一,而被诉侵权作品存在合法来源则是一种具体的合理原因。可见,在《广高指引(试行)》中,"实质性相似"是"合法来源"的上位概念,这一分析框架能够将构成实质性相似的情形限定为存在抄袭的情形。

至于典型案例,被评为 2015 年中国法院十大知识产权案件的"琼瑶诉于正案"对文学作品实质性相似的判断标准和方法作出了较为充分的阐释。根据该案判决,足够具体的人物设置、情节结构、内在逻辑关系的有机结合体构成著作权法保护的表达,如果此类表达在侵权作品中达到一定的数量或者比例，或者能够使受众觉察到原、被告作品之间存在来源关系，则可认定构成实质性相似。❶作为 2020 年中国法院十大知识产权案件之一的"斗罗大陆手游著作权侵权案"也认为应综合判断游戏是否使用了小说中构成独创性表达的人物、人物关系、技能、故事情节等元素，并考虑小说中独创性的内容在游戏中所占比重。❷ 与之不同的是，2019 年中国法院十大知识产权案件之一的"手机游戏换皮侵犯著作权纠纷案"，在实质性相似侵权判定中强调的是"超出创作巧合的可能性"，而未将使用的作品独创性部分的数量和占比纳入考量。❸ 由此可见，我国司法实践中为数不多的关于实质性相似判定的典型案例中，虽有对现有规则的进一步澄清，但也制造了一些新的混乱。规则澄清部分，主要体现为对不同类型作品中应当考察的要素进行提炼；制造混乱之处则涉及独创性判断与实质性相似判定之间的关系——尤其是，实质性相似判定是否应在独创性考察之外，增加对数量与质量的考量。此外，实质性相似判定中受众意见的作用也是存有分歧之处。

---

❶　参见余征与陈喆著作权权属、侵权纠纷案二审民事判决书，北京市高级人民法院（2015）高民（知）终字第 1039 号。

❷　参见上海玄霆娱乐信息科技有限公司与成都吉乾科技有限公司、四三九九网络股份有限公司侵害著作权纠纷二审民事判决书，江苏省高级人民法院（2018）苏民终 1164 号。

❸　参见苏州蜗牛数字科技股份有限公司与成都天象互动科技有限公司、北京爱奇艺科技有限公司侵害著作权纠纷二审民事判决书，江苏省高级人民法院（2018）苏民终 1054 号。

3.3.4.2　司法实践的四维分析

对我国实质性相似判定的司法案例做进一步研究，可以从如下四个分析维度归纳其中所涉核心争议：一是是否从独创性出发对实质性相似进行评判，二是是否同时关注作品的差异之处，三是对受众观点是否考察及考察的重心，四是对专家意见的态度。

1）是否从独创性出发对实质性相似进行评判

依此标准，可将我国实质性相似判定的案件分为四类。

第一类完全不提及"独创性"这一术语，而将两部作品的相似要素进行罗列，进而得出构成实质性相似的结论。以绍兴文凡纺织品有限公司、温某艺著作权权属、侵权纠纷为例，法院从人物造型、姿态、背景等角度对作品进行了比对，认为被控侵权作品仅就部分元素布局进行了细微调整，构成实质性相似。❶

第二类主张以被告作品对原告作品中独创性部分进行了使用作为认定实质性相似的依据，但并未提及具有独创性的要素为何种要素。例如，在中山市弘昌置业有限公司、中山市润昌置业管理有限公司著作权权属、侵权纠纷民事判决中，广东省中山市中级人民法院就以涉案人偶在羊角、毛发、嘴巴、眼睛等局部细节方面采用了原告作品中的独创性内容为由，认定二者构成实质性相似，但并未点明具有独创性的具体部分。❷

第三类则在第二类的基础之上，具体阐明了被告使用的原告

---

❶　参见绍兴市中级人民法院（2017）浙 06 民终 4681 号民事判决书。

❷　参见中山市中级人民法院（2017）粤 20 民终 4679 号民事判决书。

作品的独创性要素。例如，在杨某华、郑某缘著作权权属、侵权纠纷二审民事判决中，广东省中山市中级人民法院首先明确了独创性部分的相似即构成实质性相似，然后指出摄影作品的独创性主要体现为对拍摄对象、光线、时机、角度、距离等的选择与判断，以及对被拍摄场景与人物的独特安排，并据此得出是否构成实质性相似的结论。❶ 又如，在"图解电影"侵权案中，法院认定被告截取的382 幅画面属于涉案影视作品中具有独创性表达的内容，据此认定侵权成立。❷

第四类虽涉及独创性判断，却将判断的重心放在了被控侵权作品是否贡献了新的独创性上。例如，在泉州富丽礼品有限公司与石狮市家和美商贸有限公司、泉州俊祺达菲工艺品有限公司侵害其他著作财产权纠纷二审民事判决中，福建省高级人民法院就以被控侵权作品相对于原作品具有独创性为由，认定二者不构成实质性相似。❸

2）是否同时关注作品的差异之处

从人类一般认知来看，局部的巨大差异往往会影响对整体相似程度的判断，这也会对实质性相似判定的司法实践产生影响。根据对作品差异之处的关注，可以将现有案例分为四类。

其一，法院在不少案例中仅就涉案作品的相似之处进行了列举，即认定实质性相似成立。由于缺乏对差异部分的分析，较难判

---

❶ 参见中山市中级人民法院（2018）粤 20 民终 862 号民事判决书。

❷ 参见优酷网络技术（北京）有限公司诉深圳市蜀泰科技有限公司侵害类电作品信息网络传播权纠纷一审民事判决书，北京互联网法院（2019）京 0491 民初 663 号。

❸ 参见福建省高级人民法院（2016）闽民终 1343 号民事判决书。

断此类案例中作品差异对法官判决的影响。

其二，有法院认为实质性相似比对范围应当限于作品中涉嫌抄袭的部分，不考虑差异因素。典型的如广州风格展览策划有限公司与广东群兴玩具股份有限公司著作权权属、侵权纠纷一审民事判决，法院从展位现场设计与设计图在整体结构、外观设计等方面的一致性出发，认定实质性相似成立。❶

其三，在另一系列案例中，法院对相似部分与差异部分均给予关注，但基于独创性对其赋予了不同的考虑权重。例如，在王某蓉与南京广播电视集团有限责任公司著作权纠纷案中，南京市中级人民法院虽认可两部作品存在部分相似元素，但指出这些元素不具有独创性，且两部作品在结构、内容、主题、晋级流程、宣传推广、播出形式等方面均不相同，进而认定二者不构成实质性相似。❷ 又如，在菲维亚珠宝有限公司与中山众华堂工艺品有限公司、珠海众华堂珐琅首饰研发中心著作权权属、侵权纠纷二审民事判决中，法院则指出两部作品的差异之处为惯常设计，不构成产品的实质部分，而二者在线条、颜色方面的相同设计恰恰是原告作品独创性的体现，是原告作品中最实质性的部分，故构成实质性相似。❸ 类似地，在"小黄人"版权侵权案判决中，苏州市中级人民法院也指出被控侵权美术形象与"小黄人"形象虽存在局部差别，但包含了其

---

❶ 参见广州市海珠区人民法院（2015）粤穗海法知民初字第 248 号民事判决书，该判决被广州知识产权法院（2016）粤 73 民终 389 号民事判决书维持。

❷ 参见南京市中级人民法院（2018）苏 01 民申 573 号民事裁定书。

❸ 参见中山市中级人民法院（2016）粤 20 民终 1573 号民事判决书。

中众多独创性元素，可认定构成实质性相似。❶

其四，还有法院以"相同点对于整体视觉效果的影响大于差异点"作为认定实质性相似成立的理由。肖某群、上海福雕家饰有限公司等与浙江天猫网络有限公司著作权权属、侵权纠纷二审民事判决即为一例，法院以"佳画公司在相同产品上使用了大量与本案作品基本相同的构成元素，两者的整体布局和视觉效果基本一致，其相同点对于整体视觉效果的影响大于差异点"❷为由，认定实质性相似成立。

3）对受众观点是否考察及考察的重心

从我国司法实践整体来看，大部分案例并未提及受众的观点，小部分案例则从四个不同侧面对受众观点进行了考察。

第一个侧面是两部作品是否具有相同或近似的美学吸引力。在周某晖与余某、周某等侵害作品摄制权纠纷二审民事判决中，法院认为在判断实质性相似时，应考察两部作品的表达是否会使观众产生相同或相似的欣赏体验。❸无独有偶，在温州安阳印业有限公司、成都珊瑚墙装饰艺术有限公司著作权权属、侵权纠纷二审民事判决中，法院也指出涉案美术作品仅存在部分细节上的差异，使消费者产生相同或近似的欣赏体验，进而构成实质性相似。❹相反，若涉案作品能够使消费者感受到明显差异❺，则不构成实质性相似。

---

❶ 侯伟."小黄人"对侵权者亮黄牌［N］.中国知识产权报，2021-09-03（10）.

❷ 参见杭州市中级人民法院（2017）浙01民终9101号民事判决书。

❸ 参见江苏省高级人民法院（2017）苏民终236号民事判决书。

❹ 参见四川省高级人民法院（2017）川民终742号民事判决书。

❺ 参见广东可儿玩具有限公司与揭阳市榕城区榕东金梅玩具制品厂侵害其他著作财产权纠纷一审民事判决书，揭阳市中级人民法院（2017）粤52民初69号。

第二个侧面是是否使消费者产生混淆。在泉州富丽礼品有限公司与石狮市家和美商贸有限公司、泉州俊祺达菲工艺品有限公司侵害其他著作财产权纠纷二审民事判决中，法院以涉案作品相差甚远，不易使相关公众产生混淆为由，判定实质性相似不成立。❶关于美术作品的实质性相似判定，有学者认为可以借鉴商标混淆性近似的认定方法。❷另有实务界人士认为，商标与作品实质性相似比对的核心点在于，考察相关公众在看到该商标后是否会联想到相关版权作品，并对商标的归属产生误认——这也是一种针对混淆性的判断。❸

第三个侧面是能否使受众感知到被控侵权作品来源于原作品。在"琼瑶诉于正案"中法院指出，如果被控侵权作品中包含的紧密贯穿的情节设置占到了足够比例，足以使受众感知到来源于特定作品，则可认定实质性相似成立。❹在倪某礼与江某等著作权权属、侵权纠纷二审民事判决中，北京知识产权法院也以"不会导致读者和观众感知"❺到涉案作品来源于原作品为依据，得出作品不构成实质性相似的结论。

第四个侧面是受众是否认为被控侵权作品对原作品构成市场替

---

❶ 参见福建省高级人民法院（2016）闽民终 1343 号民事判决书。

❷ 郑璇玉，豪日娃.再论字体作为美术作品的侵权判定［J］.版权理论与实务，2021（9）：41.

❸ 闫瑾.浅析图形作品的实质性相似［EB/OL］.（2018-06-01）［2021-05-30］. http://www.unitalenlaw.com/html/report/19073225-1.htm.

❹ 参见余征与陈喆著作权权属、侵权纠纷一案二审民事判决书，北京市高级人民法院（2015）高民（知）终字第 1039 号。

❺ 参见北京知识产权法院（2016）京 73 民终 362 号民事判决书。

代。有法院在判决中指出："普通读者的选择决定作品的实际市场价值，普通读者如果认为被诉侵权作品构成对版权人作品的市场替代，则被诉侵权作品构成侵权。"❶至于市场替代究竟是源于美学吸引力之相似，还是基于正当的市场竞争行为，法院则未明言。

4）对专家意见的态度

在英美法系国家，专家指的是专家证人；在大陆法系国家，专家指的是鉴定人。❷我国法律传统、立法模式与大陆法系国家更为接近，在民事诉讼司法实践中，关于实质性相似认定的专家意见主要体现为鉴定意见。❸

根据《民事诉讼法》第 66 条，鉴定意见与当事人的陈述、书

---

❶　参见广州风格展览策划有限公司与广东群兴玩具股份有限公司著作权权属、侵权纠纷二审民事判决书，广州知识产权法院（2016）粤 73 民终 389 号。

❷　刘慧．英美法系专家证人与专家证据研究［M］．北京：中国政法大学出版社，2018：38.

❸　除此之外，专家辅助人也可以针对作品实质性相似发表意见。《中华人民共和国民事诉讼法》（以下简称《民事诉讼法》）第 82 条规定"当事人可以申请人民法院通知有专门知识的人出庭，就鉴定人作出的鉴定意见或者专业问题提出意见"，这是关于专家辅助人参与诉讼的规定。我国最高人民法院在判决中指出，专家辅助人的作用主要是便于合议庭了解案件事实，其意见相当于诉讼参与人的意见陈述，有别于民事诉讼活动的证人证言。参见新思科技有限公司、武汉芯动科技有限公司侵害计算机软件著作权纠纷二审民事判决书，最高人民法院（2020）最高法知民终 1164 号。根据笔者2021 年 6 月 18 日以"实质性相似"与"专家辅助人"为关键词、在"中国裁判文书网"（wenshu.court.gov.cn）案例进行检索的结果，当事人在实质性相似侵权案件中雇佣专家辅助人发表意见整体呈现出上升态势，相关案例的分布为：2017 年 1 件、2019 年 3 件、2020 年 4 件、2021 年 22 件，但在"裁判理由"部分对专家辅助人意见的记录与分析却罕见。从中可以看出，我国司法实践中对专家辅助人的意见尚未被充分重视。基于此，本书未将专家辅助人的意见纳入关于实质性相似的专家意见的主要组成部分。

证、物证、视听资料、电子数据、证人证言、勘验笔录等一起构成了证据的八种形式。《民事诉讼法》第 79 条进一步规定了"当事人可以就查明事实的专门性问题向人民法院申请鉴定",从而界定了鉴定意见的适用范围——具有专门性的事实问题。

就实质性相似的判定究竟是事实问题还是法律问题,司法实践给出了较为明确的答案。在郭某诉上海电影(集团)有限公司侵害作品摄制权纠纷二审民事判决中,法院对鉴定报告的真实性、关联性予以认可,但就鉴定结论是否能够作为评判两部作品构成实质性相似的依据,则另作评析。❶类似地,在肖某群、上海福雕家饰有限公司著作权权属、侵权纠纷二审民事判决中,法院亦未直接采信中国版权保护中心版权鉴定委员会出示的关于被控侵权作品与原作品构成实质性相似的鉴定意见,理由是实质性相似判定应属司法判断。❷整体来看,法院认为司法鉴定系对事实问题进行鉴定,不能涵盖法律问题❸,而是否构成实质性相似则"属于法律判断,应由法院依法认定"❹。基于这一认知,法院通常仍会对鉴定意见中所陈述的比对方法及相应结论的正确性展开分析。在万得信息技术股份有限公司、南京万得资讯科技有限公司等著作权权属、侵权纠纷案中,一审法院指出该案中鉴定机构的比对方式缺乏系统性,没有结

❶ 参见上海市第一中级人民法院(2014)沪一中民五(知)终字第 43 号民事判决书。

❷ 参见杭州市中级人民法院(2017)浙 01 民终 8084 号民事判决书。

❸ 陈杭平.论"事实问题"与"法律问题"的区分 [J].中外法学,2011(2):322-323.

❹ 参见北京四月星空网络技术有限公司、天津仙山文化传播有限公司与上海美术电影制片厂有限公司等著作权权属、侵权纠纷二审民事判决书,上海知识产权法院(2019)沪 73 民终 391 号。

合其他相关截屏中补足的信息作出系统性判断且鉴定意见存在以寻找差异为导向的错误，导致存在极少差异而实质性相似的大量页面均被归入不相同的范畴，并未对实质性相似的鉴定要求作出回应，因而结论并不严谨。❶ 上述判决为二审法院所维持。❷

即便如此，鉴定意见在实质性相似判定中依旧发挥着重要作用——尤其是，一些法院倾向于认可鉴定意见中关于作品相似度的结论，并以此作为最终认定实质性相似成立的关键事实。比较具有代表性的是李某瑞、冯某军侵害计算机软件著作权纠纷二审民事判决。该案中，最高人民法院以鉴定意见指出涉案作品存在实质性相似且上诉人并未提交相反证据予以反驳为由，对原审法院的侵权判定结果予以确认。❸ 这相当于认定鉴定意见具有初步证据的效力，产生举证责任转移的法律后果。另有法院虽未提及举证责任之转移，亦在未排除不具独创性部分的情况下，直接因两部作品相似度之高得出实质性相似成立的结论。在刘某平与内蒙古阿儿含只文化有限责任公司等侵害著作权纠纷二审判决中，法院就以刘某平提交的补充鉴定意见函中关于两部作品相似比例为 58.31% 的认定为基础，在未排除公共领域内容的基础上，得出两部作品构成实质性相似的结论。❹ 董某达与谭某等著作权权属、侵权纠纷一审民事判决亦是如此，法院认可了鉴定报告中基于听觉比对和波形图复核所

---

❶ 参见上海市浦东新区人民法院（2017）沪 0115 民初 15176 号民事判决书。

❷ 参见上海市高级人民法院（2017）沪民终 39 号民事判决书。

❸ 参见最高人民法院（2020）最高法知民终 1283 号民事判决书。

❹ 参见内蒙古自治区高级人民法院（2019）内民终 156 号民事判决书。

得出的结论，认定两部作品在旋律、调式、结构安排、主题发展、节奏织体、和声进行、音色、配器、节奏型及其变化模式、乐曲速度、乐曲长度、主观听觉效果与感受等方面都基本相同，因而构成实质性相似❶，并未对其中落入公有领域的元素进行分析。

从上文分析不难看出，我国法院对实质性相似鉴定意见的证明力存在分歧，由此引发的问题更因鉴定人员专业知识的欠缺而凸显。

在我国司法鉴定执业分类体系中，知识产权司法鉴定主要涉及技术问题。❷根据我国《司法鉴定人登记管理办法》，个人的司法鉴定执业资格无须通过考试获得，只需具备相应的品行、职称、经验、健康条件且满足行业特殊规定及对执业机构的要求，即可申请。❸对"国家司法鉴定名录网"（www.sfjdml.com）收录的业务领域为"知识产权"的鉴定人进行检索，大致可以将其分为三个类别：

---

❶ 参见北京市东城区人民法院（2016）京 0101 民初 11616 号民事判决书。

❷ 根据《司法鉴定执业分类规定（试行）》第 16 条，知识产权司法鉴定指的是"根据技术专家对本领域公知技术及相关专业技术的了解，并运用必要的检测、化验、分析手段，对被侵权的技术和相关技术的特征是否相同或者等同进行认定；对技术转让合同标的是否成熟、实用，是否符合合同约定标准进行认定；对技术开发合同履行失败是否属于风险责任进行认定；对技术咨询、技术服务及其他各种技术合同履行结果是否符合合同约定，或者有关法定标准进行认定；对技术秘密是否构成法定技术条件进行认定；对其他知识产权诉讼中的技术争议进行鉴定"。

❸ 《司法鉴定人登记管理办法》第 12 条规定："个人申请从事司法鉴定业务，应当具备下列条件：（一）拥护中华人民共和国宪法，遵守法律、法规和社会公德，品行良好的公民；（二）具有相关的高级专业技术职称；或者具有相关的行业执业资格或者高等院校相关专业本科以上学历，从事相关工作五年以上；（三）申请从事经验鉴定型或者技能鉴定型司法鉴定业务的，应当具备相关专业工作十年以上经历和较强的专业技能；（四）所申请从事的司法鉴定业务，行业有特殊规定的，应当符合行业规定；（五）拟执业机构已经取得或者正在申请《司法鉴定许可证》；（六）身体健康，能够适应司法鉴定工作需要。"

第一类具有相关领域的技术知识；第二类在高等院校就职，或从事理科、工科方面的研究，或从事知识产权、科技法等法律研究；第三类具有丰富的知识产权理论知识。2020 年 10 月成立的中国知识产权研究会知识产权鉴定专业委员会，亦聚焦技术领域司法鉴定，在谈及"鉴定分类体系"时，也突出强调了要"从法律规定及技术体系等方面就知识产权鉴定涉及的领域、各领域必需的专业技能、不同领域鉴定的特点进行梳理和划分"（着重号为笔者所加）。❶ 综上可知，在与实质性相似判定相关的文学、艺术和科学领域之中，仅科学领域的从业人员与法律专业人员被纳入了鉴定资质考量范围，文艺创作几乎完全被排除在外。

事实上，已有相关案例对司法鉴定人员的专业性提出质疑。在徐某松与段某建、李某等著作权权属、侵权纠纷案中，原告徐某松指出两名鉴定人员分别是工程师和会计师，缺乏对文学作品是否构成实质性相似进行鉴定的能力，不过其主张并未被法院采信。依法院之见，作为具有正常阅读和理解能力的自然人，无须辅之以专门的文学创作经验，即可对文字作品的表达是否实质性相似作出自己的独立评判 ❷，因此该案鉴定人资格不存在问题。鉴于该案司法鉴定的委托程序符合法律规定，鉴定机构具备知识产权鉴定资格，鉴定人持有合法的执业证书且司法鉴定意见书已经经过当庭质证，故在无足以推翻的相反证据或理由的情形下应对鉴定结论予以采信。❸ 法院一方面认为鉴定人

---

❶ 参见中国知识产权研究会知识产权鉴定专业委员会工作职责之第（一）项第 2 点。

❷ 参见最高人民法院（2015）民申字第 765 号民事裁定书。

❸ 同 ❷。

无须文艺创作方面的专门知识，另一方面又在相当数量的案件中赋予此类鉴定人作出的鉴定意见以初步证据的效力，可谓矛盾重重。由此可见，对于实质性相似判定中专家意见的存在意义、体现形式，尚需要更进一步的理论分析，以澄清司法实践中的诸多争议。

3.3.4.3　中美比较分析

从上文分析可知，虽然"实质性相似"这一术语源自美国司法实践，但在移植中的偏差及后续本土化进程的双重作用之下，我国与美国实质性相似侵权判定呈现出三个方面的主要差异。

其一，关注的重点不同。美国实质性相似判定主要围绕"抄袭"与"不当利用"两方面展开，从实际效果来看，其既关注作品的创作市场，也关注作品的消费市场。我国实质性相似判定则十分强调"独创性"这一概念，学者与司法实践均普遍认可实质性相似判定本质上即为独创性判断，有些法院还对构成实质性相似的独创性内容提出了数量和比例的要求。至于作品的消费市场，我国法院判决整体着墨不多，现有判决对消费者观点的强调也基于不同的维度，未能形成相对一致的意见。

其二，整体判断适用后果不同。我国对于整体判断的适用极易引发过度保护的问题，这是由整体判断不区分受版权保护的部分与不受版权保护的部分导致的。在美国，虽然整体判断存在于普通观察者测试法和内外部测试法的"不当利用"判断之中，但其适用受制于两个重要机制：一是不当利用的判断在抄袭判断通过之后方需开展，一旦抄袭无法证成，整体判断也就没有适用的空间；二是由于司法实践中简易判决广泛运用，不少案件无须经过实质审理，即依照法官的版权专业知识被认定为不构成实质性相似，自也不会在整体判断中被认定为侵权。

其三，对专家意见的重视程度不同。在美国，无论是更具辨别力观察者测试法的引入、潜在受众标准的提出、外部测试对专家意见的考量，还是更为彻底的"抽象—过滤—比较"测试法，都体现出司法裁判中对专家意见日益重视的态度。美国司法实践整体呈现出实质性相似的认定向专业人士观点靠拢的态势❶，这对几乎所有类型的作品均适用。沿着"普通观察者—法官—专家"的演进脉络，美国司法实践中先后发展出的三个主要方法在抄袭判断的能力方面不断提升，这也有助于实现抄袭判断的客观化，从而更好地平衡在先与在后创作者的利益。这种态势在我国司法实践中暂未有充分体现。

除上述主要差异之外，中国与美国作品实质性相似司法判定还在一些细微之处存在差异，因对裁判结果的影响不及上述三点，笔者不再过多分析。至于中国与美国实质性相似司法裁判中均存在的突出问题，将在下一章进一步展开。

3.4 本章小结

作品侵权判定标准经历了从"抄袭""不当利用"并行，到

---

❶ 朱梦笔.美术作品实质性相似认定论析［J］.湖州师范学院学报，2017（5）：83.

"抄袭＋不当利用"，再到"接触＋实质性相似"的演变。当前，"接触＋实质性相似"已经成为公认的作品侵权判定标准。其中，接触指的是"接触可能性"，属于事实判断，相对易于证明；至于实质性相似，虽然司法实践中已发展出普通观察者测试法、内外部测试法、"抽象—过滤—比较"测试法等主要判定方法，并以反比规则、几近相同标准、最小使用与自由使用原则作为补充，但这些方法依旧较为模糊且主观性较强，并未澄清其具体内涵，反倒制造了不少混乱。我国实质性相似司法判断在规则移植中延续了上述问题，亦引发了一些新的问题。总体而言，实质性相似的内涵与判定思路均有待进一步澄清，学者发出"实质性相似判定是版权法上最困难的问题"❶的感慨，便不足为奇了。

❶ BRODIN M R. Bridgeport Music, Inc. v. Dimension Films: The Death of the Substantial Similarity Test in Digital Sampling Copyright Infringement Claims – The Sixth Circuit's Flawed Attempt at a Bright-Line Rule [J]. Minnesota journal of law, science & technology, 2005, 6（2）: 833.

第四章 对现有实质性相似判定标准的反思

　　根据一项 2013 年发表的实证研究结果，美国联邦巡回上诉法院审理的实质性相似案件，无论是采用普通观察者测试法、内外部测试法，还是"抽象—过滤—比较"测试法，原告的胜诉率并无显著差别。❶ 对于这一结论，可能的合理解释有两个：其一，这三种判断标准不存在实质性差异；其二，实质性相似判定本无确定的标准，这些方法只是法官为使自己的主观判断更具说服力而运用的修辞。对于前者，第三章的研究中已经给出了否定的结论。因此，无论后者看起来是如何荒谬，必须承认"实质性相似是结论，而不是判定方法或者测试标准"❷，这已成为司法现实。关于这一现象，法律现实主义者的论述能够提供一定程度的解释。正如卡多佐所言，

---

❶　LIPPMAN K. The Beginning of the End: Preliminary Results of an Empirical Study of Copyright Substantial Similarity Opinions in the U.S. Circuit Courts [J]. Michigan state law review, 2013, 2013（2）: 546.

❷　ROODHUYZEN N K. Do We Even Need a Test? A Reevaluation of Assessing Substantial Similarity in a Copyright Infringement Case [J]. Journal of law and policy, 2007, 15（3）: 1384.

法官在裁判中对事实的评价"取决于法官一生的经历，取决于他对有关正义与道德的通行标准的理解，取决于他对社会科学的研究，最后，在某些时候，取决于他的直觉、他的臆测甚至于他的无知或偏见"❶，主观色彩难以避免。为隐藏这一价值判断的主观色彩，法官需要使之披上客观、逻辑的外衣，以获得公众认同。❷同样，为使实质性相似判定结果更具说服力，法院需要发展出一套体系化的判断标准。

诚然，从上述结论中还可以得出另一个看似具有说服力的观点：无论采取何种判断标准，法官的内心确信使他们最终得出了相对一致的结论；由于这一结论为诸多法官所普遍接受，因此其正确性也能得到相当程度的保障。即便认同这一观点，我们也不应放弃实质性相似标准客观化的努力，毕竟法律不仅是裁判规则，也是行为规则，需要客观、明确的判断标准为行为人提供指引与稳定的预期。虽然版权侵权判定应具有一定的灵活性，但一套清晰的实体法律架构仍旧是必要的。❸

基于中国、美国的学理观点与司法实践，对于"过于主观、缺乏对法官自由裁量权的有效制约"等突出问题，可以从六个层面进行切割。这六个层面对应实质性相似判定中的六重关系：其一，实

---

❶ 本杰明·N.卡多佐. 法律的成长——法律科学的悖论［M］.董炯，彭冰，译.北京：中国法制出版社，2002：49.

❷ 理查德·A.波斯纳. 法理学问题［M］.苏力，译.北京：中国政法大学出版社，2002：159.

❸ LIM D. Substantial Similarity's Silent Death［J］. Pepperdine law review, 2021, 48（3）：717.

质性相似究竟是事实判断还是法律判断；其二，实质性相似判定应当基于整体比对还是部分比对；其三，应当更为关注作品之间的相似之处还是差异之处，相似之处的数量和质量对实质性相似判定有何影响；其四，实质性相似判定是行为判断还是结果判断；其五，实质性相似中抄袭判断应采用大众视角还是专家视角，或者说，应采用作品的消费群体视角还是创作主体视角；其六，在判断中应当更为强调不同作品类型的共性还是个性。进一步归类，可将这六重关系分为四个不同的层次，分别涉及实质性相似的基本定位、判断内容、判断视角，以及实质性相似判定与作品类型的关系。在本章中，笔者将结合实质性相似判定的制度目的及创作实践的新发展，通过上述四个层次对这六重关系一一展开分析。

4.1　实质性相似的基本定位

上述第一重关系"事实与法律"，关乎实质性相似的基本定位。事实判断与法律判断的区分广泛存在于英美法系民事诉讼程序之中。从本质上说，裁判是认定事实与针对这些事实适用法律的过程。❶ 以此为基础，很容易得出这样的结论：与认定事实相对应的即为事实判断，与适用法律相对应的即为法律判断。将上述结论适用"接触＋实质性相似"这一侵权认定规则时，便会进一步得出如

---

❶　里查德·D.弗里尔. 美国民事诉讼法（上）[M].张利民，孙国平，赵艳敏，译. 北京：商务印书馆，2013：537.

下结论:"接触"与"实质性相似"的认定均属事实认定,因而属于事实判断。

这一结论并不正确,其广泛运用也会大大削弱法律判断的价值。之所以会出现这一错误,是由于对"认定事实"这一表述存在理解偏差。民事诉讼中,作为证明对象的事实包括实体法律事实和程序法律事实。前者主要指的是导致当事人之间权利义务关系产生、变更或者消灭的法律事实,妨碍当事人权利行使、义务履行的法律事实,当事人之间权利义务发生纠纷的法律事实等;后者主要包括关于当事人是否适格的事实、法院是否有管辖权的事实、某一审判人员是否具有回避情形的事实等❶,其虽不直接涉及当事人的实体权利,但能够产生诉讼法上的效果。无论是实体法律事实还是程序法律事实,有一点是明确的,作为证明对象的法律规范构成要件意义上的"事实"是"法律事实",而不是"生活事实"。

一般而言,法律事实是以生活事实为基础并从中提炼而得,二者既密切关联,又存在明显差异。与大众通常理解的"认定事实"仅涉及生活事实不同,这一过程实则包含"认定生活事实"与"将生活事实对应到构成要件事实"这两个不可或缺的部分。但实践中,二者的区分常常被忽视。试以一真实案例分析之,原告从被告处购买"天然黄水晶球",同时要求被告提供了一张写有"假一赔百"的信誉卡,后原告经鉴定发现球的材质并非天然黄水晶,故要求被告按照信誉卡上的承诺予以赔偿;被告则提出"此球非彼球"

---

❶ 董少谋. 民事诉讼法学 [M]. 2 版. 北京:法律出版社,2013:263-264.

的抗辩。这个案件中，"此球是或否彼球"属于生活事实，"被告从事或未从事售假行为"属于法律事实。该案审理法院因原告未能举证证明"此球即彼球"而判决其败诉，而事实上，该案具体生活事实并不属于证明责任分配的对象。❶ 该案及其后续引发的聚讼纷纭，表明我国学界长期以来对证明责任分配的对象存在重大误识 ❷，对法律事实与生活事实区分的理解并不到位。

从应然的角度出发，事实判断与法律判断区分的核心在于生活事实与法律事实的区分。正如卡尔·拉伦茨所言，"事实"可以用日常用语或者法律用语来表述，如果是后者，那么在提出"事实问题"时，似乎已经至少受到法律判断的影响了，这种法律判断的核心即为价值判断。❸ 因此，当构成要件事实越接近于生活事实时，大众或者特定领域的专家参与判断就越具有正当性，因此时的判断无须借助特定的法律知识，亦无须价值衡量即可完成；当构成要件事实与生活事实距离越远时，越应将判断的权力交给有专业法律知识、擅长价值权衡的法官。这一观点的实质是对事实问题与法律问题的区分采取实用主义进路，确定相关问题最适合的裁判主体。❹

上述关于事实判断与法律判断区分的应然观点，在我国人民陪

---

❶ 胡学军. 在"生活事实"与"法律要件"之间：证明责任分配对象的误识与回归［J］. 中国法学，2019（2）：240.

❷ 同 ❶.

❸ 卡尔·拉伦茨. 法学方法论（全本·第六版）［M］. 黄家镇，译. 北京：商务印书馆，2020：391.

❹ 陈杭平. 论"事实问题"与"法律问题"的区分［J］. 中外法学，2011（2）：328.

审制度近年的实践发展及相关学术文章中亦得到了充分体现。2018年4月27日通过、2019年5月1日起施行的《中华人民共和国人民陪审员法》明确规定,"人民陪审员参加三人合议庭审判案件,对事实认定、法律适用,独立发表意见,行使表决权""人民陪审员参加七人合议庭审判案件,对事实认定,独立发表意见,并与法官共同表决;对法律适用,可以发表意见,但不参加表决"。❶ 这一规定在原有的陪审员与法官共同负责事实和法律判断的基础上,进一步提出了事实审与法律审的分离,限缩陪审员适用法律的权力,以有效回应近年来人民陪审制度在实际运作中产生的问题。对于这一新引进的制度,学者不仅认同其合理性,更提出了"法官制定事实问题清单、陪审员对清单上的问题作出回答"的细化方案。❷ 另有学者指出,"只有那些不会因为人民陪审员不同价值判断而产生相异结果的才可视为事实问题,否则为法律问题"❸,其对价值判断的关注与笔者的观点可谓异曲同工。

　　既然对裁判者法律知识、价值衡量能力的要求是区分事实判断与法律判断的核心要素,对实质性相似判定的属性认定就应取决于其基本功能定位。由于版权侵权的判定规则为"接触+实质性

---

❶ 结合下文学者的表述,对该条规定的"事实认定"的合适理解是"生活事实的认定"。

❷ 陈学权.人民陪审员制度改革中事实审与法律审分离的再思考[J].法律适用,2018(9): 30.

❸ 纪昀.破解人民陪审员参审案件中事实问题与法律问题区分之困境——基于39份环境民事公益诉讼判决书的实证分析[EB/OL].(2020-06-23)[2021-06-28].https://mp.weixin.qq.com/s/Q61JTuNxLG9zqEaOLeTfkA.

相似"且接触判断服务于抄袭这一事实判断，上述问题可以转述如下：若仅以不具版权法律知识的一般公众认为被控侵权作品的创作者接触过原作品且两部作品存在足以证明抄袭的相似之处为由，而认定侵权成立，是否有损作品相似侵权判定的功能定位。若回答是否定的，则实质性相似可仅涉及事实判断；若回答是肯定的，则实质性相似必然需要容纳更多价值衡量因素，进而构成法律判断。

笔者认为，对上述问题的回答应当是肯定的，实质性相似本质上为法律判断，这可以从版权侵权行为与其他权利侵权行为的类比中得出。

侵权行为的构成要件具有规范性质，法律对存在于现实生活处于动态特征中的事实现象进行人为抽象概括，作为预设的静态规格标准放置在侵权法之中。一旦符合这种预设标准的事实要素出现，需要一种人为的判断和匹配，使价值判断借助具体事实影响人们的利益分配和现实生活。[1]对版权侵权行为与其他侵权行为的救济并无二致，本质是实现"矫正正义"这一重要价值。[2]矫正正义将被告的不当行为和破坏性的资源转化看作一种行为和被动接受的单一结合，从而使行为人和受害人在相互关系中得以定义。[3]受矫正正义理念指引，存在加害行为、绝对权呈现出不圆满状态、加害行为

---

[1] 郭佳宁. 侵权责任免责事由研究 [M]. 北京：中国社会科学出版社，2014：97.

[2] 徐爱国. 法学知识谱系中的论题修辞学——《法学的知识谱系》前传 [J]. 中国法律评论，2021（2）：150.

[3] 欧内斯特·J. 温里布. 私法的理念 [M]. 徐爱国，译. 北京：北京大学出版，2007：59.

与绝对权所呈现的不圆满状态存在因果关系，是绝对权请求权行使的必要条件；除满足绝对权请求权行使的要件之外，损害赔偿责任的成立则还需以存在因侵害行为造成的原告损失、加害行为与损害后果之间存在因果关系为必要条件，至于是否要求行为人具有过错，则需从行为自由、过罚相当的角度予以衡量。无论是绝对权请求权的行使还是损害赔偿责任的承担，都已预设了存在加害行为这一前提，加害行为或"故意悖于善良风俗加损害于他人"，或"违反保护他人之法律"❶，因而具有违法性。可见，"违法性"是侵权责任成立不可或缺的要件，也是判断损害是否应当予以赔偿的关键。❷

从本质上说，违法性的判断属于法律判断、价值判断，其关注社会生活中对错的应然理由，而非社会生活世界究竟为何，这也是法律与其他社会科学的根本区别之所在。❸ 依笔者之见，抄袭的存在对于作品侵权的违法性证成虽然必要，但并不充分，实质性相似还需承担维持着作权利的保护与创作自由之间的平衡这一重要价值。一方面，需要从后果主义进路出发考察被控侵权作品对原告作

---

❶ 王泽鉴.侵权行为［M］.北京：北京大学出版社，2009：218.

❷ 方新军.权益区分保护和违法性要件［J］.南大法学，2021（2）：3.值得注意的是，我国学界关于侵权责任的构成要件有"三要件说"与"四要件说"之分，二者的分野在于"过错是否吸收违法性"。笔者赞同"四要件说"，并认同学者"过错吸收了违法性……在理论上难以自洽，甚至会颠覆法治社会对侵权行为违法性的基本认知"的观点。柳经纬，周宇.侵权责任构成中违法性和过错的再认识［J］.甘肃社会科学，2021（2）：136.

❸ 舒国滢.法学的知识谱系［M］.北京：商务印书馆，2020：9.

品的市场是否存在实质性损害;❶另一方面,必要时还需考察行为的主观面向,以及行为的经济与社会效益,从而实现更为精细化的利益平衡,以防止对创作自由的不当干预。由此,实质性相似本身亦需承担一定的违法性判断功能,所以涉及法律判断、价值判断。从这个角度来看,学者提出的"被告作品事实上从原告作品中拿走哪些东西属于事实问题,实质性相似要求属于法律问题"❷的观点,无疑具有正确性。

由于"接触+实质性相似"由"抄袭+不当利用"判断发展而来,抄袭与不当利用的判定均需借助实质性相似来完成,而抄袭与否是一个事实问题,基于"思想—表达二分法",仅存在确实抄袭或者未抄袭两种情况,若未能作出正确认定,概因人类对事实认知能力的局限性,无关价值判断,因此抄袭判断中的实质性相似主要为事实判断。"不当利用"则提出了可责性的价值标准,主要涉及法律判断。适用于司法裁判过程,抄袭判断应当由有能力从事事实判断的主体进行,不当利用判断则应更注重法官对价值的把控。以之反观美国实质性相似侵权判定标准,普通观察者测试法与内外部测试法在抄袭判定阶段分别强调事实裁判者、法律裁判者的观点,在不当利用判定阶段均更为关注事实裁判者的观点,几乎可以说是与应然状态背道而驰。对此问题,有学者已有所认识,并提出抄袭阶段更适合由一般公众作出判断、"不当利用"则主要涉及法

❶ 熊文聪.遵循法理与逻辑是修改著作权法的正确方向[EB/OL].(2020-09-18)[2022-09-10].https://mp.weixin.qq.com/s/5Jr8wwGMtGYVV67rKTOsAw.

❷ 卢海君.论思想表达两分法的法律地位[J].知识产权,2017(9):21.

院的专业判断的主张。❶ 我国司法实践中，虽然一些案例已经明确指出实质性相似属于法律判断，应由法院予以认定❷，但就法律判断的具体指向，如独创性与实质性相似判定的关系、是否需要考察大众对作品的态度、是否需要引入"不当利用"这一概念、实质性相似判定所欲实现的价值等，均未明言，法官在裁判时实际上仍享有很大的自由裁量权。为提高司法判决的客观性、可预期性，除明确实质性相似的基本定位之外，还有必要进一步细化实质性相似的法律判断要素。

4.2 实质性相似的判断内容

上述六重关系中，"局部与整体""相似与差异""行为与结果"是从不同视角出发，对实质性相似的判断内容所进行的区分，以下分述之。

4.2.1 局部与整体

实质性相似判定中的第二重关系是"局部与整体"。局部判断

---

❶ LEMLEY M A. Our Bizarre System for Proving Copyright Infringement ［EB/OL］. （2010-08-18）［2020-08-08］. http://ssrn.com/abstract=1661434.

❷ 参见北京四月星空网络技术有限公司、天津仙山文化传播有限公司等与上海美术电影制片厂有限公司等著作权权属、侵权纠纷二审民事判决书，上海知识产权法院（2019）沪73民终390号；郭某与上海电影（集团）有限公司、上海新文化传媒集团股份有限公司、上海中先传媒有限公司、上海禾祥实业有限公司侵害作品摄制权、改编权纠纷案二审民事判决书，上海市第一中级人民法院（2014）沪一中民五（知）终字第43号。

也可称为拆分分析，整体判断则将权利作品与被控侵权作品进行整体比对。

在美国实质性相似侵权判定司法实践中，局部判断与整体判断均有所适用。法院在作出被告不侵权的简易判决时，在普通观察者测试的抄袭判断阶段、内外部测试的外部测试阶段、适用"抽象—过滤—比较"测试法判定抄袭时，主要采取的是局部判断；在普通观察者测试的不当利用判断阶段、内外部测试的内部测试阶段，主要适用整体判断。

我国司法实践中，适用整体判断与局部判断的案例兼而有之。根据笔者对 2015 年以来我国法院二审判决的实质性相似侵权案件的分析，我国法院倾向于以关于作品类型所对应的独创性高低先入为主的认知为基础，对独创性可能较高的作品类型采取整体判断，对独创性可能较低的作品类型采取部分判断。具体而言，绝大部分文学作品侵权案件的审理法官均采取局部判断，从故事梗概、人物设置、人物关系、具体情节等角度开展分析；而大部分美术作品侵权案件的审理法官采取整体分析法，注重作品的整体构图。❶

虽然整体判断与局部判断普遍存在于美国与我国司法实践之中，但在适用方式上存在极大差异。在美国，除适用"抽象—过滤—比较"测试法及通过简易判决方式判定侵权不成立的情形之外，局部判断与整体判断在实质性相似判定中均需适用且分别与抄

---

❶ 初萌.论作品独创性标准的客观化——基于欧盟最新立法与司法实践的探讨[J].版权理论与实务，2021（6）：34.

袭判断、不当利用判断一一对应，二者不可或缺，构成并列关系。在我国，整体判断与局部判断的适用因作品类型而异，均服务于抄袭判断，构成择一关系；即便学者提出的结合二者的综合判断，也未超出抄袭判断的范围。可见，"不当利用"在我国并非判定作品实质性相似侵权时必须考查的要素。

以上述差异作为思考的出发点，可以将"实质性相似判定究竟是局部判断还是整体判断"这一问题归结为如下三个方面：其一，对抄袭的判断应基于作品之局部还是作品之整体而展开；其二，是否需要考察"不当利用"；其三，对不当利用的判断应基于作品之局部还是作品之整体。下面逐一进行分析。

对于第一个问题，答案是显而易见的，对抄袭的判断应基于作品之局部，而非整体。这里涉及对"抄袭"这一词语的理解，根据《现代汉语词典》中的定义，"抄袭"或指"把别人的作品或语句抄来当作自己的"，或指"不顾客观情况，沿用别人的经验方法等"。❶无论取上述何种含义，有两点是明确的。其一，"抄袭"强调借鉴、使用的内容需要"来源于他人"。一般而言，思想和表达均来源于其创造者，其与后续的使用者之间不存在来源关系，因此，他人所创造之物与公共领域已有之物能够区分，是"来源于他人"的应有之义。可见，"来源于他人"在一定程度上与"独创性"异曲同工。其二，抄袭是一个客观存在的事实，对作品或语句的抄袭不会因为

---

❶ 中国社会科学院语言研究所词典编辑室.现代汉语词典［M］.6版.北京：商务印书馆，2014：151.

所占比例小，就影响抄袭存在与否的判定，极小的、不容易察觉的抄袭亦是抄袭。

若抄袭之判断基于作品整体之相似而展开，会得出十分荒谬的结论。笔者试以曾经引起轩然大波的"《锦绣未央》抄袭系列案"为例进行分析。该系列案例被评为北京法院 2019 年知识产权司法保护十大案例。涉案行为系借助新技术实施大规模抄袭，具体表现为被控侵权人在其作品中分散抄袭 12 位知名作家的 16 部小说。❶在判决中，法院主要采取了局部判断的方法，认为能够体现出作者个性化创作的独特修辞、细节描写，或是刻画人物或描述情节的具体语句，均属于受保护的具体表达，《锦绣未央》小说被控侵权情节采用了权利作品中具有独创性的背景设置、出场安排、矛盾冲突和具体的情节设计。据此，法院认定实质性相似侵权成立。❷无独有偶，在"《楚乔传》侵权案"中，虽然原告仅举出 17 处涉嫌抄袭的文字内容，这些内容在总计 310 千字的原告作品和总计 1000 千字的被告作品中所占比例极低，法院依旧认定侵权成立。❸试想，若法院采取了整体判断法，局部之相似将被埋没在整体差异中，侵权成立的概率必会大大降低，甚至不排除得出"抄袭一部作品是

❶ 曹丽萍，王元义，董岳．北京法院发布 2019 年知识产权司法保护十大案例［EB/OL］．（2020-04-21）［2021-07-10］．http://bjgy.chinacourt.gov.cn/article/detail/2020/04/id/5043374.shtm.

❷ 参见朱某白与周某等一审民事判决书，北京市朝阳区人民法院（2017）京 0105 民初 989 号。

❸ 参见黄某珊与赵某著作权侵权纠纷二审民事判决书，北京知识产权法院（2019）京 73 民终 2071 号。

抄，抄袭很多部作品反而不是抄"的荒谬结论。如若法律后果与抄袭行为之可谴责性如此不成正比，就将会诱发不恰当的行为激励。

至于第二个问题，即"是否应当在实质性相似判定中考察不当利用"，答案也是肯定的。虽然有相反观点认为"只要存在足够的相似性以证明存在抄袭，即可认定侵权成立"[1]，但实质性相似发展的历史脉络已经揭示："不当利用"是对抄袭行为的否定性社会评价，只有同时考察抄袭要件与不当利用要件，版权法所致力于保护的利益方才能得到体现。复制、抄袭自古有之，但在印刷术尚未出现、大规模复制条件并不具备、能够通过图书销售获利的出版商利益集团亦未兴起时，私人复制这一抄袭行为并不为法律所管控。当浪漫主义的作者观占据上风时，纳入法律规制的抄袭主体及具体行为方式也随之而变：鉴于作者已取代出版商成为版权制度中的核心主体，出版商追求永久独家出版权的愿望落空，其他出版商亦有权在获得作者授权的情况下出版，先前对原出版商的复制、抄袭不再具有可责性；几乎与此同时，版权法控制的作品利用行为从原样复制变为相似性复制，局部抄袭的违法性获得了法律肯认。上述事实足以表明，抄袭的社会可责性判断与社会的经济制度、价值观密不可分，而不当利用判断所需承载的功能便是以一个社会中通行的价值观评判何种抄袭可以容忍、何种抄袭应受谴责。

"在国家机器不够发达、支付手段不够便捷的时代，信息产权

---

[1] Arnstein v. Porter, 154 F.2d 464, 476, n1（2d Cir. 1946）（Clark J., dissenting）. 原文如下："If there is actual copying, it is actionable, and there are no degrees; what we are dealing with is the claim of similarities sufficient to justify the inference of copying ."

制度显得'性价比'不高，现代意义上的专利法和版权法直到 15
世纪和 18 世纪才出现。"❶ 与现代意义的版权法相伴而生的是不断壮
大的资产阶级和不断发展的市场经济。当今社会，版权法"诞生于
市场经济、服务于市场经济、成功于市场经济"❷ 已成为共识，版权
法是当之无愧的市场经济之法，市场经济是版权法立足之根基。不
当利用判断应当与版权法市场经济之属性相契合，方能充分体现时
代精神。

　　于是，第三个问题便成为第二个问题的自然延伸。鉴于市场
经济的突出特点是消费引导生产、需求激励供给，作品消费者如何
看待权利作品与被控侵权作品、是否认为二者存在替代关系，理所
应当地成为法官在不当利用判定中的重点考察对象。考虑到市场经
济以契约精神为依托，对于行业惯例普遍认为应当获得授权、甚至
已经发展出成熟授权市场的作品利用方式，未经授权的使用应被视
为对权利作品已有市场或者潜在市场的损害，为不当利用判断所覆
盖。由于市场经济的充分发展需要兼顾竞争公平与竞争自由，后者
在创作领域主要体现为创作自由，不当利用判断还应重视创作者版
权利益与社会公众创作自由利益之间的平衡。综上所述，消费者的
认知、行业通行的授权实践、对创作自由的考量应当成为思考"不
当利用"是否成立的三个重要维度。三者之中，前两者具有普遍适
用性，后者因在版权框架内的实现不能以损害版权为前提，而具有

❶ 蒋舸. 论著作权法的"宽进宽出"结构［J］. 中外法学，2021（2）：329.
❷ 张平. 市场主导下的知识产权制度正当性再思考［J］. 中国法律评论，2019（3）：
121.

较窄的适用范围，因此，本部分的讨论主要基于前两个维度展开。

在美国司法实践中，内外部测试法的内部测试阶段、普通观察者测试法的不当利用判断阶段均采取整体判断的方法，这种做法与消费者的认知方式相符合，毕竟对消费者而言，构成基本消费单元的是权利作品与被控侵权作品的整体，而非其组成部分。美国联邦最高法院早期判决的 Perris 案以两部作品传递的信息截然不同为由，确认侵权不成立，正是这一观点的体现。[1] 不过，这样的理解亦失之绝对，具有片面性，原因在于其忽视了作品局部美学吸引力的相似性可能产生的市场替代效应，以及行业通行的授权实践在"不当利用"判定中的作用。

两部作品整体的美学吸引力存在差异，并不意味着一定不存在市场替代关系，不当利用的判断也可能是局部判断。以综艺节目使用音乐作品片段为例，音乐虽然能够起到烘托主题的作用，但相较于主题而言，并非综艺节目中最具核心竞争力的元素。一般而言，综艺节目对该音乐作品的市场并不具有明显的市场替代效应，有时反而具有市场推广、促进效应。但法院通常会认为这一使用具有实质性[2]，同时，基于不存在"不使用涉案作品即无法表达主题的情形"[3]，而对被控侵权人提出的合理使用抗辩不予认可。此类判决的

---

[1] Perris v. Hexamer, 99 U.S. 674, 676（1879）.

[2] 参见湖南广播电视台、李某著作权权属、侵权纠纷二审民事判决书，湖南省高级人民法院（2020）湘知民终 516 号。

[3] 参见唐某、长沙广电数字移动传媒有限公司著作权权属、侵权纠纷二审民事判决书，湖南省高级人民法院（2020）湘知民终 675 号。

合理性体现在如下两个方面：一是消费者对同一作品往往具有不同的欣赏体验和多元化的消费需求，为创作主题、创作风格所吸引者有之，为单幅图片、音乐片段、少量电影画面等具体元素所吸引者亦有之，多媒体技术的发展为从整体作品中提取具体元素提供了便利，更加剧了这一趋势。即使对作品的部分使用不影响作品的直接市场，但其本身也可能属于作品的潜在利用市场，进而产生替代效应。❶ 二是也不能忽略这样的情况：消费者因被综艺节目的主题吸引，但无意中发现节目制作者未经授权使用的一张图片恰好能够用在自己的设计中，如此便免去了从图片版权人处获得授权的负担，此时亦很难否认二者之间的市场替代关系。可见，作品局部的美学吸引力相似也会引发不当利用问题。从商业道德与通行的授权实践出发，亦可得出同样的结论：综艺节目对音乐作品的使用通常需要经过许可，已是业界普遍共识；图片领域的许可市场业已形成，并细化到针对不同分辨率、不同使用方式收取不同费用的程度。此时，对于背离通常的商业实践、未经授权即使用的行为，很难说是"正当利用"。

但是，也存在这样的情况：虽然被告存在对原告作品的局部或者整体使用，但最终形成了具有截然不同的美学吸引力的新作品，导致作品局部美学吸引力的相似性最终被埋没在整体的差异性之中。此时，很难继续认为两部作品存在市场替代关系，不当利用自不成立。之所以会存在这一现象，是因为一部完整的作品是一个

---

❶ 阮开欣.盗摄少量电影画面侵权吗？[N].中国知识产权报，2021-07-09（9）.

有机统一体，当消费者欣赏作为整体的一部作品时，整体的美学吸引力是其选择这部作品的主要原因，这也会影响其对作品组成部分的关注，与作品整体的主题密切相关且起到烘托、帮助作用的会更为消费者所注意，反之则容易被忽略。当具有独创性的作品被置于完全不同的语境之中，导致对消费者的美学吸引力发生了质的改变时，独创性作品不再构成整体作品美学吸引力的核心因素，不当利用的问题也就不易引发了。许多挪用艺术作品均可归于此类——尤其是，当涉及滑稽模仿时，从权利作品的创作意图、一贯的创作和表达风格、普通理性公众可能预料到的原告作品市场等因素出发，原告不可能会授权挪用艺术作品的使用❶，此时，从市场角度对此类挪用行为进行评价，不宜将其归于"不当利用"。此外，若挪用的部分在权利作品中处于边缘地位，与所欲表达的主题仅具有松散的联系，却在被告作品中作为主要元素获得了充分的表达，法院一般也不会认定被告构成不当利用❷，这也与消费者的认知相一致。在这个实例中，从版权授权惯例与消费者认知出发所得出的结论再次得到了统一。

2021年11月24日，中国香港特别行政区政府商务及经济发展局发布《更新香港版权制度公众咨询文件》，建议增设"为戏仿、

❶ 华劼. 版权转换性使用规则研究——以挪用艺术的合理使用判定为视角［J］. 科技与法律，2019（4）：30.

❷ BALGANESH S. The Normativity of Copying in Copyright Law［J］. Duke law journal, 2012, 62（2）：227.

讽刺、营造滑稽和模仿目的"❶的版权侵权豁免条款。其给出的具体理由：一是上述建议范围清楚明确、属于公认的文学或艺术创作手法；二是类似规定已被澳大利亚、加拿大等国家适当地接纳；三是这些创作手法是市民经常用作表达意见和评论时事的工具，具有批判或者转化意味，一般不会与原作品竞争或取代原作品。❷笔者对上述分析持部分赞同态度❸，由于戏仿作品、讽刺作品、滑稽作品转换了原作品的美学吸引力，不构成市场替代，亦不属于不当利用。

综上所述，作品实质性相似判定既涉及局部判断，也涉及整体判断。抄袭判断主要是局部判断，不当利用判断则要求法官对消费者的多元需求及行业通行的授权实践进行通盘考虑，以作品的整体美学吸引力为主开展整体判断，辅之以局部判断。

---

❶　该文件借鉴了《简明牛津英语词典》（2011年第12版）的定义，具体如下：戏仿作品是指"仿效某作家、艺术家或某类作品的风格，故意夸张，以营造滑稽的效果"，以及"对某事物作出滑稽歪曲"。讽刺作品是指"运用幽默、讽刺、夸张或嘲弄的手法，揭露和批评人的愚昧或恶行""运用讽刺手法的戏剧、小说等"，以及"（拉丁文学中）嘲弄普遍存在的恶行或愚昧的文学杂集，尤其是这方面的诗"。滑稽作品是指"夸张地描绘某人的明显特征，以营造滑稽或怪诞的效果"。模仿作品是指"在风格上仿效另一作品、艺术家或某时期的艺术作品"。

❷　中国香港特别行政区政府商务及经济发展局. 更新香港版权制度公众咨询文件［EB/OL］.［2022-02-22］. https://www.ipd.gov.hk/chi/intellectual_property/copyright/Consultation_Paper_on_Copyright_Chi.pdf.

❸　但是笔者并不认为模仿作品转换了原作品的美学吸引力，相反，由于模仿作品的主要特征是对原作品风格的仿效，这就意味着模仿作品与原作品大概率在美学吸引力上具有一致性。模仿作品享受豁免的主要原因在于对风格的使用不涉及原作品的独创性部分。

4.2.2 相似与差异

第三重关系是"相似与差异"。相似之处与差异之处在被控侵权作品中的数量和比重是否会对实质性相似的判定结果产生影响，是对这一关系的阐释所需解决的核心问题。

在美国，不当利用判断是实质性相似判定的一个重要阶段，其主要关注的是两部作品整体而言是否对消费者具有相同或者近似的美学吸引力。对整体判断的强调，通常意味着对于作品的相似部分与差异部分需给予同等重视、综合考量❶，以确定作品的整体观感更多为差异部分还是相似部分所支配。法院经具体比对，若认为两部作品"差异之处远多于相似之处""差异之处远比相似之处重要""细微的相似在巨大的差异面前显得黯然失色"❷，或者"讲述了截然不同的故事""传递了截然不同的信息"❸，则往往会判定实质性相似不成立。不过，美国司法实践中也存在相反观点，即"抄袭者不能以自己作品中存在多少未抄袭的内容来证明自己不应承担侵权责任"❹。这种观点进一步指出，在侵权判定中更为关注作品的相似

---

❶ 李杨.改编权的保护范围与侵权认定问题：一种二元解释方法的适用性阐释 [J].比较法研究，2018（1）：69.

❷ Zalewski v. T.P. Builders, Inc., 875 F. Supp. 2d 135, 148（N.D.N.Y. 2012）.原文 如下："Dissimilarity can be important in determining whether there is substantial similarity… Numerous differences tend to undercut substantial similarity."

❸ HELFING R F. Substantial Similarity in Literary Infringement Cases：A Chart for Turbid Waters [J]. UCLA entertainment law review, 2014, 21（1）：23.

❹ Sheldon v. Metro-Goldwyn Pictures Corp., 81 F. 2d 49, 56（2d Cir. 1936）.

之处，才是"实质性相似"这一概念的应有之义。❶

如前文所述，类似的问题在我国司法实践中也有所体现，既有法院更为关注作品相似部分，也有法院对作品相似部分与差异部分同等考察。对于后者，有的法院更为关注相似部分与差异部分分别所具有的独创性元素含量，有的法院更为关注相似部分与差异部分对作品整体效果的影响。典型案例亦显示，我国法院在判断实质性相似时，十分关注两部作品中相似且具有独创性的部分在侵权作品整体中的数量和比重。这一关注点在合理使用判断中亦有体现。例如，在涉及教辅材料对作品的引用是否构成适当引用的"《西部畅想》著作权侵权案"中，法院以"引用的部分较被控侵权作品整体而言仅占较少比重，其程度尚属合理范畴"❷为由，认定合理使用成立，即便引用率事实上已经达到权利作品的 70%。

由此可见，在实质性相似判定中考察相似部分的数量和比例（包括数量占比、内容重要性占比等），已经成为中国与美国司法实践中普遍存在的现象。但事实上，无论是数量标准，还是比例标准，都有极大的探讨空间，亦受到了不少批评。阮开欣就曾指出，若使用作品极小比例就可免于判定实质性相似，那么对电影作品中一帧或几帧画面的使用就难以构成实质性相似；若使用的作品仅占被控侵权作品的极小部分，在电影中使用一小段音乐的行为亦无须

---

❶ Attia v. Society of the New York Hospital, 201 F.3d 50, 57 (2d Cir. 1999). 原文如下："The key to substantial similarity is the similarities rather than the differences ."

❷ 参见孙某斌与上海教育出版社有限公司侵害著作权纠纷再审民事裁定书，上海市高级人民法院（2020）沪民申 2416 号。

获得授权；❶只要增加足够多的非独创性内容，即可规避侵权。若果真如此，抄袭、不当利用判断均会被架空。

既然数量与比例的要求并不正当，有一个问题便不得不被追问，它就是这些看似不合理的要求是如何发展出来的。考虑到司法实践中的惯用表述，以及含义的一致性，下文将以"数量和质量"替换"数量""比例"这两个概念，并对数量和质量标准在实质性相似判定中的产生进行探讨。

在美国司法实践中，"数量和质量"服务于不当利用判断❷，解决的是被告使用原告作品的内容是否具有法律上的可责性这一问题。其中，"数量"指的是被告使用了原告版权作品内容的多少，"质量"指的是被告使用原告版权作品部分在原告作品整体中的价值和重要性。❸由于判定的参照系是权利作品，而非被控侵权作品，因此，被告在侵权作品中添加新的元素、减少借用部分比重，并不会影响不当利用的判定结果。不过，虽然在不当利用阶段才进行考

❶ 阮开欣.如何判断版权侵权中"实质性相似"[J].中国知识产权报，2015-12-23（8）.

❷ Newton v. Diamond, 388 F. 3d 1189, 1195（9th Cir. 2004）.原文如下："Substantiality is measured by considering the qualitative and quantitative significance of the copied portion in relation to the plaintiff's work as a whole." Twin Peaks Prods. v. Publications International, ltd., 996 F.2d 1366, 1376-77（2d Cir. 1993）.原文如下："Considering the amount and substantiality of the portion used in relation to the copyrighted work as a whole." Ringgold v. Black Entertainment Television, Inc., 126 F.3d 70, 75（2d Cir. 1997）.原文如下："To support a finding of infringement on the basis of substantial similarity, the copying must be quantitatively and qualitatively sufficient."

❸ BALGANESH S. The Normativity of Copying in Copyright Law [J]. Duke law journal, 2012, 62（2）: 227.

查，但"数量和质量"事实上解决的是是否存在抄袭这一问题。这是因为学理观点与司法实践普遍将数量和质量作为被告是否借用了原告作品中独创性内容的考察指标，而不是作为是否使消费者认为存在市场替代的考察指标。

根据学者的考察，第一个提出"实质性相似"概念的案例是 Blunt v. Patten 案，法院在该案中指出被告挪用原告作品的数量构成"实质性"抄袭（"substantial" copying），进而认定侵权成立。❶ 在 1841 年裁判的 Folsom v. Marsh 案中，法院再次明确指出，侵权成立并不以对版权作品全部的复制为前提，而是应当考虑复制的数量和质量，以确定两部作品是否构成实质性相似。❷ 值得一提的是，在该案发生的 1840 年，美国版权法对书籍的版权保护仅限于禁止原样复制行为，对书籍的删减、翻译尚不构成侵权。即便如此，该案审理法官依旧坚持以平衡理念审视该案中的作品使用行为，并重新界定了"抄袭"这一概念，使其扩大至对版权作品全部或者部分的复制或者模仿。❸ 根据该案裁判观点，被控侵权人因合理的批评目的引用权利作品的行为不构成侵权，但若是为了替代权利作品的目的而使用了其中最为重要的部分，这一行为即构成法律上的抄袭。从上述案例中不难看出，在被控侵权作品对权利作品的使用是否足以被认定抄袭成立时，"数量和质量"是重要指标。

---

❶ Blunt v. Patten, 3 F. Cas. 762, 762（C.C.S.D.N.Y. 1828）.

❷ Folsom v. Marsh, 9 F. Cas. 342, 348（C.C.D. Mass. 1841）.

❸ RAY P L. Folsom v. Marsh and Its Legacy［J］. Journal of intellectual property law, 1998, 5：431-434.

对上述案例作进一步分析，可以发现，"数量和质量"标准的提出并不意味着仅在被告使用原告作品独创性部分达到一定数量或质量时方侵权成立，而旨在强调侵权成立并不以被告对原告作品的全盘抄袭为条件。"数量和质量"的真正意义在于确定被告所使用的原告作品部分是否具有独创性。这里需要特别说明的是，按照"抄袭 + 不当利用"的判断标准，独创性部分与公共领域部分的划分本应在抄袭阶段被考查，而"数量和质量"是不当利用判断的核心内容，但在不当利用阶段考查"独创性"的做法却为不少学者所接受且已成为司法实践中的惯例。例如，有学者指出，"不当利用"的成立以相似部分构成受版权保护的内容为前提，需要排除属于公共领域而并不存在抄袭的元素；❶亦有案例将存在受保护的元素层面的实质性相似作为判定不当利用的基准。❷笔者认为，对这一现象的合理解释可从"copy"一词的多元含义入手。"copy"作动词时，既有"效仿、模仿"的含义，也可指"制作复制件"；传统的印刷、静电复印、把表演摄制成影片、复制录音录像带、复制软件磁盘，均可被称为"copy"。❸就制作复制件而言，无论被制作的原件是否具有独创性、所含独创性元素是多是少，均可使用"copy"一词。纵使法院在抄袭判断阶段引入专家分析和拆分分析，将不受版权保护的元素排除考虑，以尽可能将"copy"一词的法律含义限定于真

---

❶ DER MANUELIAN M. The Role of the Expert Witness in Music Copyright Infringement Cases [J]. Fordham law review, 1988, 57：146.

❷ Kisch v. Anunirati & Puris Inc., 657 F. Supp. 380, 384（S.D.N.Y. 1987）.

❸ 郑成思. 版权法（上）[M]. 北京：中国人民大学出版社，2009：18.

正的抄袭行为，也抵挡不住这一词汇的字面含义对学者与法官潜移默化的影响。一旦从是否存在对作品全部或部分内容的复制的角度界定"copy"，"copy"便未必有助于确定权利作品与被控侵权作品之间的来源关系，其与抄袭判断的关联也就削弱了。此时，一种自然的处理方式便是在不当利用判断阶段解决"抄袭"与"独创性"的问题。[1] 在 Atari 案判决中，法院明确指出，不当利用判断的核心是确定两部作品的相似度是否足以使消费者得出这样的结论：被告不合理地使用了原告作品中重要的和有价值的材料，进而可以认定其使用了原告的独创性表达。[2] 这一表述完美地体现了"数量和质量"与"独创性"判断之间的关系。

深入分析，"数量和质量"与"独创性"的深层关联实则潜隐于"独创性"概念的内涵中。

当我们说一部作品具有独创性时，并非采取一种认为受版权保护的作品完全源于作者本人、不存在任何形式的借用与合作[3]的浪漫主义观点。这种观点让艺术家"陷入浮士德或普罗米修斯这样遗

---

[1]　Ringgold v. Black Entm't Television, Inc., 126 F.3d 70, 75（2d Cir. 1997）.

[2]　Atari, Inc. v. North American Philips Consumer Electric Corp., 672 F.2d 607, 614-615（7th Cir. 1982）. 原文如下："The test is whether the accused work is so similar to the plaintiff's work that an ordinary reasonable person would conclude that the defendant unlawfully appropriated the plaintiff's protectible expression by taking material of substance and value."

[3]　LIEBERMAN N. Un-blurring Substantial Similarity: Aesthetic Judgments and Romantic Authorship in Music Copyright Law [J]. New York university journal of intellectual property and entertainment law, 2016, 6（1）: 101-102.

世独立的角色"❶，实为对创作行为的误解。❷ 立足于真实创作场景，
一部作品整体的独创性是由公有领域的元素堆砌而成的。在实质性
相似侵权判定中，原告欲证明被告使用的其权利作品部分具有独创
性，一般需要考察作品基础构成要素中的相似点❸，这些基础构成要
素因作品类型而异，在情节类作品中主要包括主题、结构、人物、
情节、文字等❹，在音乐类作品中主要包括旋律、节奏、和声及复调
的安排和设计等❺，在美术作品中主要指的是由线条、色彩、人物等
组合而成的构图框架等。❻ 基础构成要素就其本身而言，均属公有
领域的内容，其最终发展成具有独创性的作品有如下两个原因。

其一，创作者充分挖掘了单个基础构成要素的创作空间，形成
了具有特色的具体表达。以叙事学中的"叙事速度"为例，一段叙
事的速度等于被叙之时长——所叙事件进展所用的时间——与叙事
的长度（如用字数、行数、页数等表示）之间的关系，其可分为五

---

❶ 劳勃·萧尔．原创的真相：艺术里的剽窃、抄袭与挪用［M］．刘泗翰，译．台
北：阿桥社文化，2019：118．

❷ 初萌．论作品独创性标准的客观化——基于欧盟最新立法与司法实践的探讨
［J］．版权理论与实务，2021（6）：35．

❸ HELFING R F. Substantial Similarity and Junk Science：Reconstructing the Test
of Copyright Infringement［J］．Fordham intellectual property，media & entertainment law
journal，2020，30（3）：756-764．

❹ 梁飞．法院怎么判定作品实质性相似［N］．中国新闻出版广电报，2019-09-27
（7）．

❺ 吴汉东．试论"实质性相似＋接触"的侵权认定规则［J］．法学，2015（8）：
68．

❻ 李杨．改编权的保护范围与侵权认定问题：一种二元解释方法的适用性阐释
［J］．比较法研究，2018（1）：65-66．

个档次：如果某个占用时间的特定事件在叙事中并无对应的部分，则称之为"省略"；如果叙事中的某部分对应的被叙时间没有流逝，可称之为"停顿"；在"省略"和"停顿"两个极端之间，如果某个叙事部分与其呈现的被叙时间有某种程度的对等，则称之为"场景"；"省略"与"场景"之间的多种情形可称为"概述"；"场景"与"停顿"之间的情形可称为"拉伸"。❶从"省略"到"概述"，到"场景"，到"拉伸"，再到"停顿"，所对应的叙事速度由快到慢，越慢则意味着对事件的阐述越详细，仅从"叙事"这一维度来看，具有独创性的可能性越高。

其二，虽未对单个基础构成要素的创作空间展开充分挖掘，但不同基础构成要素之间的结合能够与现有作品相区分，因而具有独创性。人文科学计算机辅助研究中心（Center for Computer Assisted Research In the Humanities）的一项研究显示，从 1000 个音乐作品中识别出一个特定的音乐作品，存在不同的方式：若根据音符的数量来识别，一般需要 10～12 个连续音符；若根据音符与音长、速度的结合，仅需 3 个音符即可准确界定这一特定的作品。❷有学者亦指出，在音乐作品独创性判断中，不应仅考察音乐的旋律，还应

---

❶ 杰拉德·普林斯. 叙事学：叙事的形式与功能 [M]. 徐强，译. 北京：中国人民大学出版社，2013：56-57.

❷ SELFRIDGE-FIELD E. Substantial Musical Similarity in Sound and Notation: Perspectives from Digital Musicology [J]. Colorado technology law journal, 2018, 16：261.

当考虑旋律、和音和节奏之间的互动。❶ 早在 1969 年，一项关于文学作品侵权的研究亦显示：对充分展开的单个情节的使用可能构成实质性相似；对未充分展开的多个情节的使用，若足以贯穿原告作品的故事主线，也可能实质性相似，即便从总量来看使用的内容很少。❷ 可见，与单一构成要素的独特表达一样，不同基础构成要素之间的特定结合方式也可能具有独创性。

无论是涉及单一要素还是多个基础要素组合的实质性相似判定，发挥作用的都有两个重要指标：指涉相同要素数量多少的"数量"指标与指涉要素相似程度、相似要素本身及其组合的独特程度的"质量"指标。当相同要素数量越多、要素相似程度越高、相似要素及其组合的独特程度越高时，实质性相似越容易成立。

此外，尼莫教授提出的"部分字面相似"（fragmented literal similarity）❸ 与"整体非字面相似"（comprehensive nonliteral similarity）❹ 之分，也有助于实质性相似侵权判断。部分字面相似可能仅涉及部分内容的抄袭，但这一抄袭是以逐字逐句（word-for-word）的形式呈现的，属于"低级抄袭"；如若被告作品复制了原告作品的核心内容

---

❶ LIEBERMAN N. Un-blurring Substantial Similarity: Aesthetic Judgments and Romantic Authorship in Music Copyright Law [J]. New York university journal of intellectual property and entertainment law, 2016, 6（1）: 99.

❷ FULLER FLEMING R. Substantial Similarity: Where Plots Really Thicken [J]. Copyright law symposium, 1971, 19: 278.

❸ Palmer v. Braun, 287 F.3d 1325, 1330（11th Cir. 2002）（quoting 4 Melville B. Nimmer & David Nimmer, Nimmer on Copyright § 13.03 [A][2]（2001））.

❹ Palmer v. Braun, 287 F.3d 1325, 1330（11th Cir. 2002）（quoting 4 Melville B. Nimmer & David Nimmer, Nimmer on Copyright § 13.03 [A][1]（2001））.

或者具体架构，则构成一种"高级抄袭"——整体非字面相似。低级抄袭可通过相同之处的数量进行衡量，但相同与相似之区分本已触及质量层面，还需考察要素及要素组合的独特性这一质量要素；同样，高级抄袭在对相似程度、相似部分的独特性、逻辑关联进行考察之余，也离不开对相似部分数量的考察。可见，无论从何种角度分析权利作品的独创性，抄袭判断中都有"数量"和"质量"两项标准的共同作用。

一言以蔽之，"质量和数量"是确定被告作品是否使用原告作品独创性部分的辅助标准，并非意欲考察使用部分在被控侵权作品中的数量或者质量。为确定是否存在抄袭，实质性相似判定应当关注原、被告作品之间的相似性，而非差异性。

4.2.3 行为与结果

第四重关系是"行为与结果"。在对实质性相似进行分析时，"行为"与"结果"均有其特定内涵：如果实质性相似侵权判定中的抄袭判断完全是基于原、被告双方作品文本的比对，则属于结果层面的分析；反之，若法官在实质性相似侵权的抄袭判断中同时考察被控侵权人行为的主观面向或者客观面向，则在结果判断之余体现出对行为的关注。本部分探讨的问题是抄袭判定究竟应当是行为判断还是结果判断，抑或是二者的结合。

在"抄袭＋不当利用"判断向"接触＋实质性相似"判断的演进中，由于"实质性相似"在抄袭判断与不当利用判断两个阶段均适用，所以为防止混淆，后续案例提出了"初步相似（probative similarity）"的概念。❶ 自此，抄袭判断中的"实质性相似"也被称为"初步相似"，从而与不当利用判断中的"实质性相似"区分开来。一般说来，抄袭行为可以借助直接证据或者间接证据来完成证明，但由于直接证据获取不易，达到"接触＋初步相似"的间接证据标准便成为认定抄袭的关键。❷ 这一标准是行为判断与结果判断的结合，其中"接触"指向行为判断，"初步相似"指向结果判断。

　　为证明存在初步相似，将相似点比对范围限定于受版权法保护的元素是必要的，唯有如此，方能确定原、被告作品之间的来源关系，以及是否存在独立创作完成的可能性。这一点也得到了相关案例的支持。例如，在 Emerson v. Davis 案中，法院据以认定被告构成侵权的原因在于两部作品的相似之处是"如此接近、如此完整、如此一致、如此引人注目"，以致被告实无可能独立创作完成侵权作品。❸ 在 Daly v. Palmer 案中，法院亦指出确认抄袭的关键在于判断被告究竟是直接使用了原告作品，还是仅对公有领域的元素进行了善意汇编，从而在不经意间或因创作主题的限制而产生了作品相似的结果。❹ 在涉嫌音乐作品侵权的案例中，法院通常会基于作曲家所能使用的音符和和弦的数量有限、同样的主题出现在不同作品中十分常见这一基础事实 ❺，转而将作品的复杂性、独特性作为认定初

---

❶ LATMAN A. "Probative Similarity" As Proof of Copying: Toward Dispelling Some Myths in Copyright Infringement [J]. Columbia law review, 1990, 90（5）: 1193.

❷ Lotus Development Corp. v. Borland Intern., Inc., 49 F. 3d 807, 813（1995）.

❸ Emerson v. Davis, 8 F. Cas. 615, 622（C.C.D. Mass. 1845）.

❹ Daly v. Palmer, 6 F. Cas. 1132, 1138（C.C.S.D.N.Y. 1868）.

❺ Gaste v. Kaiserman, 863 F.2d 1061, 1068（2d Cir.1988）.

步相似是否成立的重点考察因素。❶ 从上述案例可知，结果判断是确定是否存在抄袭的关键。

但是，重行为轻结果、忽视相似度考察的做法亦屡见不鲜。这在中国与美国的司法实践中同样存在，具体表现如下。

其一，将被告使用原告作品的意图明显作为证明抄袭存在的充分条件。根据司法实践的主流观点，被告是否明确意识到其使用了原告的作品，并不会影响抄袭判定，"无意识的抄袭"❷ 也是抄袭。不过，一些法院在裁判中仍旧会不自觉地在使用意图与相似程度之间建立反比规则，一旦确信被告使用原告作品的意图昭然，便相应降低满足实质性相似的程度要求，Miller v. Universal City Studios, Inc.案就是其中的代表性案例。该案中，原告与被告电影制作方曾就版权授权进行谈判，原告方的备忘录还显示，在谈判未果后，被告方的编剧曾明确告知被告其使用了原告的作品。该案一审法院认为，仅凭备忘录中的这一记录即可认定被告存在版权侵权行为。❸但事实上，原告所谓的版权作品仅是对真实事件的记录，任何人对这些事件均不应享有版权法上的垄断权。正是对行为主观恶意这一要件不合适的强调，导致法院忽视了客观后果在作品相似侵权判断

---

❶　Selle v. Gibb, 741 F.2d 896, 905（7th Cir.1984）.

❷　Bright Tunes Music Corp. v. Harrisongs Music, Ltd., 420 F. Supp. 177（S.D.N.Y. 1976）. ABCKO Music, Inc. v. Harrisongs Music, Ltd., 722 F.2d 988（2d Cir. 1983）. 在上述案例中，法院并不认为被告有意识地从事了抄袭行为，但是认为原告作品太流行了，被告潜意识里知道这个旋律会成功，所以使用了它。法院进一步指出，潜意识的侵权并不是有效的侵权抗辩理由。

❸　Miller v. Universal City Studios, Inc., 460 F. Supp. 984, 986（S.D.Fla. 1978）.

中的重要作用，进而得出了错误的结论。

其二，从被告对原告作品使用方式的不正当性出发，认定存在抄袭。有学者通过以下两个案例对这一现象进行了说明。在 Herbert Rosenthal Jewelry Corp. v. Grossbardt 案中，被告原封不动地照搬了原告享有版权的胸针作品，被认定为侵权；在由同一原告提起诉讼的 Herbert Rosenthal Jewel Corp. v. Kalpakian 案中，被告设计与原告类似的图案的行为则未被认定为侵权。该学者认为，上述两个判决结果存在差异具有正当性，因为前一案件中被告行为的性质更为恶劣。❶ 诚然，与相似侵权相比，独立创作完成相同作品的可能性更小，成立侵权的概率自然更高。从这个角度来看，在侵权判定中考察被告行为的性质具有一定的合理性。但是，这一结论的成立同样需以被告使用了原告作品中受版权保护的部分为前提，否则会突破"思想—表达二分"原则的界限，不适当地将版权权利延伸到人们可以自由使用的领域。

其三，以被告作品中存在原告作品中的特异性内容为由，推定存在抄袭。证明被告作品中存在原告故意设置的错误，或者其他特异性内容，是一种常见的证明被告存在抄袭行为的做法。❷ 与前两种情形不同，这种情形中并不存在被告接触原告作品的直接证据。但一般而言，被告在独立创作的情况下产生与原告作品中同样的特

❶ MCKNIGHT S G. Substantial Similarity between Video Games：An Old Copyright Problem in a New Medium［J］. Vanderbilt law review, 1983, 36（5）：1284.

❷ BARTOW A. Copyrights and Creative Copying［J］. University of Ottawa & technology journal, 2003, 1：87.

异性错误，是极为罕见的，所以此类错误的存在通常足以推定被告接触过原告的作品。实践中，为了便于接触的证明，一些原告也会在作品中故意掺杂错误元素，如在计算机软件代码中刻意加入开发者的姓名、单位名称、作废的程序代码段落等并无实质意义的内容，在工具书中以"埋雷"的方式设置特别的词条和注释❶，以减轻接触证明的负担，这便是"掺假发现法"。❷ 这一方法在司法实践中屡试不爽。法院一旦以特异性错误的存在推定被告对原告作品有接触，往往就会作出侵权判决。例如，在北京龙安华诚建筑设计有限公司诉北京国科天创建筑设计院成都分院等著作权权属、侵权纠纷案中，法院考察了原、被告建筑施工图纸在内容上的相似性，尤其是"国科天创分院在设计图纸上出现的笔误、修改，龙安分公司也在同类图纸上存在相同笔误、修改"❸ 这一事实，据此得出实质性相似成立的结论。又如，在欧伦（大连）船业有限公司与大连市蓝微尔游艇建造有限公司著作权权属、侵权纠纷案中，法院以原告与被告的作品在细节表达上存在大量相同之处，"特别是存在相同的错误"为由，认定存在实质性相似。❹

在 2021 年发布的《北京市高级人民法院知识产权民事诉讼证据规则指引》中，"掺假发现法"的地位更是得到了凸显。根据该指引

---

❶ 侯伟.字典收录 拒绝盗版！［N］.中国知识产权报，2021-11-12（9）.

❷ 广东长昊律师事务所.侵犯著作权"实质性相似"在软件著作权侵权行为认定中的判断［EB/OL］.（2020-10-05）［2022-09-10］.https://www.sohu.com/a/422717618_120351274.

❸ 参见四川省高级人民法院（2014）川民终字第 226 号民事判决书。

❹ 参见大连市西岗区人民法院（2019）辽 0203 民初 798 号民事判决书。

第 3.1 条，审理侵害著作权的案件应从三个层次审查原告提供的证据：一是原告是否为涉案作品的著作权人或者相关权利人，二是被控侵权作品与权利作品是否构成实质性相似，三是"被告是否具有接触权利作品的可能，或者被诉侵权作品与权利作品是否存在相同的错误、瑕疵、暗记等独特部分，或者被诉侵权作品与权利作品是否完全相同或高度相似足以排除创作巧合"。上述第三个层次强调的是"接触"而非"抄袭"，这与我国采用"接触＋实质性相似"而非"抄袭＋不当利用"的作品侵权判定规则不无关系。但事实上，与"接触权利作品的可能""存在相同的错误、瑕疵、暗记等独特部分"仅能证明存在接触不同，"被诉侵权作品与权利作品是否完全相同或高度相似足以排除创作巧合"除能证明接触之外，还可以进一步证明被控侵权作品使用了原告作品中的独创性内容，即两部作品之间存在来源关系，亦即存在抄袭。在我国当前实质性相似司法判断标准不一、对作品整体比对的案例依旧存在的情况下，是仅要求对"接触"提供证明还是同时要求对"抄袭"提供证明存在明显差距。司法实践中，亦存在混淆证明二者的证据的情况。例如，有法院就曾作出如下论断，"根据计算机软件设计的一般性原理，在独立完成设计的情况下，不同软件之间出现相同的软件缺陷概率极小，而如果软件之间存在共同的软件缺陷，则软件之间的源程序相同的概率较大"❶，这便是犯了以存在接触推定存在抄袭的错误。

---

❶ 参见石某林诉泰州华仁电子资讯有限公司侵害计算机软件著作权纠纷二审民事判决书，江苏省高级人民法院（2007）苏民三终字第 0018 号。

　　上述对抄袭意图、使用方式及对特异性错误的过分关注，本质上是将两部作品是否存在初步相似的判断转换为接触判断，弱化了对相似性的考察，更毋论考察相似部分是否具有独创性。这一趋势固然与从"抄袭＋不当利用"到"接触＋实质性相似"的转变密不可分，却也在一定程度上反映了公众对"抄袭"这一概念的错误直觉对裁判者的影响。据学者考察，公众倾向于认为对原告作品的任何复制行为都是完全错误的，都是应受谴责的"抄袭"行为，这便是公众对抄袭的错误直觉。[1] 至于版权法中平衡激励与接触的具体目标应如何实现，则并非公众所关心的对象。版权侵权诉讼中，公众对抄袭的错误直觉恰恰迎合了版权人的观点，他们总是认为只要能够证明被告接触了其作品，就能获得胜诉，对于他们来说，不管是思想还是表达，都是属于他们的。[2] 这一观点显然与"思想—表达二分"原则相悖，将会产生对被控侵权人明显不利的后果，有损版权法的平衡价值。

　　由于"接触"仅能够证明被控侵权作品在创作中存在对权利作品的复制，而与来源关系的证明相去甚远，当用"接触＋实质性相似"判断取代"抄袭＋不当利用"判断时，就必须在实质性相似判定中强化抄袭的结果面向，强调对原、被告作品的客观比对。但

---

[1] 　SPRIGMAM C J, HEDRICK S F. The Filtration Problem in Copyright's Substantial Similarity Infringement Test [J]. Lewis & Clark law review, 2019, 23（2）: 587.

[2] 　BISCEGLIA J J. Summary Judgment on Substantial Similarity in Copyright Actions [J]. Hastings communications and entertainment law journal（Comm/Ent）, 1993—1994, 16（1）: 77.

总体来看，司法实践并未做到这一点，这不可谓不遗憾。与行为意义上的抄袭相比，结果意义上的抄袭更具决定性意义：毕竟，虽然从高度的实质性相似中可以反推出存在接触，但不能因为存在高度的接触可能性而降低认定抄袭成立的"初步相似"标准。❶ 相似点的独创性，是作品相似侵权的抄袭判断中无法回避的事实——仅当满足这一条件时，证明被控侵权人有接触事实才具有必要性。❷ 值得一提的是，在我国较早判决的李某与石某山等侵犯著作权纠纷案中，法院曾明确指出，存在相同历史性错误的事实，并不能够证明两部作品在表达形式上的近似与否。❸ 这一判决所反映出的观点恰是对"抄袭"的正确解读，理应成为司法实践应然的发展方向。

综上所述，实质性相似中的抄袭判断既是行为判断，也是结果判断。裁判者既要关注被告客观上是否存在复制原告作品的行为，也要考察复制的部分是否达到了独创性的标准。若非如此，则极易导致对原告作品的过度保护，进而妨碍未来作品的创作，损害版权法目的的实现。

4.3 实质性相似的判断视角

实质性相似判定中的第五重关系是"大众与专家"，其指向判

---

❶ 参见本书上一部分关于"反比规则"的论述。

❷ 张晓霞，张嘉艺. 侵权行为构成要件对"接触加实质性相似"规则的制衡——论侵害著作权纠纷的裁判思路 [J]. 知识产权，2021（12）：42-43.

❸ 参见北京市第二中级人民法院（2008）二中民终字第 02232 号民事判决书。

断的视角。与之对应，本部分欲探讨的核心问题是判定是否存在抄袭时应注重作品消费群体的观点还是创作群体的观点；如果涉及专业知识判定的话，那么此类专业知识在实质性相似侵权判定中应体现为何种知识。

在美国，从普通观察者测试法对消费者观点的强调，到更具辨别力观察者测试法的提出，再到针对专业性较强的计算机软件等作品发展出的"抽象—过滤—比较"测试法，司法实践总的趋势是愈发认识到随着创作中技术含量的提高，作品中独创性元素的确定已非普通消费者所能胜任。以 Whelan 案为例，法院指出计算机程序对大多数公众而言是复杂的、不熟悉的，进而对普通观察者测试的有效性提出质疑。❶ 在 Gates Rubber 案中，法院亦认为"抽象"的具体方法并非一成不变，在此方面，专家的意见能够为法院提供实质性帮助。❷ 可见，专家观点被引入实质性相似侵权判定，主要是考虑到公众对特定类型（尤其是技术含量较高的类型）的作品缺乏抄袭判断的能力。

在中国司法实践中，专家意见主要体现为鉴定意见。对于计算机软件等专业性较强的作品形式，版权人倾向于在诉讼中提交鉴定意见，以增强证据的说服力；至于其他类型的作品，除文学作品、音乐作品有时运用鉴定意见之外，对专家意见整体运用较少。这与

---

❶　Whelan Associates, Inc. v. Jaslow Dental Laboratory, Inc., 797 F.2d 1222, 1232 (3d Cir. 1986).

❷　Gates Rubber Co. v. Bando Chemical Industries, Ltd., 9 F.3d 823, 834–836 (10th Cir. 1993).

美国司法实践的做法较为一致。

以大众是否具备专业知识作为其能否进行抄袭判断的区分标准，有一定的合理性，却也掩盖了问题的本质。这些问题是由对"专业知识"的界定偏窄及对公众认知的误解所引发的。

4.3.1 过分依赖大众视角的原因之一：对专业知识的界定偏窄

对专业知识的界定偏窄是对大众判定抄袭的能力产生过度信赖的主要原因之一。通常认为，对计算机软件、工程设计图、产品设计图等技术含量较高的作品的抄袭判定，应当考虑专家意见；至于美术、文学、音乐等容易为大众所欣赏的作品，则可由大众作出抄袭判断。这种观点的实质在于将"专业知识"等同于"技术知识"，将一般公众对特定作品的欣赏力转化为对抄袭的判断能力。上述见解是对专业知识的狭隘理解，对公众能力的错误判断。笔者试从音乐作品和视觉艺术作品中各取一例，作简要分析。

音乐中的调性音乐是在一个具有层次结构的系统中创作的音高与和声相互关联的结构。从巴洛克时期至今，调性音乐一直是艺术音乐中的主流。调性音乐的根基是一个特定的音符，即"调性中心"。音阶中的每个音符都可以构成一个和弦，最基本的和弦是三和弦；能够运用于旋律的三和弦需要由特定的音符构成，其数量有所限制。调性音乐一般按照段落创作，段落的结尾是终止（cadence），分为完全终止和不完全终止。完全终止会回到调性中心；不完全终止则不会，并提示人们，这一段落尚未结束。在和弦理论中，为了转换的和谐，一些和弦有转到另一些特定和弦的倾向性，也只有这样做才符合受众的期待。❶音或和弦在调式中的功能称作调式功能，表现为这些音或和弦连接时所显示出来的紧张与变化。以调式功能学说为基础建立起来的功能理论已成为当前和声界最流行的理论。❷调性音乐中，和弦数量的有限性及功能定位，对特定主题音乐的创作空间施加了限制，因为作为一门理论学科的创作不能仅依靠灵感或主观思维来完成，更需遵循旋律写作的普遍规则❸，毕竟"只有一些特定的音符排列是令人愉悦的"。❹毫无疑问，上述内容落入场景原则范畴，但因涉及音乐创作领域的专业知识，所以普通消费者通常难以知悉。

视觉艺术领域也存在类似现象。作为艺术家把握所欲描绘事物的工具，"图式"在艺术创作中具有重要意义。对于柏拉图及其追随者来说，定义是上天制定的，事物的理念是永恒不变的，有固定的轮廓和不变的法则；❺这一对事物永恒理念的把握，落实到视觉领域，便成为"图式"。艺术家对"图式"的借鉴古已有之，"那是

---

❶　CADWELL J. Expert Testimony, Scenes a Faire, and Tonal Music: A（Not So）New Test for Infringement［J］. Santa Clara law review, 2005, 46（1）: 153-155.

❷　伊·杜波夫斯基，斯·叶甫谢耶夫，伊·斯波索宾，等. 和声学教程（上下册）［M］. 陈敏，刘学严，译. 北京：人民音乐出版社，2008: 13.

❸　黄纯懿. 作曲技术理论与音乐创作研究［M］. 北京：中国纺织出版社，2018: 33.

❹　FRANCIS M V. Musical Copyright Infringement: The Replacement of Arnstein v. Porter - A More Comprehensive Use of Expert Testimony and the Implementation of an "Actual Audience" Test［J］. Pepperdine law review, 1990, 17（2）: 493.

❺　E.H. 贡布里希. 艺术与错觉——图画再现的心理学研究［M］. 杨成凯，李本正，范景中，译. 南宁：广西美术出版社，2012: 89.

习俗程式的堡垒，驱使艺术家运用其所学的形状，而非画其实际所见"❶，有观点甚至认为"没有一个能够加以塑造和矫正的图式，任何一个艺术家都不能模仿现实"。❷ 除了以图像形式呈现之外，"图式"有时还可转化为以文字形式体现的规则或者程序。以《芥子园画传》为例，其中的"画兰诀"就以四言短语呈现出描绘兰花的规则，具体如下。

写兰之妙，气韵为先。墨须精品，水必新泉。砚涤宿垢，笔纯忌坚。先分四叶，长短为元。一叶交搭，取媚取妍。各交叶畔，一叶仍添。三中四簇，两叶增全。墨须二色，老嫩盘旋。瓣须墨淡，焦墨萼鲜。手如掣电，忌用迟延。全凭写势，正背欹偏。欲其合宜，分布自然。含三开五，总归一焉。迎风映日，花萼娟娟。凝霜傲雪，叶半垂眠。枝叶通用，如风翩翩。葩萼飘逸，似蜨飞迁。壳皮装速，碎叶乱攒。石须飞白，一二傍盘，车前等草，地坡可安。或增翠竹，一竿两竿。荆棘旁生，能助其观。师宗松雪，方得正传。

通过上述方法的运用，不同作者很可能会创作出风格相近的作品。方法的运用久而久之会演变为一种习惯，画家对对象的描绘不再是对对象大小、色彩和外观的真实反映，而是把一种习惯的大

---

❶ E.H. 贡布里希. 艺术与错觉——图画再现的心理学研究 [M]. 杨成凯，李本正，范景中，译. 南宁：广西美术出版社，2012：345.

❷ 同 ❶130.

小和外观赋予每个对象；画家的自然视觉模式被打断，而是以习惯的方式统摄了各种视角，从中提取出唯一的永恒风景。❶ 理性的消费者或许会发现这一方法、习惯理应落入思想范畴，不受版权法保护，但大多数消费者并不具备达成这一理性认识所需的基本知识，少数具备这一知识的消费者亦未必能够以理性驾驭感性，得出正确的"不抄袭"结论。司法实践中，将作品整体创作风格纳入实质性相似判定考量的案例屡见不鲜❷，就是最好的证明。

除对事物的描绘受创作手法的限制之外，创作主题本身也会对创作方式产生影响。正如乔纳森·理查森所言，"如果主题是严肃的、伤感的或可怕的，用色一般应倾向褐色、黑色或红色，而且晦暗；然而快活、胜利的主题，要鲜艳、悦目""如果画面有重大、可怕或凶狠的特点，像战争、抢劫、妖术、鬼怪之类，甚或秉性如此的人物的肖像出现，就应该使用粗犷、大胆的笔法；相反，如果性质是优雅、美丽、爱恋、天真等，应该用柔和的笔法，宜多作加工修润"。❸ 与音乐作品类似，美术作品的欣赏者一般能够感受到两部作品整体笔触的相似性，但囿于专业知识的限制，却未必能够理解这一相似性在很大程度上是为创作手法所支配。由此导致的结果，便是将不受版权保护的元素纳入考量，以作品思想、整体风格

---

❶ 梅洛－庞蒂. 1948 年谈话录［M］. 郑天喆，译. 北京：商务印书馆，2020：12.

❷ 参见蔡某、石家庄市东泽餐饮管理有限公司著作权权属、侵权纠纷二审民事判决书，河北省高级人民法院（2020）冀知民终 187 号；奥西雅庄园等与国家工商行政管理总局商标评审委员会二审行政判决书，北京市高级人民法院（2019）京行终 3952 号。

❸ E.H. 贡布里希. 艺术与错觉——图画再现的心理学研究［M］. 杨成凯，李本正，范景中，译. 南宁：广西美术出版社，2012：330.

层面的相似认定抄袭成立，从而提高错误认定侵权成立的概率。❶

4.3.2　过分依赖大众视角的原因之二：对公众认知的误解

对公众认知的误解是过于信赖大众抄袭判断能力的又一原因。形式主义的独创性理念主要依据作品呈现样态判断其是否具有独创性，与之相应，实质性相似判定也应基于作品的呈现样态展开。不过，大众对作品的判断却未必接受这一指引，相关研究表明，其认知与关于作品的过往经验息息相关。笔者试以视觉认知为例进行分析。视觉认知主要分为三个阶段：第一阶段为"观看与理解"，主要涉及对形状、形式、色彩、轮廓、对照与运动的基本分析，这些要素由眼睛中的外围神经系统来感受；第二阶段为"原始信息的基本形式建构"，这些基本形式构成高级加工（对某个形式意义的理解）的基础；第三阶段为"获得意义阶段"，通过与个人长时记忆中所储存的先前经验相关联，这些基本形式获得了意义。❷由于个人过往经验不尽相同，从作品中获取的意义信息也会因人而异。洛克尔和诺丁的一项研究亦指出，对于视觉艺术作品的欣赏往往可分为多元性观察与明确性观察两个阶段，欣赏者倾向于在前期广泛、

---

❶ LIEBERMAN N. Un-blurring Substantial Similarity：Aesthetic Judgments and Romantic Authorship in Music Copyright Law［J］. New York university journal of intellectual property and entertainment law, 2016, 6（1）: 95.

❷ 罗伯特·索尔索. 认知与视觉艺术［M］. 周丰，译. 郑州：河南大学出版社，2019：67.

分散性地观看整幅画面，在后期聚焦于感兴趣的部分❶，后者显然受到过往经验的支配。由于存在意义信息与关注点等方面的差异，所以大众中的不同群体就作品是否相似、是否构成抄袭达成相对统一的意见并非易事。

独创性判断与公众认知之间的偏离在格式塔心理学中体现得尤为充分。格式塔心理学认为，知觉具有恒常性，当我们观察某一熟知的物体时，即便在不同角度、不同距离、不同明暗度情境下，其物理特征（大小、亮度、颜色及形状等）也会因受环境影响而有所改变，但我们对于物体特征所获得的直觉经验却倾向于保持原样不变。❷这一属性对实质性相似侵权判定不无启示意义——对观察者认知的过分信赖可能导致忽略作品中最具独创性的表现形式，以思想的相似性取代表达的相似性，从而错误地作出抄袭判定。

鉴于公众存在专业知识的欠缺和认知层面的局限，公众视角并非判断抄袭与否的合适视角，那种认为普通人能够很容易地发现抄袭❸的观点是不正确的。为克服公众视角的局限性，裁判中需要引入专家视角。需要指出的是，"专家"与"大众"并非泾渭分明，在作为作品消费群体的大众中，也不乏具有相关领域创作能力或者

---

❶ 罗伯特·索尔索. 认知与视觉艺术［M］. 周丰，译. 郑州：河南大学出版社，2019：133.

❷ 王鹏，潘光花，高峰强. 经验的完形——格式塔心理学［M］. 济南：山东教育出版社，2009：97.

❸ SORENSEN R C, SORENSEN T C. Re-Examining the Traditional Legal Test of Literary Similarity: A Proposal for Content Analysis［J］. Cornell law quarterly, 1952, 37（2）：642.

对创作的基础知识有所了解并具有专家资格的群体。专家门槛的高低因作品形式而有所差异。例如，在微信平台为解决"洗稿"问题而设置的投诉合议机制中，有资格成为合议成员的主体是在微信公众平台坚持原创且无抄袭违规记录的个人作者❶，门槛虽不高但也将并不从事创作活动的主体排除在外。当专家与大众存在身份重合时，为确保最终作出的侵权判定符合创作实际，需要使关注点从作品相似程度转到相似部分独创性高低，重点考查是否存在独立创作的可能性。易言之，专家视角在抄袭判断中的作用在于对作品中受保护的部分与不受保护的部分进行拆分，以防大众基于认知偏见作出错误的判断。❷

实践中，对于具有技术含量的作品的侵权判定，专家视角并未发挥应有作用，这一现象值得反思。如前所述，专家在侵权判定中的能力并不体现为对作品相似度的确定，而是就作品中落入公有领域的内容、功能元素❸作出解释，确定作品创作空间大小，考察作品之相似能够在多大程度上归咎于抄袭行为，是否存在独立创作之可能性。遗憾的是，不少专家并未做到这一点。以下关于计算机软件侵权的鉴定意见颇为典型。

❶ 王潘. 为鼓励原创 微信试运行"洗稿"问题投诉合议机制［EB/OL］.（2018-12-03）［2020-09-10］. https://new.qq.com/cmsn/20181203/20181203016864.html.

❷ CORNGOLD I. Copyright Infringement and the Science of Music Memory：Applying Cognitive Psychology to the Substantial Similarity Test［J］. AIPLA quarterly journal，2017，45（2）：345-346.

❸ GABISON G A. Juries Can Quick Loot Too［J］. Seton hall circuit review，2014，10：302.

> 明静公司的金刚 1024 电脑灯控制台主程序 V2.0 软件要求保护的 26 个文件，由 10 个 C 语言头文件和 16 个 C 语言源程序文件构成……明静公司的名称为"金刚 1024 电脑灯控制台主程序 V2.0"的软件中要求保护的 26 个文件包含函数、数组或结构体共 380 项，与鑫华公司的被诉侵权产品所涉软件相比，其中 205 项完全相同，占比 53.9%，145 项实质相同，占比 38.2%，24 项因无实质意义而导致不具备鉴定条件，占比 6.3%，5 项代码相似度较高但无法判断同一性，占比 1.3%，1 项不同，占比 0.3%。❶

上述为深圳市一鉴定评估中心作出的鉴定结论。该评估中心从权利人要求保护的内容出发对代码的相似度进行了比对，并未就相似是否有合理的理由展开分析，亦未对原告代码本身的独创性高低作出评价，仅凭此尚无法认定抄袭，更难以得出构成实质性相似侵权的结论。但是，法院直接采信了该鉴定意见，并以之作为最终认定涉案程序高度相似、构成侵权的主要证据。无独有偶，在内蒙古自治区高级人民法院就内蒙古阿儿含只文化有限责任公司侵害著作权纠纷所作民事判决中，法官亦以"鉴定报告"指出两部作品相似比高达 58.31% 作为认定实质性相似成立的主要依据，虽然"鉴

---

❶ 参见广州鑫华舞台灯光设备有限公司、广州市明静舞台灯光设备有限公司侵害计算机软件著作权纠纷二审民事判决书，广东省高级人民法院（2019）粤知民终 448 号。

定报告"并未就比对内容是否属于公共领域、思想、有限表达,是否具有独创性等核心问题进行分析。类似的做法在司法实践中屡见不鲜,其对专家意见正确适用的偏离需要引起重视。实质性相似侵权判定所涉专业知识是关于创作的知识,是关于独创性高低、"思想—表达二分"原则、合并原则、场景原则、公共领域等在特定类型的作品中适用的知识,唯有这些知识方能服务于抄袭判断。

一边是对公众视角的过分信赖,另一边是对专家视角的不正确运用,司法实践中的抄袭判断仍有很大的完善空间。

4.4　实质性相似判定与作品类型的关系

实质性相似判定的第六重关系是"共性与个性",其关注作品类型对实质性相似判定方法的影响。换言之,不同类型的作品在创作方式、手法及创作空间上均存在差异,但是否意味着需要针对不同作品类型分别设置实质性相似判定方法,是下面讨论的重点。

无论是美国司法实践中的普通观察者测试法、内外部测试法、"抽象—过滤—比较"测试法,还是中国的部分分析法与整体分析法,都已并存多年,若无充足理由,似无适用统一方法的必要性。而依笔者之见,立足于不同作品类型之共性构建统一的实质性相似判定方法确有充足的理由,具体有如下四个方面。

首先,虽然实质性相似的多种判定方法并存已久,但无论是学理观点,还是司法实践,均尚未就作品类型与判定方法如何一一对应形成一致意见。以非虚构类文字作品为例,既有案例着眼于整体，因整体之差异判定不构成实质性相似；[1] 亦有案例着眼于局部，因使用了原告作品中的独创性部分而认定侵权成立。[2] 美术作品中，既有案例不顾整体形象的较大差异，基于具有独创性的局部内容之相似性认定存在侵权；[3] 也有案例抛开细节差异，以整体之相似作为认定侵权的依据。[4] 如此种种，不一而足。这也说明对实质性相似判定方法仍有进一步探讨的必要。

其次，对不同作品类型适用不同的实质性相似判定方法、标准，存在作品类型歧视的风险。作品类型歧视，即根据对不同作品类型所含独创性元素多少的先入为主的判断，分别适用整体分析法或部分分析法。这种区分具有一定的合理性，这是因为不同的作品创作形式蕴含的创作空间存在差异，正如对血液颜色的描绘中"鲜红"这一文字描述可能对应着成百上千种不同色调，前者的选择空间显然远远小于后者。创作空间越大、对创作空间的挖掘越深，作品的独创性就越高。我国学者认为应对摄影、美术、电影等艺术性

---

[1] 参见王某蓉与南京广播电视集团有限责任公司著作权权属、侵权纠纷申诉、申请民事裁定书，南京市中级人民法院（2018）苏 01 民申 573 号。

[2] 参见岳某宇与河南省洛阳市新华书店有限公司著作权权属、侵权纠纷二审民事判决书，河南省高级人民法院（2014）豫法知民终字第 271 号。

[3] 参见上海跳跃网络科技有限公司、深圳中青宝互动网络股份有限公司等与上海美术电影制片厂有限公司著作权权属、侵权纠纷二审民事判决书，上海知识产权法院（2018）沪 73 民终 300 号。

[4] 参见天津市美可士西饼店、万达儿童文化发展有限公司著作权权属、侵权纠纷二审民事判决书，天津市第一中级人民法院（2019）津 01 民终 8185 号。

强的作品❶、虚构性的文学作品❷适用整体分析法，正是考虑到其中蕴含的广阔创作空间。美国亦存在类似的情况。有学者发现，法院在判定实质性相似时通常会考虑原告作品的独创性程度：对于独创性高的作品，一般适用普通观察者标准或者潜在受众标准；对于独创性低的作品，则更为谨慎，可能会适用更具辨别力观察者测试法。❸前者更接近于完全的整体分析法，后者则类似于整体分析法与部分分析法的结合。

但是，以独创性高低作为是否适用整体分析法的依据是不充分的。独创性高是针对整部作品的判断，作品整体独创性高并不必然意味着其中不具独创性的要素少。一旦适用整体判断，在考量中赋予独创性元素与不具独创性的元素相同的权重，便极易引发过度保护的结果。文学、艺术和科学领域既存在极为简单的视觉艺术作品，也不乏较为复杂的工程设计图、产品设计图、地图等科学类作品，基于作品类型所做的实质性相似判定方法的区分在被运用于具体作品时反而会偏离具体问题具体分析的正确道路，进而产生僵化的后果。这种做法亦与关于"创新"的理念相违背——艺术领域关于高雅艺术与通俗艺术的等级划分已经弱化，艺术与工艺均具有模

❶ 陈锦川. 何为"实质性相似"? [J]. 中国版权，2018（5）：18.

❷ 孙松. 论著作权实质性相似规则的司法适用——以琼瑶诉于正案为视角 [J]. 中国版权，2015（6）：64.

❸ BALGANESH S. The Normativity of Copying in Copyright Law [J]. Duke law journal, 2012, 62（2）：221–222.

仿属性、均需借助于匠心与技巧，这已成为主流认知。❶关于作品类型所对应的独创性高低的错误认知一旦固化，极易导致创作市场的激励扭曲，不利于社会文化产业的均衡发展。❷

再次，基于作品类型而适用不同判定方法所带来的问题还会因如下情况加剧。

第一，作品类型认定困难。我国《著作权法》第3条规定了8种具体的作品类型，并在《著作权法实施条例》中对其含义作出了清晰界定，但由于语词和生活世界并非一一对应，在提炼中总会遗漏部分元素，再加之日新月异的科技不断催生着新的作品创作与展示方式，作品归类问题始终存在。例如，关于音乐喷泉是否构成美术作品就曾引起不小的争议。在杭州西湖风景名胜区湖滨管理处等与北京中科水景科技有限公司著作权侵权纠纷案中，北京知识产权法院二审综合考量了美术作品的构成要件、类型化的意义和立法精神，从音乐喷泉喷射效果包含线条、色彩等要素的组合，以及所具有的审美意义出发，作出了其属于美术作品的认定。❸北京市高级人民法院以该认定遵循法律解释规则、将请求保护的作品表达形式归类为最相似的作品类型为由，予以维持。❹不过，亦有学者提出

---

❶　GLAVEANU V P, KAUFMAN J C. Creativity: A Historical Perspective [C] // KAUFMAN J C, STERNBER R J. The Cambridge Handbook of Creativity (Second Edition). Cambridge: Cambridge University Press, 2019: 20–21.

❷　初萌. 论作品独创性标准的客观化——基于欧盟最新立法与司法实践的探讨 [J]. 版权理论与实务，2021（6）: 35.

❸　参见北京知识产权法院（2017）京73民终1404号民事判决书。

❹　参见北京市高级人民法院（2018）京民申4672号民事裁定书。

反对意见，认为音乐喷泉明显不符合美术作品的法定含义及人们的普遍认识，不借助物质载体加以表现、没有固定形态的设计不应构成美术作品。❶ 该案所引发的争议仅为作品类型界定问题的冰山一角，随着人工智能、虚拟现实等技术的发展，作品归类问题亦将愈发凸显。

第二，对作品类型认定不一致。多媒体技术引发了作品类型认定的困难，其中尤以游戏为典型。近年来，关于将游戏画面作为视听作品保护的观点得到了充分讨论，司法实践对这一观点的接受度也在提升。从最早的主要适用于剧情类游戏 ❷ 发展为同样适用于竞技类游戏 ❸ 和容纳较多用户创作元素的沙盒游戏 ❹，总的趋势是对游戏中文字、声音配乐、场景图案、动态影像的拆分分析在减少，整体判断在增加。但是，一旦就游戏画面作整体比对，不适当扩大版权保护范围的风险便难以避免。对于这一现象，我国已有学者提出质疑。例如，张伟君教授就认为，我国司法实践中将游戏认定为视听作品的案例中，不乏将玩法规则、抽象情节等属于思想范畴的内

---

❶ 王迁．论作品类型法定——兼评"音乐喷泉案"［J］．法学评论，2019（3）：23-24.

❷ 参见广州硕星信息科技股份有限公司、广州维动网络科技有限公司与上海壮游信息科技有限公司、上海哈网信息技术有限公司著作权权属、侵权纠纷二审民事判决书，上海知识产权法院（2016）沪 73 民终 190 号。

❸ 参见深圳市腾讯计算机系统有限公司与运城市阳光文化传媒有限公司等侵犯著作权纠纷一审民事判决书，广州互联网法院（2019）粤 0192 民初 1756 号。

❹ 参见广州网易计算机系统有限公司、上海网之易吾世界网络科技有限公司与深圳市迷你玩科技有限公司侵害著作权纠纷一审民事判决书，广东省深圳市中级人民法院（2019）粤 03 民初 2157 号。

容一并予以保护的情形，这一做法有违"思想—表达二分法"；正确的做法应是将具有独创性的玩法规则的表达单独作为文字作品保护，以防将游戏的"整体保护"演变为"阃圄保护"。❶ 究竟是作为视听作品的一部分，还是作为单独的文字作品，对游戏规则所受保护范围的影响很大，也直接决定了侵权赔偿额的高低，这一因作品类型认定所导致的结果差异显然是不合理的。若能适用统一的实质性相似侵权判定方法，由此带来的疑惑自能迎刃而解。

第三，对特定类型作品所包含的内容存在认识分歧。同样以视听作品为例，法官之所以将游戏画面作为视听作品保护，往往是考虑到仅基于单个要素的保护可能忽视贯穿游戏背后的情节要素。由此可见，这些法官采取的是认同视听作品版权能够延伸至情节、音乐、美术等内容的观点。对此，另有学者和法官基于画面与内容的二分思路❷、视听作品的版权归属、视听作品与已有作品的关系❸ 等视角，提出了否定观点，认为视听作品版权仅限于连续画面本身，至于情节、音乐等非画面内容，应当分别按照文字作品、音乐作品等予以保护。对特定类型作品所包含内容的不同理解，无疑对基于作品类型而适用不同实质性相似判定方法的做法提出了挑战。突破作品类型的桎梏，关注作品呈现样态中所蕴含的独创性内容，能够

---

❶ 张伟君. 呈现于视听作品中的游戏规则依然是思想而并非表达——对若干游戏著作权侵权纠纷案判决的评述 [J]. 电子知识产权，2021（5）：66-76.

❷ 崔国斌. 视听作品画面与内容的二分思路 [J]. 知识产权，2020（5）：27-29.

❸ 陈锦川. 视听作品著作权是否可以延伸至情节、音乐、美术等内容 [J]. 中国版权，2021（4）：34-36.

提供有效的解决方案。

第四，作品类型法定原则的缓和。在 2020 年《著作权法》修正之前，我国坚持的是较为严格的作品类型法定原则，除法律明文列举的作品类型之外，只有法律、行政法规可以创设新的作品类型；2020 年修正后的《著作权法》扩大了兜底条款的适用范围，将"符合作品特征的其他智力成果"全部纳入客体范畴，法官在创设新作品类型方面享有了更大的自由裁量权，此乃作品类型法定原则的缓和。这一规定的先进性是有目共睹的——人工智能、虚拟形象对传统的创作理论提出了挑战，"符合作品特征的其他智力成果"这一表述的纳入能够为技术进步和司法裁判留下"应对裕如的空间"❶，也有助于鼓励先锋艺术创作、助力创新。❷ 但是，作品类型开放性的增强同时意味着更多新的作品形式将被纳入兜底条款保护，对于此类作品的侵权判定，应当适用整体分析法还是部分分析法，并无确定的规则可以直接适用，司法判决之间的冲突难以避免。相反，若能形成统一的作品实质性相似侵权判定方法，则能够有效减少作品类型法定原则的缓和所带来的不确定性。

最后，除上文提及的关于作品类型与判定方法相对应的一致意见的阙如、作品类型歧视、作品类型认定困难等问题之外，适用统一的作品实质性相似侵权判定方法具有可行性，也是其具有正当性的缘由之一。

❶ 刘春田.著作权法修改应注入更多民法思维［EB/OL］.（2020-09-13）［2022-09-10］.https://www.sohu.com/a/418113268_221481.

❷ 郭禾.著作权法作品类型条款的意义［J］.版权理论与实务，2021（3）：36-43.

事实上，已有学者提出应当对所有作品适用统一的侵权判定方法。❶学者基于部分分析法和整体分析法的弊端所提出的改进方案，也已呈现出方法统一化的趋势。总的来说，这些改进方案的特点如下：在适用整体判断时，同时引入"思想—表达二分法"，将不具独创性的要素排除在外；在适用局部判断时，同时考虑被过滤掉的元素的组合是否具有独创性。虽然在具体操作上仍有待明晰，但其背后的理念是明确的：在实质性相似侵权判定中，不应放过任何具有独创性的元素，亦不应纳入任何不具独创性的元素。

对"独创性"这一概念的强调，促成了不同判断方法的融合与统一。从本质上说，独创性的有无、高低与作品创作空间密切相关。从作品主题的确定，到各元素表达的具体呈现，是一个对创作空间不断挖掘的过程。"创作空间"在独创性的界定中具有基础地位。❷从创作空间入手，"思想—表达二分法"、场景原则、合并原则指涉的是对创作空间挖掘尚不够深、难以与公共领域或者已经创作的作品产生区分的情形；这一区分的临界点也正是独创性得以显现的起点。司法实践中，已有不少案例引入"创作空间"这一概念为实质性相似侵权判断提供支撑。例如，在岳某宇与张某、河南省洛阳市新华书店有限公司著作权权属、侵权纠纷民事二审判决中，法院就基于英文单词记忆类作品中，用于帮助记忆的近形单词、谐音词、拆分方式的有限性，指出此类作品的创作空间较为狭窄，进

---

❶ WALSH J. No Justice for Johnson – A Proposal for Determining Substantial Similarity in Pop Music [J]. DePaul-LCA journal of art and entertainment law, 2006, 16（2）: 310.

❷ 初萌. 实质性相似判定中的创作空间考察 [J]. 中国版权，2020（5）: 59.

而认为被告作品中出现部分与原告作品文字重合的情形是可以理解的。❶ 在爱康网健康科技（北京）有限公司与上海美东软件开发有限公司、美年大健康产业（集团）有限公司等侵害计算机软件著作权纠纷一审民事判决中，法院也从为在后独立创作留下必要创作空间的角度，论证了排除有限表达的必要性。❷ 从广义来说，无论作品类型为何，都可围绕"创作空间"构建基础分析框架，考察作品相似部分是否已经超出公共领域、现有作品所挖掘的创作空间范围，是否已满足侵入原告所挖掘的新的创作空间所需的数量、质量要求，进而作出实质性相似侵权判定。

综上所述，不同类型的作品之间虽存在创作方式、手法的差异，但亦不乏共性。创作是对创作空间不断探索与挖掘的过程，创作空间在实质性相似侵权判定中应当发挥基础作用。这一概念的提出也为实质性相似侵权判定方法的统一指明了道路。

4.5　本章小结

基于对作品实质性相似侵权判定中四个层面、六个问题的细致剖析，本章得出如下结论：其一，实质性相似必然同时涉及事实判断和法律判断，其中，抄袭判断主要是事实判断，不当利用判断主要是法律判断；从"违法性"这一要件的规范属性出发，法律判

---

❶　参见河南省高级人民法院（2014）豫法知民终字第 271 号民事判决书。
❷　参见上海知识产权法院（2018）沪 73 民初 535 号民事判决书。

断是实质性相似判定的核心；实质性相似判定在保护著作权利之余，还应致力于在版权法内部实现维持著作权利的保护与创作自由之间的平衡。其二，作品实质性相似判定既涉及局部判断，也涉及整体判断。抄袭判断主要是局部判断，不当利用判断则需法官结合消费者的多元需求、行业通行的授权实践及创作自由利益进行通盘考虑，以作品的整体美学吸引力为主开展整体判断，辅之以局部判断。其三，在实质性相似侵权判断中应当更为关注原、被告作品之间的相似性，而非差异性；"质量和数量"是确定被告作品是否使用原告作品独创性部分的辅助标准，并非意欲考察使用部分在被控侵权作品中的数量或者质量。其四，实质性相似中的抄袭判断既是行为判断，也是结果判断，后者更具决定意义；既要关注是否存在真实的复制行为，也要考察复制的数量和质量是否达到了独创性的要求。其五，实质性相似的抄袭判断中应当引入专家视角，以其专业知识辅助侵权判定，这些知识是关于创作的知识，是关于独创性高低、"思想—表达二分"原则、合并原则、场景原则、公共领域等在特定类型作品中如何适用的知识。其六，实质性相似侵权判断中应当强调不同类型作品的共性，通过"创作空间"概念的提出能够为实质性相似侵权判定方法的统一指明道路。在澄清上述六个主要问题的基础上，第五章将对实质性相似侵权判定的改造方案展开进一步探索。

作品实质性相似侵权判定方法之改造

5.1 版权侵权体系化视角下的"接触 + 实质性相似"

5.1.1 行为违法性：未经授权公开传播具备侵权属性的作品

通过对上一章六个问题的详细分析，实质性相似判定中的谜团已经一一被解开。但对实质性相似判定方法的改造而言，仅从学理、司法实践中相互冲突的现象这一微观视角出发仍不足够，还需从宏观的体系化思维考察版权侵权制度，思考"接触 + 实质性相似"在版权侵权体系中的具体功能定位。

《中华人民共和国民法典》第 1167 条为知识产权等绝对权请求权确立了规范基础。❶ 该条规定，"侵权行为危及他人人身、财产安全的，被侵权人有权请求侵权人承担停止侵害、排除妨碍、消除危险等侵权责任"，从中可合理推论出绝对权请求权成立所需满足的三项要

---

❶ 邹海林，朱广新. 民法典评注：侵权责任编［M］. 北京：中国法制出版社，2020：29.

件：一是存在加害行为；二是危及他人人身、财产安全，或者说使绝对权处于不圆满状态；三是加害行为与绝对权所呈现的不圆满状态之间存在因果关系。版权侵权的判定概莫能外。三者之中，加害行为的确定是关键，其本质在于对行为违法性的考察。❶ 值得一提的是，近年来有研究侵权法的学者提出取消违法性要件，转而扩大过错要件❷、"以过错吸纳违法"的观点本书并不采纳。这是因为，"违法性"与"过错"解决不同的问题，前者关注的是是否有法律保护的利益受到了侵害，后者旨在判断行为人是否可以预见、是否可以避免损害的发生；❸ 前者只是对行为的客观结果是否违反法律的规范判断，后者则涉及对行为人的主观评价。❹ 二者之混淆会导致如下问题：其一，"以过错吸纳违法"存在无法容纳受害人同意、自愿承担风险等免责情形的弊端❺，此类情形并不免除加害人之过错，仅因受害人的特殊行为而享受豁免，因而仍需纳入违法性的框架进行分析；其二，绝对权侵权之成立不考虑过错要件，这也会限制这一观点的适用空间。从根本上

❶　有学者指出，知识产权请求权的构成要件有两个：一是有侵害行为或有侵害之虞，二是该行为具有违法性；该观点对"行为违法性"的强调与笔者的观点具有一致性。杨明.知识产权请求权研究——兼以反不正当竞争为考察对象［M］.北京：北京大学出版社，2005：15. 另有学者指出，"侵权行为"意味着妨害的不法性，亦即权利人没有容忍义务。这一观点也强调了"违法性"在侵权判定中的核心地位。邹海林，朱广新.民法典评注：侵权责任编［M］.北京：中国法制出版社，2020：29.

❷　刘心稳.中国民法学研究述评［M］.北京：中国政法大学出版社，1996：631.

❸　邹海林，朱广新.民法典评注：侵权责任编［M］.北京：中国法制出版社，2020：12-13.

❹　孙山.知识产权请求权原论［M］.北京：法律出版社，2022：281.

❺　郭佳宁.侵权责任免责事由研究［M］.北京：中国社会科学出版社，2014：105.

说，"以过错吸纳违法"的问题在于，"加害人之不法行为是其主观过错与损害之间的桥梁，此桥梁不宜拆掉"，若欠缺将过错与损害相连之'桥'，此过错即无可责性"；❶ 易言之，对过错的判断离不开对具体行为的法律负面评价，若无违法性，"故意"或"过失"则无从附着。考虑到行为违法性在侵权判断中的基础性地位，从侵权判定体系化的角度出发，其理应成为探究版权侵权问题的逻辑起点。

纵观近年来关于版权侵权问题的研究文献，学者通常从四个维度分析版权加害行为 ❷：其一，从《著作权法》第 10 条的规定出发，考察特定行为是否落入一个或者多个权项的管控范围；其二，基于《著作权法》第 52 条、第 53 条规定，对具体的侵权行为方式进行分析；❸ 其三，对"接触＋实质性相似"规则的正当性及其具体

---

❶ 刘心稳.中国民法学研究述评［M］.北京：中国政法大学出版社，1996：632.

❷ 本书的分析仅限于版权直接侵权行为，不包括版权间接侵权行为。

❸ 我国《著作权法》在"第二章第一节 著作权人及其权利"和"第五章 著作权和与著作权有关的权利的保护"部分均对侵权行为有所规定，司法实践中也往往同时援引上述条款。因此，从上述两个角度研究版权侵权行为具有必要性。对于是否必要采取这种立法例，学界观点不一。有观点认为，这种立法例在世界范围内并不常见，可能导致无谓规定或者相互冲突的规定的出现。应振芳.对现行著作权法关于侵权行为及其责任规定的反思［J］.知识产权，2011（3）：76-77.有学者指出，这种做法的实质是将保护私利益的权利化方式和行为规制方式叠床架屋，反映出立法者未能理解绝对权理论的精髓。解亘.驱逐搅乱著作权法的概念："剽窃"［J］.华东政法大学学报，2012（1）：26-28.有学者认为这种做法其实是落入了权利范式思维模式的误区，这一误区集中体现为将著作权理解为著作权人积极利用自己作品的权利，而将"权利侵害"理解为保障"权利内容"的手段。丁文杰.论著作权法的范式转换——从"权利"到"行为规制"［J］.中外法学，2022（1）：247.也有学者持支持观点，认为由于著作权自动产生，也不存在"权利要求书"，因此其权利范围相较其他知识产权而言具有较大的不确定性，在立法上列举若干著作权侵权行为，对实务中侵权行为的认定具有价值。杨明.知识产权请求权研究——兼以反不正当竞争为考察对象［M］.北京：北京大学出版社，2005：136.

适用进行探讨；其四，从是否构成合理使用、法定许可、权利穷竭等版权保护的限制和例外的角度判断是否存在侵权行为。将上述四个层面单独看来，无一足以承担版权侵权判断的重任，但均属于体系化的版权侵权判断中的重要组成部分。根据裁判者的总结，要件审判关于认定版权直接侵权的一般思路如下：一是确定作品类型及是否满足独创性要求；二是确定原告是否对作品享有版权，以及享有的具体权项；三是对被告提出的权属抗辩进行审查；四是确定被告所实施的具体行为；五是根据"接触 + 实质性相似"原则进行比对，判断被告是否构成侵权；六是考查合理使用、合法来源等特殊抗辩事由；七是确定民事责任的承担。❶

通过对版权立法、学理观点与司法实践的综合分析，可以将版权侵权行为的违法性归纳为"未经授权""公开传播""作品具备侵权属性"三项要件，并以"未经授权公开传播具备侵权属性的作品"总结之。以下，笔者将从这三个要件入手，对版权侵权行为违法性予以阐释。

版权侵权行为违法性的第一个构成要件是"未经授权"。版权人的经济权利既包含禁止他人未经授权使用作品的消极权利，也包含许可他人使用作品的积极权利。若对作品的使用行为已获得合法授权，行为违法性自可消除。权利人的合法授权，既可依签订授权合同、出具授权书、发布许可声明等明示方式行使，也可通过特定

---

❶ 朱文彬. 知识产权裁判思维与实例分析［M］. 北京：知识产权出版社，2019：235.

行为表征，以默示方式行使。我国《著作权法》及其相关条例中虽未明确规定默示许可制度，但其实质内核已经在司法解释及相关案例中得到体现。例如，根据《最高人民法院关于审理著作权民事纠纷案件适用法律若干问题的解释》第12条，在委托创作的情形下，若版权属于受托人且双方没有约定使用范围，则委托人可以在委托创作的特定目的范围内免费使用作品。这可理解为将委托创作行为中的默示许可以司法解释的形式予以落实，这一解读也得到了相关案例的支持。❶ 我国最高人民法院也曾在判决指出，申请人将其享有版权的软件自行安装到被申请人的系统中的行为，应"视为同意许可"被申请人使用该软件。❷ 这是默示许可的另一适用场景。网络时代，微博转载成为典型的默示许可样态，其正当性基础主要源于用户对微博平台的使用，从中可以推定用户对微博用户协议和平台功能的接受。❸ 随着人类社会步入全民创作时代，用户创作并非全然以经济利益为导向，出于热情与分享的喜悦而创作者层出不

---

❶ 参见北京菲瑞佳商贸有限公司都市丽缘美容院与刘某迷侵犯著作权纠纷二审民事判决书，北京市第一中级人民法院（2005）一中民终字第12299号。法院在判决中认为，"刘某迷为朱某设计涉案发型，委托朱某力拍摄包括涉案图片的系列图片20余张，并为此支付了相应的对价，故涉案图片应视为委托创作作品。因刘某迷未能提供其与朱某力的合同，朱某力亦未出庭作证证明涉案图片的著作权归属及使用范围，依据上述法律规定，本院认为朱某力享有涉案图片的著作权，并默示许可刘某迷为其商业宣传可免费使用涉案图片"。

❷ 参见姜某与中国电信股份有限公司齐齐哈尔分公司侵害计算机软件著作权二审民事判决书，最高人民法院（2020）最高法知民终1336号。

❸ 法官详解微博知识产权焦点问题 不合理转发引用属于侵权［EB/OL］.（2013-10-29）［2022-09-10］. http://www.techweb.com.cn/internet/2013-10-29/1347995.shtml.

穷❶，一些学者对默示许可制度作出了进一步的构想，以扩充其适用范围。例如，有学者指出，应将默示许可制度沿用于明显的日常交往式对话语境中，并以"社会交往例外"归纳之；❷亦有学者指出互联网的真正价值建立在"选择退出"机制之上，以之为基础建立默示许可制度具有广阔的前景。❸以上种种努力，旨在以默示许可制度解决现代法律下个人使用受保护作品的不稳定状况，消解传统版权授权制度带来的负面效应。❹

虽然默示许可呈现出一定程度的扩张趋势，但考虑到其受制于权利人明示拒绝许可的限制，且缺乏必要的权益保障机制，可能构成对版权人权利的实质性剥夺，进而与版权法激励创新的理念相违背，这一制度总体所能作用的空间较为有限。对于"未经授权"这一违法性构成要件，如欲排除其成立，通常仍然需要获得权利人的明示许可。

版权侵权行为违法性的第二个构成要件是"公开传播"。我国《著作权法》规定的财产权纷繁复杂，呈现出复制发行、传播控制、演绎授权三者并存的特点；随着广播、网络、数字化技术的发展，版权作品的传播无须依赖作品的有形载体，"复制"在作品传播中的基础地位已被撼动；以摄制权、改编权为代表的演绎权体

---

❶　TUSHNET R. Economies of Desire：Fair Use and the Marketplace Assumptions［J］. Wiliam & May law Review，2009，51：516.

❷　刘文杰. 微博平台上的著作权［J］. 法学研究，2012（6）：119.

❸　李建华，王国柱. 网络环境下著作权默示许可与合理使用的制度比较与功能区分［J］. 政治与法律，2013（11）：18.

❹　孙昊亮，张倩. 作品"宽容使用"引发的问题及其解决路径［J］. 法学杂志，2021（8）：120.

系，实为对演绎作品公开发行、传播的授权，本质上仍可纳入传播控制的范畴；总体观之，对公开传播的控制已经成为版权保护的核心。❶我国《著作权法》对私人复制的宽容态度，将临时复制排除出复制权规制范围的做法，进一步削弱了复制权在权利体系中的地位，从而印证了上述观点。"无传播也就无权利"，已经成为学界通说。❷将"公开传播"作为版权侵权行为违法性构成要件的正当性基础在于：其一，能够提供相对明确、具有可操作性的界权标准，从而有助于减少无谓的争论。其二，以使用行为之"公""私"划分著作财产权的边界，一方面能够明确著作财产权保护的是作品在公开市场中传播的流通利益❸，另一方面通过对版权人施加一定的容忍义务，有助于为作品复制件所有人、作品使用者的私人空间提供保障。❹其三，鉴于终端购买者在其私人空间使用作品的行为具有分散、高频的特点，权利人能够从每次消费中获得的回报比较有限，而交易成本却相对高昂，不赋予其针对终端消费者的经济权利更符合经济理性。❺

　　鉴于版权法将规制重点置于公开传播行为，发生在个人与家庭

---

❶ 初萌. 人工智能对版权侵权责任制度的挑战及应对 [J]. 北方法学，2021（1）：140.

❷ 吴汉东. 著作权合理使用制度研究 [M]. 4 版. 北京：中国人民大学出版社，2020：6.

❸ 李杨. 著作财产权客体结构中的使用行为——审视著作法权利作用"焦点"的一个阐释进路 [J]. 法制与社会发展，2012（3）：17-27.

❹ CHAPDELAINE P. Copyright User Rights: Contracts, and the Erosion of Property [M]. Oxford: Oxford University Press, 2017: 184-190.

❺ 蒋舸. 深层链接直接侵权责任认定的实质提供标准 [J]. 现代法学，2021（3）：160.

生活空间范围内的传播通常并不违法。我国《著作权法》第 24 条第 1 款第（一）项所规定的"为个人学习、研究或者欣赏，使用他人已经发表的作品"即属这一情形。此外，有些事实上属于公开传播的行为也被排除了违法性，这些行为也多为"合理使用"条款所规制。根据学者的观点，合理使用条款的目的和价值指引主要体现为"维持版权人与公共教育、文化参与及获取信息自由等公共利益之间的平衡，实现版权与其他权益的公平、合理配置"；❶ 特定的利用行为是否产生社会福利、是否存在市场失灵、允许合理使用是否会对原告的创作激励产生实质性损害，是判定合理使用时通常考虑的因素。❷ 除合理使用之外，权利用尽原则也属于发行权保护的限制与例外❸，具有排除公开传播行为违法性的特征；其正当性基础主要体现为对所有权的尊重及促进作品社会价值、文化价值的实现。❹ 虽有平衡上述不同价值的考量，但着眼于保护版权的初衷，《伯尔尼公约》仍旧在第 9 条第 2 款中规定了"三步检验法"，要求落入复制权保护的限制和例外的情形应当满足"某些特殊情况""不损害作品的正常利用""不致不合理地损害著权人的合法利益"三项具体条件；这一规

---

❶ 李杨. 著作权合理使用制度的体系构造与司法互动［J］. 法学评论, 2020（4）: 95.

❷ GORDON W J. Fair Use as Market Failure: A Structural and Economic Analysis of the Betamax Case and Its Predecessors［J］. Columbia law review, 1982, 82: 1614.

❸ 例如,《美国版权法》第 109 条规定了权利用尽原则，具体规定如下:"在本法之下合法制作的特定复本或录音制品的所有者，或任何经此所有者授权的人，有权不经版权所有者授权出售该复本或录音制品，或以其他方式处分对其的占有。"该条的标题即为"专有权利的限制：转让特定复本或录音制品的效力"。

❹ 初萌. 论发行权用尽原则在网络领域的适用［C］// 易继明. 私法（第 16 辑·第 2 卷）. 武汉：华中科技大学出版社, 2019: 236.

定进一步被《TRIPS 协定》第 13 条扩大适用于版权人的所有财产权利。从上述条款的具体行文方式不难看出，"三步检验法"适用于对版权人专有权利的限制，其作用在于阻却公开传播行为的违法性，而非从作品呈现样态的角度否定传播的作品具备侵权属性。

上述结论也可以通过纵览主要国家版权限制与例外的立法规定而得出，笔者试以美国、德国、中国的规定展开分析。《美国版权法》对权利保护的限制和例外的规定散见于第 107 条到第 122 条，其具体条款的标题中均包含"专有权利的范围"或"专有权利的限制"等字眼。❶《德国著作权法》在第六章"著作权的限制"中基于不同的法益保护目的，分别规定了复制、发行、公开展览、公开再现、网络传播等作品利用方式。❷我国《著作权法》在第 24 条合理使用条款中，将规制对象限定为对作品的传播、使用行为，在列举项中亦采用了诸如"使用""引用""再现""刊登""播放""汇编""复制""表演""临摹""绘画""摄影""录像""出版发行""提供"等指涉具体传播方式的表述。❸可见，版权法上的限制与例外是针对作品的利用行为而言的，权利限制是对专有权利适

---

❶ 裘安曼.美国版权法［M］.北京：商务印书馆，2020：27-215.

❷ 德国著作权法（德国著作权与邻接权法）［M］.范长军，译.北京：知识产权出版社，2013：67-102.

❸ 即便是零星出现的针对"翻译""汇编"的合理使用，也仅针对学校课堂教学或者科学研究等情形，且明确规定不得出版发行。可见，该行为被豁免的原因在于不存在对作品的公开传播，而非传播的作品不具备侵权属性。不过，这里的"引用"却是一个例外，其指向的是作品的侵权属性判定。对于这一问题，本书将在第五章"均衡分析"部分进行讨论。

用的限制❶，无涉作品侵权属性的界定。在《著作权的边界——信息社会著作权的限制与例外研究》一书中，朱理的分析也具有启发意义。其指出，保护客体的范围界定、"思想—表达二分法"、保护期的限制虽然都是对版权的某种"限制"，但并非国际条约所规定的"限制和例外"，后者指的是在著作专有权权利范围下对某些使用行为排除专有权的全部或者部分效力。❷此中蕴含着将公开传播行为的违法性与作品层面的违法性予以区分的理念，这一区分在版权侵权判定中具有重要意义。

版权侵权行为违法性的第三个构成要件是"作品具备侵权属性"。❸吴汉东教授指出，版权侵权行为并非都是直接作用于他人的版权作品，它是擅自行使他人的"权利"，而不是使用他人的"作品"。❹无独有偶，西尔克·冯·莱温斯基教授在分析"部分复制"时也曾指出，在大陆法系国家，这一问题与复制权的定义无

---

❶ 王迁.《著作权法》修改：关键条款的解读与分析（上）[J].知识产权，2021（1）：30.

❷ 朱理.著作权的边界——信息社会著作权的限制与例外研究 [M].北京：北京大学出版社，2011：14.

❸ "作品具备侵权属性"与"侵权作品"并非同一概念，前者强调权利作品与被控侵权作品相同或者具有一定程度的近似性，后者则同时包含对权利人与被控侵权人之间授权关系的判断。如若被控侵权人提供的作品从呈现样态来看，具备侵权属性，但已获得权利人的许可，则不构成侵权作品。本书采取"作品具备侵权属性"这一概念，有助于实现这一要件与"未经授权"要件之间的区分。

❹ 吴汉东.无形财产权基本问题研究 [M].4版.北京：中国人民大学出版社，2020：117.

关，"而与对'作品'的保护范围这——一般问题有关"。● 上述表述
道出了"作品具备侵权属性"要件独立存在的意义。相较于"未经
授权"与"公开传播"，"作品具备侵权属性"是更为基础的要件，
只因若公开传播的作品与权利作品之间缺乏必要关联，版权人便无
从主张权利，亦无权要求传播者从其处获得授权。这即是说，如欲
成立版权侵权，必先要求被控侵权的作品本身具备一定的侵权属
性。具备侵权属性的作品既包括与权利作品相同的作品，也包括与
权利作品存在一定相似性的作品，两者对应的侵权行为有所不同。
我国学者何怀文将传播与权利作品相同的作品、传播与权利作品存
在一定相似性的作品分别归纳为"传播他人提供之侵权作品型侵权
行为"与"形成侵权作品型侵权行为"，前者调整作者与传播者之
间的关系，后者调整作者与作者之间的关系。● 这种观点能够在一
定程度上澄清"公开传播"与"作品侵权"两要件的差异，有值得
借鉴之处。不过这一观点并不严谨，概因若形成的侵权作品未经公
开传播，则无以追究侵权责任，"传播形成的侵权作品型侵权行为"
是更为合理的表述。无论如何，上述区分实则对应着作品相同侵权
与作品相似侵权两种样态。

版权侵权司法裁判中，"作品具备侵权属性"这一重要的违法
性构成要件似乎常常被忽略，法院并未直接着墨于此，而径直就被

● 西尔克·冯·莱温斯基. 国际版权法律与政策 [M]. 万勇，译. 北京：知识产
权出版社，2017：128.

● 何怀文. 中国著作权法：判例综述与规范解释 [M]. 北京：北京大学出版社，
2016：635.

控侵权人侵犯何种权利、是否存在合理使用等抗辩事由展开分析。这一现象的出现，并非由于"作品具备侵权属性"要件不重要，恰恰相反，是因为传播的被控侵权作品往往已经标明了权利人的身份信息，或者与权利作品完全相同，进而导致作品的侵权属性事实上处于不证自明的状态，免去了论证的必要。网络平台未经授权传播侵权视听作品、综艺节目未经授权使用录音制品，大多属此类情形。通常而言，只有在被控侵权作品与权利作品相似而非相同之时，"作品具备侵权属性"才会成为一个关键问题。

作品是否具备侵权属性，不仅是事实判断，更是价值判断。对于并非原样复制而产生的被控侵权作品，由于其相对于权利作品而言，具有独创性部分，落入"演绎"而非"复制"范畴，考虑到被控侵权人的创作者身份，合理的侵权临界点设置应当致力于实现作品权利人的利益与创作自由利益之平衡，服务于良好创作生态的构建。

5.1.2 "接触＋实质性相似"在版权侵权体系中的定位

在上述三项违法性构成要件之中，"接触＋实质性相似"服务于"作品具备侵权属性"这一判断。这一定位对"接触＋实质性相似"判定中要素的进一步细化，以及与合理使用的区分，具有启示意义。

其一，虽然"公开传播"和"作品具备侵权属性"中的违法性判断均有价值衡量因素，但需要纳入衡量的价值却存在差异：豁免公开传播违法性的合理使用、发行权用尽等事由，主要致力于实现版权人的利益与公共教育、文化参与以及获取信息的自由等公共利益之间的平衡❶，其作用对象为作品创作者与使用者❷，属于版权法的外部平衡；为"接触＋实质性相似"侵权判定所关注的，则是权利人的利益与创作自由的利益之间的平衡，属于版权法的内部平衡。对创作自由的关注程度，是区分两者的核心。虽然对作品接触权、文化参与权的保障也能为作品创作提供资源支持，从而促进创作自由，但其间的联系不如"接触＋实质性相似"规则来得直接。"接触＋实质性相似"规则中，接触要件的本意在于辅助抄袭的证明，尽力排除相似部分乃独立创作之可能；实质性相似判定对权利作品独创性部分的强调，同样有排除独立创作可能性之考量。如不满足"接触＋实质性相似"，则可认定被控侵权作品乃独立创作完成的合法作品，且无须再接受合理使用等权利行使限制规则的检验。与之相反，合理使用、发行权用尽等豁免事由的成立需以使用的作品具备侵权属性为前提，只是由于法律的明确规定，其行为违法性获得了豁免，这里存在着被控侵权人并非独立创作的预设。

虽有上述区分，将实质性相似判定与合理使用判定相混淆的情况依旧屡见不鲜。这与二者共同服务于版权侵权及豁免判定，且二者在司法实践中几乎同时产生❸，不无关系，但若从根源上看，这一

---

❶ 李杨.著作权合理使用制度的体系构造与司法互动［J］.法学评论，2020（4）：95.

❷ RACHUM-TWAIG O. Copyright Law and Derivative Works: Regulating Creativity［M］. New York: Taylor & Francis Group, 2019: 3.

❸ BALGANESH S. The Normativity of Copying in Copyright Law［J］. Duke law journal, 2012, 62（2）: 216.

混淆还需归咎于并存于二者之中的"数量和质量"判断标准。如上一章所述，实质性相似判定包含数量判断和质量判断两个维度，二者共同指向作品中的独创性元素；在著名的合理使用四要素❶中，"使用的数量和质量"也被纳入考量范围。同样的术语在两项截然不同的判断中均有运用，难免引起误解。根据学者对司法案例的研究，在美国联邦最高法院就 Campbell 一案作出有利于被告的合理使用判决后，关于实质性相似的判决也呈现出向被控侵权方倾斜的趋势❷，这也印证了二者极易混淆的事实。有观点认为，在合理使用的判断中考察使用的数量和质量，应当引入"思想—表达二分法"，一旦被控侵权作品使用了权利作品中特定的不能被归于思想的表达

---

❶ 这四要素分别是：使用的目的和性质，包括使用是否具有商业性质或者是否为非营利性的教育目的；被使用版权作品的性质；相对于版权作品的整体，被使用部分的数量和实质性；使用对版权作品潜在市场或价值的影响。17 U.S. Code § 107. 我国最高人民法院出台的《关于充分发挥知识产权审判职能作用推动社会主义文化大发展大繁荣和促进经济自主协调发展若干问题的意见》（法发〔2011〕18号）在第8条中采纳了四要素，具体规定如下："在促进技术创新和商业发展确有必要的特殊情形下，考虑作品使用行为的性质和目的、被使用作品的性质、被使用部分的数量和质量、使用对作品潜在市场或价值的影响等因素，如果该使用行为既不与作品的正常使用相冲突，也不至于不合理地损害作者的正当利益，可以认定为合理使用。"相关司法案例中亦有对四要素的运用。参见任某昌与李某元著作权侵权纠纷案二审民事判决书，陕西省高级人民法院（2008）陕民三终字第16号；另参见李某晖与广州华多网络科技有限公司著作权侵权纠纷二审民事判决书，广州知识产权法院（2017）粤73民终85号。

❷ LIPPMAN K. The Beginning of the End: Preliminary Results of an Empirical Study of Copyright Substantial Similarity Opinions in the U.S. Circuit Courts [J]. Michigan state law review, 2013, 2013 (2): 562.

细节，则不能成立合理使用。❶ 这种观点将实质性相似判定中应考虑的因素纳入了合理使用判断中，使合理使用判断丧失了独立价值，与实质性相似一并而为同一问题的两个不同侧面，不具合理性。司法实践中，有案例指出在被诉侵权作品与权利作品不构成合理使用或适度借鉴的情形下，两者构成实质性相似 ❷，这是将实质性相似与合理使用判断同一化的另一种体现。对此，笔者认为正确的理解应是将"使用的数量和质量"作为合理使用的判定要素之一，其权重应低于"使用的目的和性质"和"使用对版权作品潜在市场或价值的影响"，不具决定性作用；同时，应明确实质性相似判定相对于合理使用判断的优先地位，在不能认定存在实质性相似时，无须再就合理使用问题进行判定。对于"数量和质量"在不同判定阶段的具体内涵，也应进行区分。具言之，其在实质性相似的判断中直接指向"是否使用了权利作品中的独创性内容"，在合理使用判断中则可容纳更多因素，如使用部分占被控侵权作品的比例等。

其二，虽然"公开传播"和"作品具备侵权属性"违法性之构成中，均有市场替代这一事实维度，但"市场替代"在两者之中却具有截然不同的含义。版权人所享有的财产权利面向其作品的传播市场，并通过传播行为的公开范围判断市场替代程度，进而确定是否有规制的必要性；同样，在豁免公开传播行为的违法性时，被

---

❶ 徐瑛晗，马得原."VR出版物"著作权合理使用问题探析[J].科技与出版，2021（7）：126.

❷ 参见陈某诉傅某、北京新浪互联信息服务有限公司侵害著作权纠纷二审民事判决书，北京知识产权法院（2018）京73民终232号。

豁免行为对权利作品传播范围的影响也是重要的考量因素。与之不同，"接触＋实质性相似"判断对市场替代的考察着眼于作品美学吸引力的相似性，这在普通观察者测试法、内外部测试法中均有体现，是不当利用判断的核心组成部分。若两部作品的美学吸引力在一般消费者看来并不相同，被控侵权作品中对权利作品的部分使用亦未形成行业通行的许可惯例，则难以认为存在市场替代关系。在"*Saving Substantial Similarity*"一文中，作者区分了"经济性替代"（economic substitution）与"技术性替代"（technical substitution）这两个概念，分别与"合理使用""实质性相似"判定相对应❶，实与笔者的观点异曲同工。

其三，"作品具备侵权属性"作为独立于"公开传播"的违法性判断要素，并不适用"三步检验法"这一限制。"三步检验法"将版权人专有权利限制的适用限定在一定范围之内，以作品具备侵权属性为适用的前提。有"三步检验法"的适用，必然意味着传播的作品具备侵权属性；反之，则无须适用"三步检验法"。由此，亦可衍生出如下合理结论：一方面，对因作品不具备侵权属性而豁免违法性的情形，无须施加"仅仅限于某些特殊情况"这一限制。根据 WTO 版权专家组的裁决，"特殊"具有"不寻常""独特"的含义，"特殊情形"在数量和质量方面都应当是狭窄的。❷由于无须受限于这一要求，在依据"接触＋实质性相似"判定规则确定作品

---

❶ LIM D. Saving Substantial Similarity [J]. Florida law review, 2021, 73: 628, 639.

❷ WT/DS160/R, June 15th, 2000.

是否侵权时，将一般性的、宽泛的事由纳入分析框架应被允许。另一方面，对于作品相似可能导致影响作品利用的情形，只要作品不具侵权属性，亦无须规制。"三步检验法"中的"不损害作品的正常利用"强调将所有可能具有重要经济价值的作品利用方式保留给权利人，以避免与权利人展开经济竞争。❶一般而言，若使用者存在直接或者间接的营利目的，则很难构成合理使用，这正是出于对版权人竞争利益的保护。事实上，即便作品不具侵权属性，一部作品亦可能因与另一作品美学吸引力之相同或近似而与之展开经济竞争，同期上映的同题材影视作品就是最典型的例子。作为市场经济的常态，竞争是版权人无法避免也不应避免的，仅有不正当的竞争行为具有规制的必要性。至于何种程度的作品相似具有不正当性，则需在作品侵权判定规则中予以细化。

其四，诉讼中，关于作品侵权属性与合理使用的举证责任主体存在差异。根据"谁主张谁举证"的原则，前者主要由作品的权利人承担，其通常需要提交关于被控侵权人接触了权利作品且两部作品存在实质性相似的证据；后者作为合法抗辩事由，举证责任一般由被控侵权人承担。

其五，即发侵权的适用有所不同。即发侵权指的是虽尚未造成实际损害，但已处于准备阶段的侵权行为❷，对即发侵权的规制着

❶ 米哈依·菲彻尔.版权法与因特网（下）[M].郭寿康，万勇，相靖，译.北京：中国大百科全书出版社，2009：752-753.

❷ 戴谋富.即发侵权抑或知识产权请求权之选择——兼议我国知识产权保护立法选择[J].科学管理研究，2008（2）：114.

眼于行为的流变属性。侵权作品的公开是一个循序渐进的过程，其中不乏准备活动，因而存在成立"侵权之虞"、构成即发侵权的空间。与之不同，在作品侵权属性的判断中，"属性"通常具有稳定性，缺乏行为演变的动态特征，这也就意味着一旦否定作品的侵权属性，对该作品的任何使用行为均不存在妨碍版权、使版权陷入可能受侵犯的不圆满状态之可能，因而并无即发侵权成立的空间。我国《著作权法》第 56 条规定的"即将实施侵犯其权利、妨碍其实现权利的行为"，即针对可能引发侵权作品公开传播的情形。司法实践中，即发侵权以侵权作品的许诺销售为主要样态 ❶，也体现出对行为流变而非作品属性的关注。

5.2　从"接触＋实质性相似"到"实质性相似"

5.2.1　接触要件的式微

自"抄袭＋不当利用"规则的内核被"接触＋实质性相似"规则承继，实质性相似要件便被赋予了双重含义：一是证明原被告作品来源关系的"初步相似"，二是证明被告存在对原告作品不当利用的"实质性相似"；至于接触要件，则被认为是论证存在事实上的抄袭不可或缺的证据。不过，虽然从抄袭的事实中能够推断出

---

❶　参见上海华卫电子有限公司与上海速网无线信息技术有限公司等计算机软件著作权侵权纠纷二审民事判决书，上海市高级人民法院（2003）沪高民二（知）终字第 16 号。

必然存在接触，反之却并不成立。对于抄袭的证明而言，接触仅为必要不充分条件，其在作品侵权判定中的基础地位值得进一步反思。

在实然层面，随着技术的不断革新与司法实践的发展，"接触"与"抄袭"的关系已经很难显现。数字网络技术突破了交流的地域限制，使人与人之间的联系更为密切，也极大拓宽了人们对作品的接触面。如果说在作品线下传播的时代，接触可能性的高低主要取决于作品发行覆盖面和流行程度的话，在数字赋能的线上传播时代，接触可能性的高低将在更大程度上取决于技术本身。这一观点落实到司法实践中，便体现为原告证明被告存在接触作品可能性的标准大幅降低。❶ 法官仅通过出版发行在先或者公开在先 ❷ 的事实即判定存在接触，并不要求原告提供更多证据 ❸，业已成为司法判决的常态。一旦"接触可能性"成为"在先公开发表""在先公开出版"的近义语，原告实际上只需证明实质性相似，即可完成侵权举证责任。❹ 此时，对接触的强调不仅无助于抄袭判定，其在作品侵权判

---

❶ BARTOW A. Copyrights and Creative Copying [J]. University of Ottawa & technology journal, 2003, 1: 84.

❷ 例如，广州纤姿美容仪器有限公司、上海千美健康管理咨询有限公司侵害计算机软件著作权纠纷二审民事判决书，最高人民法院（2020）最高法知民终 319 号；晓某与张某龙等著作权权属、侵权纠纷一审民事判决书，北京市西城区人民法院（2019）京0102 民初 5227 号。

❸ 张奇."调色盘"与影视文学作品侵权认定规则探析——以首例《锦绣未央》著作权侵权纠纷案为例 [J]. 山东科技大学学报（社会科学版），2020（2）: 44.

❹ 周小舟.论接触要件在剽窃案中的程序和实质意义——从《小站》案切入 [J]. 华东政法大学学报，2016（2）: 110.

断中的实质意义，也已名存实亡。

在应然层面，无论是否考虑技术的变迁及与之相应的司法推定条件的放宽，接触都不应作为单独的作品侵权构成要件，这是因为：其一，对接触可能性的过分依赖将导致版权专利化；其二，接触与独立创作本不存在互斥关系；其三，在侵权判断中强化接触要件将不可避免地与公众接触权产生矛盾，有损版权法内部的统一性。

首先，基于作品发表而推定接触的做法，将导致版权专利化，将合法的独立创作行为错误地认定为侵权行为。专利制度与版权制度具有不同的构造，专利权排他效力强，在后生产出同一技术的主体不能通过证明独立发明来免除侵权责任；与之不同，版权法并不绝对禁止作品相同或实质性近似的情况出现，只要证据显示涉嫌侵权的作品为被控侵权人独立完成，则侵权不成立。之所以存在上述制度差异，独立创作完成相同的作品几无可能，是重要原因之一，这其中也隐含着对创作自由的重视。"独立创作"这一抗辩事由的提出，意味着创作者无须费力查找已有作品中已经出现了哪些内容、亦无须避让这些内容，只需基于内心对自己不存在抄袭的确信，安心地将存于脑海中的思想转化为具体表达即可。正是基于此，版权法的制度安排能够极大降低创作者的搜寻成本，为创作者注入一针"安心剂"。在"接触＋实质性相似"的侵权判断标准之下，"独立创作"成立与否与接触要件的证明标准之间存在正相关关系；若接触要件成立标准降低，证明独立创作的难度自会相应加大。一旦在先发表成为证明接触可能性的充要条件，"独立创作"

的证明空间也就不复存在了。随之改变的，是既有的权利义务分配状态——创作者不能再依据对独立创作的内心确信而免除侵权责任，还必须对现有作品进行全面的查询。考虑到版权自动产生，缺乏统一的作品登记数据库，要实现全面查询几乎是不可能完成的任务。由此带来的后果，是创作者要么为现有作品的查询花费巨大精力，要么承担可能的侵权后果，无论何种结果，均或多或少会在创作领域引发"寒蝉效应"。

从本质上说，上述问题是由"接触可能性"这一要件成立标准过低引发的。"接触可能性"与"接触不可能性"是在网络时代思考接触问题的两个重要维度，两者均具有一定程度的合理性：接触之可能，源于上文所提及的技术赋权，指的是"只要想找，几乎总有途径能找到"；接触之不可能，则源于人的精力和认知能力的有限性——虽然作品就在那里，但人类有限的精力无法穷尽几乎无限的作品，更何况文学、艺术、科学领域作品也存在认知门槛。遗憾的是，版权制度的设计者仅认识到了接触可能性的存在，却忽视了接触的不可能性。从侵权案件两造关系出发，对"接触可能性"的强调有助于版权人利益的维护，"接触不可能性"的提出则为被控侵权人提供了豁免空间。由于未充分考虑"接触不可能性"，接触要件的司法适用无法为被控侵权人留下足够的自由创作空间，并造成了利益不平衡之态势。出于对上述问题的认识，有学者主张在判断是否具有接触已有作品的合理机会时，仅存在可能性是不够的，应当要求具备一定程度的接触盖然性；❶另有学者从权利作品与被控侵权作品的创作者是否处于同领域或相关领域、权利作品的知名度高低、是否存在"证据性相似"等角度出发，提出更为精细化的评判标准，以确定接触要件能否成立。❷相较于"接触可能性"的无限扩张，上述修正后的观点更为接近于创作的真实样态，具有合理性。

其次，接触与独立创作之间并不存在互斥关系，是不应考虑接触要件的深层原因。每一部新作品的产生都建立在已有作品的基础之上，因此不可避免地存在对已有作品的接触。在多次诵读经典诗歌之后将其默写出来，固然存在对在先诗歌作品的接触；在诵读多部七言律诗、了解其创作规律和创作技巧的基础上，运用获取的技能创作一首新的七言律诗，亦不能排除对在先诗歌作品的接触。临摹一幅美术作品固然构成接触，学习该美术作品的构图方式、取景和色彩与线条的选择，在自己创作的作品中予以运用，亦构成接触。在上述两组情形中，其最终形成的作品既可以是对具体表达的直接运用，也可以是单纯的思想借鉴；若并未使用在先作品的独特表达，或者虽然使用但被使用的表达最终来源于第三方，即便存在接触，亦不能认定侵权成立。可见，接触要件的意义必须依附于相似性判定、来源判定方能显现，其在侵权判定中并不具备独立的价值。换言之，"只有在被诉侵权作品与权利作品构成'实质性相似'

---

❶ 丁文杰. 接触要件的基本内涵及认定规则 [J]. 知识产权, 2019（3）: 29.

❷ 刘琳. 我国版权侵权"接触"要件的检讨与重构 [J]. 知识产权, 2021（11）: 88–89.

的情况下，才有证明与认定被诉侵权行为人有'接触'事实的必要性"。❶ 正因如此，上述关于接触要件适用的修正观点依旧未能摆脱其固有局限性。

最后，对接触要件的过分关注也将不可避免地与公众接触权产生矛盾，有损版权法内部的统一性。在无形财产权的制度设置中，权利限制制度是重要的组成部分，其旨在平衡权利人与社会公众的利益，从而"确保社会公众接触和利用知识形态资源的机会"。❷ 版权法概莫能外。公众接触作品的权利为版权宪法功能的实现提供了重要支撑。美国学者帕特森与林德伯格指出，"版权法的宪法性目的——促进学习，有赖于接触权原则"。❸ 我国学者中，梁志文认为使用者接触作品的权利对于知识、学习的增进及实现民主、文化价值等目标具有重要作用；❹ 梅术文认为文化产品使用者对公共领域知识的接触权是宪法权利民法化的体现。❺ 不仅如此，由于辅助个人作出决策与规划的信息多受版权保护，通过豁免条款来保障人们的信息接触权，亦与人本主义理念相契合。❻ 在版权法的具体制度

---

❶ 张晓霞，张嘉艺.侵权行为构成要件对"接触加实质性相似"规则的制衡——论侵害著作权纠纷的裁判思路 [J].知识产权，2021（12）：42-43.

❷ 吴汉东.无形财产权基本问题研究 [M].4版.北京：中国人民大学出版社，2020：69.

❸ 莱曼·雷·帕特森，斯坦利·W.林德伯格.版权的本质：保护使用者权利的法律 [M].郑重，译.北京：法律出版社，2015：57.

❹ 梁志文.变革中的版权制度研究 [M].北京：法律出版社，2018：275.

❺ 梅术文.论技术措施版权保护中的使用者权 [J].知识产权，2015（1）：17-19.

❻ 易继明，初萌.论人本主义版权保护理念 [J].国家检察官学院学报，2022（1）：173-174.

设计中，个人为学习、研究、欣赏目的的合理使用，转载政治、经济、宗教问题的时事性文章的合理使用，图书馆、档案馆为陈列、保存而复制文章的合理使用，以阅读障碍者能够感知的无障碍方式向其提供已经发表的作品的合理使用，翻译并出版少数民族语言文字形式的作品的合理使用，报刊转载、广播电台电视台转播的法定许可，以及版权保护期制度，等等，均是保障公众接触作品权利的重要机制，足见公众接触权在版权法中的重要地位。版权法一方面通过各种机制的设置保障公众接触作品的权利，另一方面却将接触、接触可能性的认定标准降到极低点，最大限度对版权人加以保护，版权法内部的逻辑混乱可见一斑。

综上所述，鉴于接触要件在司法实践中的意义已经大打折扣，其具体适用也会带来版权专利化、压缩独立创作空间、与公众接触作品的权利相冲突等问题，有必要降低其在作品侵权属性判断中的地位。

5.2.2　从"独创性"到"排除独立创作可能性"

降低接触要件在作品侵权属性判定中的地位，并非在侵权判断中完全不考虑接触问题，而是需要转变思考方式。接触要件式微的主要原因并非其难以证明，恰恰相反，是因为其不言自明；重新审视接触要件，便有必要将落脚点放在证明接触不存在的事由上。若被控侵权人能够提供有力的证据证明其未接触过权利作品，则独立创作的抗辩成立，被控侵权人无须承担侵权责任。

诚然，相较于证明接触的存在，证明接触的不存在往往更为困难，但却并非全然不可行。一个典型的例子是，若被控侵权人能证明其作品在权利作品产生之前即已存在，则可证明不存在接触。从接触的产生机理来看，接触的不存在之所以难以证明，是由于人们通常无法对创作中的信息获取进程展开完整追溯；若能形成完整的信息输入记录机制，这一问题自能迎刃而解。以人工智能创作为例，若人工智能算法训练在人类可控的时空中展开，由人类对人工智能学习中输入的数据进行全面的掌控，便可基于输入的数据中不存在权利作品这一事实，而认定被控侵权作品为独立创作完成。❶

依笔者之见，在作品侵权判断中，仅将不存在接触作为独立创作抗辩成立的重要依据尚不足够，还需提升实质性相似的成立标准，使之从"独创性"判断转化为"排除独立创作可能性"的判断。具体判定思路如下：假设被控侵权人未接触权利作品，在将两部作品中同时存在的明显错误转化为正确内容且排除权利作品中的特异性元素的前提下，若此时仍存在完成被控侵权作品的合理可能性（无论是通过借鉴在权利作品产生之前已经存在的第三方作品、公有领域的内容，还是独立创作），则实质性相似不成立。上述关于"合理可能性"的考察应从本领域普通创作者的视角出发。"本领域普通创作者"类似于专利法上的"本领域普通技术人员"，指的是能够获知特定创作领域在创作日之前已公开发行的作品且具备该领域普通创作能力的创作者；其应当具有正常的理性感知能力，

❶ 初萌.人工智能对版权侵权责任制度的挑战及应对 [J].北方法学，2021（1）：146.

并熟知该类型的作品。❶ 之所以需要对权利作品中明显错误的内容和特异性元素予以转换、排除，是因为这些内容虽能作为被控侵权人接触权利作品的有力证据，但其本身未必构成独创性表达；若不足以认定被控侵权人使用了权利作品中的独创性部分，便无从证明抄袭的存在。

以"排除独立创作可能性"的判断取代"独创性"判断，一方面是对接触要件式微的回应，具体方式是以被控侵权作品不可能独立完成的事实，来推定接触的存在；另一方面，这一标准也能防止词语含义不一致所带来的混乱，在独创性标准多元化、客观化的背景下为创作自由提供保障机制。

接触要件的式微，使"接触 + 实质性相似"两步判断事实上转变为"实质性相似"单一判断，为维持既有的平衡，就需要实质性相似判定更为精确❷，在作品客观比对的基础上判定被控侵权作品是否仍存在独立创作的可能性。其实，这一要求在作品相似侵权判定的早期案例中已有体现。在 1887 年判决的 Blume v. Spear 案中，法院就音乐作品版权侵权作出如下认定，"虽然被告作品与原告作品存在一定差别，但其中对音乐的组织方式已经明显表明被告有意使用了原告作品，而非独立创作出新的作品"❸，可见，"不存在独立

---

❶ 锁福涛，张岚霄．论"洗稿"行为的著作权侵权判定与治理路径［J］．中国出版，2021（15）：58.

❷ CORNGOLD I. Copyright Infringement and the Science of Music Memory: Applying Cognitive Psychology to the Substantial Similarity Test［J］. AIPLA quarterly journal, 2017, 45（2）：343.

❸ Blume v. Spear, 30 F. 629, 631（C.C.S.D.N.Y. 1887）.

创作的可能"是法院作出侵权判决的主要原因。[1] 对于指向作品来源的抄袭判断而言，当且仅当不存在独立创作的情形时方能确定作品之间的来源关系，因而其本质亦为关乎排除独立创作可能性的判断。

诚然，"独创性"与"排除独立创作可能性"在很大程度上是共通的，若被控侵权作品并不存在对权利作品独创性部分的使用，则无法排除独立创作的可能性，独立创作的抗辩自然成立。或许正因如此，裁判者倾向于直接在实质性相似判定中考察被控侵权作品是否使用了权利作品的独创性部分。久而久之，"独创性"便成了版权确权、侵权通用的判定标准。但这种做法并不利于"独创性"概念的澄清，亦无助于创作自由的保护。

一方面，在版权确权与侵权判断中同时适用独创性标准，将很容易引发语义层面的混淆。虽然用语相同，但可版权性与作品相似侵权中的独创性判断具有截然不同的指向：前者针对整部作品作出判断，一般不再单独罗列具有独创性的要素和不具独创性的要素；后者则要求对权利作品与被控侵权作品中的具体元素、元素组合进行细致比对，确定其中具有独创性的具体部分。前者具有赋权面向，关注版权人利益的全面保护；后者则同时具有限权维度，将创作自由的利益纳入考量。[2] 学者对美国司法实践的研究发现，法

---

[1] LAPE L G. The Metaphysics of the Law: Bringing Substantial Similarity down to Earth [J]. Dickinson law review, 1994, 98（2）: 186.

[2] 初萌. 论作品独创性标准的客观化——基于欧盟最新立法与司法实践的探讨 [J]. 版权理论与实务, 2021（6）: 37-38.

院一般会在可版权性的判断中适用较低的独创性标准，在作品相似侵权判断中适用较高的独创性标准；为防止可版权性中独创性的低标准与言论自由产生冲突，当作品相似部分独创性较低时，一些法院会倾向于作出有利于被控侵权人的判决。❶ 这些事实为上述观点提供了佐证。我国司法实践中，亦存在类似做法。例如，广州互联网法院在《热血传奇》游戏著作权侵权案判决中认为，原告的游戏设计独创性并不高，与公有领域较为接近，进而在侵权比对中对实质性相似的程度提出更高要求，以促进新作品的创作，维护公共利益。❷ 可见，虽然独创性高度不同的作品在保护资格上不受歧视，但在权利范围上却受到一定的限制。❸

在确权与侵权判断中同样适用"独创性"这一术语，极易引发司法实践中的误区。笔者在先前研究中已对这一问题作出阐释，概言如下：其一，受整体判断误导，法官在侵权判断中容易将事实上不具独创性但具有一定价值的元素纳入独创性比对范围，进而得出错误的侵权结论。其二，实践中存在对"独创性"的错误认知，导致法官并未致力于解决"被控侵权作品是否使用权利作品中独创性

---

❶ HELFING R F. Substantial Similarity and Junk Science：Reconstructing the Test of Copyright Infringement［J］. Fordham intellectual property, media & entertainment law journal, 2020, 30（3）: 759–761.

❷ 参见娱美德有限公司、株式会社传奇IP等与广州三七互娱科技有限公司等著作权权属、侵权纠纷、商业贿赂不正当竞争纠纷一审民事判决书，（2019）粤0192民初38509号。

❸ 吴伟光. 中文字体的著作权保护问题研究——国际公约、产业政策与公共利益之间的影响与选择［J］.清华法学，2011（5）: 70.

部分"的问题，而将其转化为"被控侵权作品自身是否具有独创性"这一新问题。❶ 其三，使用同一术语可能忽视独创性判定时间节点不同所引发的问题，当最初的独创性表达随时间演进而转化为思想，这一问题尤为突出：若采原告作品创作时的标准，理应作出实质性相似判定；若采被告作品创作时的标准，则不应在实质性相似判定中将其作为独创性部分予以考虑。❷ 为降低制造混乱的概率，采取与"独创性"相区别的"排除独立创作可能性"概念实属必要。

另一方面，独创性标准多元化的特点、客观化的趋势，也是其不宜运用于实质性相似侵权判定的重要原因。由于我国司法实践尚不存在统一的独创性判断标准，采"最低限度独创性"者有之，采"一定的创作高度"者有之，采"作者个性"者亦有之，标准的多元化容易引发裁判的不确定性。将如此混乱不一的标准运用于作品相似侵权判断，将难以为行为人提供稳定的预期。更有甚者，采取客观化的独创性标准，将独创性成立要件降低为与现有仍受版权保护的作品和公有领域的作品相区分，并将之延用于作品相似侵权判断，将极有可能导致基于独立创作完成的作品被认定为侵权，这会

---

❶ 参见泉州富丽礼品有限公司与石狮市家和美商贸有限公司、泉州俊祺达菲工艺品有限公司侵害其他著作财产权纠纷二审民事判决书，福建省高级人民法院（2016）闽民终 1343 号。

❷ 初萌. 论作品独创性标准的客观化——基于欧盟最新立法与司法实践的探讨 [J]. 版权理论与实务，2021（6）：38.

给在后创作者造成巨大压力，损害创作自由。❶若在侵权判断中适用"排除独立创作可能性"的标准，既能够以相对客观的判断方式维护行为人的预期，也能在更大程度上保护创作的自由空间，鼓励未来作品的产出。

5.3 "排除独立创作可能性—市场替代—均衡分析"三步分析法

通过考察版权侵权行为违法性的三个维度，从应然的角度阐释接触要件式微、从"独创性"判断转向"排除独立创作可能性"判断的正当性，实质性相似在版权侵权体系化判定中的定位得以明晰。具言之，实质性相似判定的功能定位在于从作品侵权属性的角度考察版权侵权行为违法性及其违法阻却事由（见图5.1）。

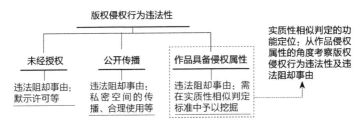

图 5.1 "实质性相似"在版权侵权体系化判定中的功能定位

对作品侵权属性的界定而言，创作者的版权与其他创作者的创

---

❶ 蒋舸. 著作权法与专利法中"惩罚性赔偿"之非惩罚性〔J〕. 法学研究，2015（6）：87.

作自由是需要平衡的两种利益，这一平衡需要在实质性相似侵权判定中予以实现，并以"排除独立创作可能性"为核心内容。不过，仅将实质性相似判定等同于"排除独立创作可能性"的判断，仍然存在过度保护权利人利益之嫌，因其仅考虑了抄袭维度，而忽视了版权保护的市场维度——不当利用。

与美国司法实践对不当利用判断的重视维度不同，我国虽有不少案例体现出对消费者观点的重视，但这些案例零星、分散，尚无法从中提炼出"不当利用"这一考察范畴。由于"排除独立创作可能性"主要是事实判断，其虽能体现出法律对并非独立创作、进而一定构成抄袭的行为的负面评价，却忽略了版权法上的侵害行为只能在市场环境中界定这一"市场之法"属性，若抛开消费者的认知、纯粹以作品呈现形式来界定侵权，颇有舍本逐末之感❶，亦缺乏对更广泛的创作自由利益的考量，因此，有必要在实质性相似判定中容纳"不当利用"因素。就具体内容而言，"不当利用"应当包含"市场替代"与"均衡原则"两个维度：一方面，即便被控侵权作品不存在独立创作的可能性，但若借鉴原作品中部分独创性元素而生成的新作品已经具有了与原作品截然不同的美学吸引力，对原作品并不构成市场替代，则应基于"无侵害则无救济"的原则，豁免被控侵权作品的违法性。另一方面，在一些特定情形下，若使用原作品中的表达元素对被控侵权作品表意准确性、降低表达成本具

---

❶ 蒋舸. 著作权直接侵权认定中的"用户感知"因素——从复制权到信息网络传播权［J］. 环球法律评论，2021（2）：66.

有重要作用，且不存在其他不受版权保护的替代性表达方式，而被控侵权作品亦不存在"寄生营销"行为，因而对原作品市场替代效应较小、不会对创作激励产生负面影响，此时也应基于均衡原则对被控侵权作品的违法性进行豁免，以平衡现有版权人与未来版权人的利益。

综上所述，完整的实质性相似判定应当包含排除独立创作可能性、市场替代、均衡原则这三个步骤。具言之，若不能排除独立创作可能性，则实质性相似不成立；若能够排除独立创作可能性，但被控侵权作品对权利作品不存在基于美学吸引力的市场替代效应，实质性相似亦不成立；若前两阶段得出的结论均有利于版权人，一般情况下即可认定作品侵权成立，但若对权利作品的使用能够通过均衡原则的测试，则依旧得以豁免。

5.4　排除独立创作可能性分析

5.4.1　"要素罗列—提取相似点—比较"法

"对于作品侵权分析而言，思想与表达的区分必不可少，无论作品本身有多么简单。"❶ 作为版权法的基石，思想与表达的区分需要在"排除独立创作可能性"这一分析阶段予以落实。司法实践中，拆分分析（dissection test）与抽象分析（abstraction test）是实

---

❶ MOHLER J M. Toward a Better Understanding of Substantial Similarity in Copyright Infringement Cases [J]. University of Cincinnati law review, 2000, 68（3）: 986.

现这一区分的两种思路。

在 Matthews v. Freedman 案中，美国联邦第一巡回上诉法院适用了拆分分析。该案原告从事儿童 T 恤的制造和销售工作，其生产的一款 T 恤上印有 "Someone went to Boston and got me this shirt because they love me very much" 字样，周围印有鱼、帆船、龙虾、法尼尔厅和散落的心形图案；被告与原告是同领域竞争者，其在随后生产的一款 T 恤上印制了 "Someone who loves me went to Boston and got me this shirt" 字样，并以鱼、帆船、龙虾、天鹅游艇、小鸭子和微笑的太阳图案环绕之。原告认为被告的 T 恤设计构成版权侵权，故诉至法院。美国联邦第一巡回上诉法院认可了地区法院对涉案作品中构成思想与表达的元素进行拆分的做法，认为在 T 恤上印制文字、使用幼稚的字体、加入一些具有地标意义的图案，均属于思想，应当在比对中予以排除；至于剩下的表达元素，其在图案的选择与排列、颜色和字体的选取等方面存在差异，且相似的文字表达是由传递思想一致所引发的，同时考虑到表达方式的有限性，故难以认定存在侵权。❶

至于抽象分析，最早适用这一方法的典型案例是 Nichols 案。该案审理法院认为，在对戏剧作品作层层抽象分析之后，应将人物形象和事件的进展顺序作为最主要的比对因素。由于涉案两部作品的相似之处仅体现为存在一个犹太人父亲和一个爱尔兰人父亲之间的争吵、他们孩子之间的婚姻、孙子的出生和双方的和解，至于原

---

❶ Matthews v. Freedman, 157 F. 3d 25, 27–28（1998）.

告作品中的宗教主题及最终和解的原因，则存在显著差异❶，法院最终判决该案侵权不成立。

　　从本质上说，抽象分析也是一种拆分分析，只是拆分的具体方式有所不同。有学者指出，拆分分析是一下就把作品中的表达部分与思想部分完全区分开来，具有横向切割的特点；抽象分析则是对作品作纵向层面的作层层抽象分析。❷上述案例中，Nichols 案所重点考察的人物形象和事件的进展顺序，相对于具体的文字表达和直观的画面呈现而言，已经经过提炼，Matthews v. Freedman 案中具体的比对主要基于最终呈现的美术形象展开，在分析中似乎并未呈现出抽象的过程，这正是二者差异的体现。抽象分析常适用于计算机程序和虚构类文字作品的侵权比对中。其中，计算机程序又被认为是最适合作抽象分析的，这是因为其往往以解决问题为目的，而程序的细化思路通常沿着主要功能、程序架构、模块、算法和数据结构、源代码、目标代码等层次❸逐级展开，这些层次也对应着作品侵权比对中不同的抽象层级。❹至于以小说为代表的虚构类文字作品，往往也存在着从具体文字表达到具体情节，到人物关系和人物

---

❶　Nichols v. Universal Pictures Co., 45 F. 2d 119, 121（2d Cir. 1930）.

❷　WALSH J. No Justice for Johnson – A Proposal for Determining Substantial Similarity in Pop Music［J］. DePaul–LCA journal of art and entertainment law, 2006, 16（2）: 290.

❸　Gates Rubber Co. v. Bando Chemical Industries, Ltd., 9 F.3d 823, 834-36（10th Cir. 1993）.

❹　Gates Rubber Co. v. Bando Chemical Industries, Ltd., 9 F.3d 823, 834-36（10th Cir. 1993），原文如下："The abstractions test is especially well suited to the dissection of computer programs because the test breaks down a program in a way that parallels the typical development of a program."

设置，再到情节的前后衔接、逻辑顺序，最后直至作品主题❶的"类似于一个由底端至顶端的三角形的结构"❷。游戏作品亦是如此，如有法院曾撰文指出，射击类游戏作品从抽象到具体可以分为如下五个层级：①类型定位，②基本规则，③场景、角色、界面等核心资源，④功能调试，⑤资源的进一步细化制作。❸对于这几类作品而言，抽象分析相对容易，且有助于避免侵权比对中的遗漏情况，因而适用广泛。相较而言，视觉艺术作品、音乐作品更适合做拆分分析。❹虽然在美术形象的比对中，图案的选择与排列是构图维度的考察，图案与色彩相结合的考察与对整体色调的考察又属于不同的维度，但其中无论是单一元素，还是多种元素的组合，均有直观的呈现方式，一般不需要调动抽象思维即可展开分析。此外，由于创作空间的有限性，更为抽象的层级通常不受版权保护，这也是美术作品不适用抽象分析的一个重要原因。以乐谱形式呈现的音乐作品也有类似的特点，在作品表达的主题与旋律、节奏、和声、乐器的

---

❶ 参见余征与陈喆著作权权属、侵权纠纷案二审民事判决书，（2015）高民（知）终字第 1039 号。

❷ 参见苏州蜗牛数字科技股份有限公司诉程度天象互动科技有限公司、北京爱奇艺科技有限公司著作权侵权纠纷案二审民事判决书，（2018）苏民终 1054 号；另参见周某晖与余某等侵害作品摄制权纠纷上诉案二审民事判决书，江苏省高级人民法院（2017）苏民终 236 号。

❸ 徐俊. 换皮游戏中实质性相似的认定 [EB/OL].（2020-05-21）[2022-09-10]. https://www.ipeconomy.cn/index.php/mobile/news/magazine_details/id/558.html.

❹ BRASHEARS-MACATEE S. Total Concept and Feel or Dissection：Approaches to the Misappropriation Test of Substantial Similarity [J]. Chicago-Kent law review, 1992, 68（2）: 923.

选择等具体表达方式之间，不存在需要进行抽象的中间层级。虽然音乐作品的最终目的亦在于传达思想、表达情感，但正如伯恩斯坦所言，"故事不是音乐的定义——音乐也不是具体的东西。音乐仅仅是——音符，把漂亮的音符和声音用一种方式组合到一起，当我们聆听时，我们从中得到愉悦……"❶。易言之，从音乐作品中无法抽象出一个具有稳定性的故事。虽然考察单一元素与考察元素组合可能得出截然不同的结论，但其本质仍为横向组合，而非纵向抽象。对这两类作品而言，若一味套用"抽象"这一概念，反而会将简单问题复杂化。

　　除缺乏普适性之外，无论是抽象分析还是拆分分析，都面临着一个基础性问题：如何界定作品的最小比对单元。这个问题对于抽象分析而言，意味着"如何界定作品可比对的底层表达元素"；对拆分分析而言，意味着"需要将作品拆分到何种程度"。由于任何一部作品都是由处于公有领域的基础表达构件构成的，若拆分过于彻底，如将美术作品中的人物形象拆分为线条色彩、曲直、粗细的选择，又如将音乐作品的旋律拆分为一个个具体的音符，再如将文字作品拆分为一个个词汇或者短语，纵然不能排除比对的可行性，但这样的比对也因脱离了作品的表意功能、纳入过多公有领域元素而失去意义。遗憾的是，对于如何确定作品的最小比对单元这一问

---

❶　迈克尔·塞弗尔. 建立一种"音乐赏析即拥有"的符号学：伯恩斯坦"青年音乐会"和"教育性"音乐电视［C］. 陆正兰，译. // 埃尔基·佩基莱，戴维诺·伊迈耶. 音乐·媒介·符号——音乐符号学文集. 陆正兰，等译. 成都：四川出版集团、四川教育出版社，2012：108.

题，两种分析方法均未给出答案，法官最终不得不诉诸虚幻的法律直觉（legal instinct）。❶

　　抽象分析和拆分分析还存在如下问题：其一，一些计算机程序存在难以进行纵向层级分割的问题。例如，上文所提及的"控制结构"（程序执行的操作顺序）、"数据结构"（程序存储信息的方式）、"数据流"（程序中的数据流动模式）、"信息架构"（程序中数据的整体组织方式，通常以数据库架构的方式呈现）之区分，便难以从纵向层面进行归类。❷ 其二，对于处于同一抽象维度的要素之间的横向关系应当如何处理，抽象分析并未给出答案。以小说中的人物与情节为例，根据小说家杰夫·格尔克（Jeff Gerke）的观点，"所有的小说家都可以分为两种类型：一种擅长设计情节，另一种擅长塑造人物"❸。人物形象、人物关系、情节发展脉络往往构成一部作品中最有价值的部分，三者均从小说作品的具体文字表达中抽象而来，人物关系与事件、环境共同构成了作品中的情境要素，从而为情节发展提供根基；情境与情节是体与用的关系，情境是静态的，情节是动态的❹，二者的组合构成了完整的故事。从上述论断可知，

❶ HELFING R F. Substantial Similarity and Junk Science: Reconstructing the Test of Copyright Infringement [J]. Fordham intellectual property, media & entertainment law journal, 2020, 30（3）: 757.

❷ NEWMAN J O. New Lyrics for an Old Melody: The Idea/Expression Dichotomy in the Computer Age [J]. Cardozo arts & entertainment law journal, 1999, 17（3）: 700-701.

❸ 杰夫·格尔克. 情节与人物：找到伟大小说的平衡点 [J]. 曾轶峰，韩学敏，译. 北京：中国人民大学出版社，2014：前言，5.

❹ 杨健. 创作法：电影剧本的创作理论与方法 [M]. 北京：作家出版社，2012：193.

人物关系与情节发展脉络处于同一抽象层级。对二者进行横向的
"元素组合"分析有其必要性，但就这种分析应当如何展开，抽象
分析并未给出答案。其三，一些案例中，法院将对整部作品的抽象
分析转化为对其组成部分的抽象分析的做法，也体现出前者在操作
层面存在难度。❶ 其四，拆分分析中，若只知拆分却不知组合，"只
见树木而不见森林"，则会忽视元素组合的表达属性及可能具有的
独创性。❷

　　笔者认为，着眼于统一的实质性相似判定思路的构建、直面上
述问题，一种合适的解决方案是以要素分析方法取代拆分分析、抽
象分析。"要素"指的是作品中存在的任何在受众看来具有基础表
意功能、能够传递一定信息或者情感的分析单位，无论抽象程度如
何，其具体内涵可借助创作理论与作品鉴赏理论来获得进一步确
定。例如，对音乐作品的分析可从外在状况与内部结构两个层面展
开，外在状况主要包括作为音高呈现形式的旋律、和声、复调，作

---

❶　例如，在《宫锁连城》与《梅花烙》著作权侵权纠纷中，法院认为"确定文学
作品保护的表达是不断抽象过滤的过程"，但是在具体比对中，则采纳了被告方提出的
比对方式，对单个具体情节进行抽象，具体分析如下："对某一情节，进行不断地抽象
概括寻找思想和表达的分界线的方法无疑是正确的，如果该情节概括到了'偷龙转凤'
这一标题时，显然已经属于思想；如果该情节概括到了'福晋无子，侧房施压，为保住
地位偷龙转凤'，这仍然是文学作品中属于思想的部分；但对于原审判决所认定的包含
时间、地点、人物、事件起因、经过、结果等细节的情节，则可以成为著作权法保护
的表达，且不属于唯一或有限表达以及公知领域的素材。"参见余征与陈喆著作权权属、
侵权纠纷案二审民事判决书，（2015）高民（知）终字第 1039 号。

❷　GINSBURG J C. Four Reasons and a Paradox: The Manifest Superiority of
Copyright over Sui Generis Protection of Computer Software [J] . Columbia law review,
1994, 94: 2561.

为音值呈现形式的节奏、曲式，作为音强呈现形式的力度、节拍，作为音色呈现形式的配器、合唱等；内部结构主要指的是旋律、和声、复调、节奏、曲式、力度和节拍等音乐构成方式的技术体系。❶ 又如，对美术作品的分析可以从内容与形式两方面展开，前者体现为题材（人物、风景、静物）和主题（透过题材反映的精神内涵），后者可以归纳为艺术语言，还包括构图、造型、色彩、明暗等构成元素，以及从作品内容和形式的统一中体现出来的艺术风格。❷ 那么，对相应类型作品的实质性相似判定即可围绕上述点明的要素展开，亦即按照分析特定版权保护对象时所特有的术语进行分析。❸ 要素分析方法的优越性主要体现在以下五个方面。

其一，要素分析具有很强的包容性，既能摆脱抽象分析的纵向限制，也能弥补拆分分析的抽象不足，几乎囊括所有对受众具有意义的表达元素，能够有效避免侵权比对中的遗漏。

其二，要素分析具有很强的伸缩性。上文从作品鉴赏视角提出的关于音乐作品、美术作品的考察维度仅具有指引作用，不妨碍当事人在个案中作出更细致的要素选择，只要该要素具有为受众所接受的基础表意功能。周某晖与余某等侵害作品摄制权纠纷上诉案中，原告主张涉案侵权作品与其权利作品在剧情架构、人物设置、

❶ 田耀农.论音乐作品的内容与形式 [J].音乐研究，2020（1）：100.

❷ 蒋妍，董可木.从美术作品中解读内容与形式的关系——对维米尔《画室》和马蒂斯《红色画室》作品的研究 [J].北京印刷学院学报，2018（1）：55.

❸ NEWMAN J O. New Lyrics for an Old Melody: The Idea/Expression Dichotomy in the Computer Age [J]. Cardozo arts & entertainment law journal, 1999, 17（3）: 703.

关于催眠术的理解、主要人物感情线索、反派犯罪动机、三个具体催眠桥段等层面存在雷同❶，其中"关于催眠术的理解"属于个案中的个性化要素，"人物感情线索"则可归于"人物关系"的下位概念。这些元素在抽象分析中，很难单独划分出一个抽象层级，但却因其已经具备表意功能，而可以作为"要素"进行分析。

其三，如上述案例所反映的，要素分析能够为当事人举证提供便利，因其无须考虑何为可以接受的抽象层级，而只需依据要素来罗列据以比对的内容。与之相应，法院也可以摆脱"抽象""拆分"的归类难题，以实用主义的态度对当事人提出的"要素"展开分析，确定是否存在排除独立创作的可能性。

其四，要素分析为可供考察的元素组合提供了筛选机制。要素分析同时囊括了元素和元素的组合，后者体现为艺术作品的构图、文学作品中的人物关系和情节衔接等。通过"要素"来界定有待考察的元素组合的范围，防止对无法纳入同一要素的不同元素进行强行组合，能够有效减少比对中的弯路。这是因为，若同时存在于两部作品中的两项或多项相同或类似元素无法同时被作品创作或鉴赏中的某个具体要素所囊括，则这些元素之间的关联通常过于松散，容易归于巧合，则无进一步展开侵权分析的必要性。可见，要素分析不仅有助于减少比对中的遗漏，也能够对过度比对形成制约。即便存在例外情况，也可以通过分析当事人在诉讼中提出的元素组合比对请求来进行补救，这也进一步印证了要素分析的伸缩性。

---

❶ 参见江苏省高级人民法院（2017）苏民终 236 号民事判决书。

其五，要素分析能够为界定作品的最小比对单元提供指引，将并无单独表意功能的"附饰"排除在外。在文学、艺术、科学领域的作品中，存在这样的元素，其能够与其他元素结合以增强作品的表意功能，但本身却缺乏基本的表意功能，这些元素可被统称为"附饰"。根据文学理论，韵文的模式就是一种典型的附饰。"韵文可以在没有意义的情况下存在"的观点是不成立的，倘若无视韵文的意义，就等于放弃了文字、短语的概念。例如，英格律诗主要由强读的短语、节奏性冲动和由分解短语支配的实际口语节奏之间的对位所决定，但这种分解短语只有在熟悉原诗意义的前提下才能确定。❶韵律不能脱离意义而存在，他们只是在与整部作品的相对关系中才存在，与之相应，"韵律"也不能作为一个单独的要素在作品侵权中予以分析。在此，要素分析与作品鉴赏理论再次实现了一致。

由于具有上述优越性，排除独立创作可能性的判断应基于要素展开。具言之，需要提取要素中的相似点，并进行比较，进而得出结论。

相似点的提取包括直接提取和间接提取。直接提取指的是从权利作品和被控侵权作品的最终呈现样态中直接截取相似部分，当被控侵权作品直接使用了原告文字、视频、音乐等作品的部分片段时，直接提取通常是可行的。不过，直接提取并非作品侵权判定中的常态，在大部分情况下，被控侵权作品与原告权利作品及其片段仅构成相似，因此需要进一步以要素为单位提炼相似点，这就是间

---

❶ 勒内·韦勒克，奥斯汀·沃伦. 文学理论［M］. 刘象愚，邢培明，陈圣生，等译. 杭州：浙江人民出版社，2017：158－159.

接提取。在提取相似点后，需要对相似点进行比较，进而确定是否存在排除独立创作的可能性。与"抽象—过滤—比较"测试法不同的是，笔者认为不宜在比较之前先行过滤。过滤的适用体现的是对"思想—表达二分法"的遵循，这是一种处理作品的"全有"或者"全无"方式。然而，从思想到表达的演进是一个循序渐进的过程，即便临界点真实存在，忽视被界定为"思想"的具体内容与临界点之间的距离、在作品实质性相似侵权判断中全部予以过滤的做法，亦经不起推敲。这一问题也会因不同法院对"思想"划分节点的不同 ❶ 而加剧。从更广义的视角来看，鉴于任何表达都是由构成基本表达元素的"思想"串联而成的，没有思想也就没有表达，若果真对思想作出全盘过滤，皮之不存，毛将焉附？！即便适用"抽象—过滤—比较"测试法，也不可能真正实现对"思想"的全盘过滤。

考虑到二分法的弊端，有学者提出了版权"厚度"（thickness）这一概念，从而使对版权保护范围的衡量具有连续性。❷ 此时，落入场景原则、合并原则的元素在实质性相似侵权判定中不再被直接抛弃，而是被赋予了一定程度（通常较低）的权重。这种不事先过滤，而在比较阶段纳入原先在过滤阶段予以考虑的因素的做法，有助于实现更精细化的侵权判定，值得借鉴。

---

❶ W JR SHIVER M. Objective Limitations or, How the Vigorous Application of Strong Form Idea/Expression Dichotomy Theory in Copyright Preliminary Injunction Hearings Might Just Save the First Amendment [J]. UCLA entertainment law review, 2002, 9（2）: 361–388.

❷ BALGANESH S. The Normativity of Copying in Copyright Law [J]. Duke law journal, 2012, 62（2）: 226.

5.4.2　比较：基于三维创作空间的二向度考察

　　对作品相似点的比较，因是否能够实现直接提取而有所不同。直接提取对应的是对作品全部或其部分的原样复制，通常较难独立创作完成，间接提取则不然，本部分的分析主要针对间接提取。笔者认为，对作品相似点的比较不能脱离创作情境，而应从其出发，分析权利作品与被控侵权作品各自所对应的创作空间大小，并据此对相似点展开评判，最终确定是否存在排除独立创作的可能性。基于创作空间的考察并非笔者创造，事实上，日本学者中山信弘、上野达弘等已经提出"表达空间"理论，主张从作品类别、社会习惯、是否适合被私人垄断等角度来看特定作品是否存在较大创作空间；据学者考察，这一理论已成为日本司法实践中的通说。❶ 在我国作品登记实践中，将作品说明书纳入登记申请材料的做法，亦体现出对创作空间的重视；该说明书须从创作目的、创作过程、作品独创性三方面撰写，其潜在的逻辑即在于对于独创性的考察应基于创作目的、创作过程及其所对应的创作空间大小来具体展开。

　　鉴于"创作空间"和"相似点评判"均为高度抽象的概念，当人们借助抽象概念尚不足以清晰把握某种生活现象或意义脉络时，通常会求助于"类型"这一思维方式；❷ 笔者将接受这一指引，从类型化的思维方式出发，对创作实践和司法实践进行提炼，从不同

---

❶　谢晴川. 论独创性判断标准"空洞化"问题的破解——以科技类图形作品为切入点 [J]. 学术论坛，2019（5）：55.

❷　卡尔·拉伦茨. 法学方法论（全本·第六版）[J]. 黄家镇，译. 北京：商务印书馆，2020：577.

维度展开对创作空间的界定，从不同向度对相似点进行评判，实现"排除独立创作可能性"的场景化分析。

在文本的生成过程中，主体、动力机制与语言机制是三个关键因素，主体指的是实现文本的人，动力机制是触发主体实现文本的动力，语言机制是实现文本的具体方式。❶ 受此启发，笔者认为创作空间的界定可从主体的创作需求与意愿出发，寻找其中与主体、动力机制、语言机制相对应的元素，并据此提炼出三个具体维度：创作目的，创作要求、条件与具体场景，表现形式。

第一个维度是创作目的，其界定了作品创作空间的最大范围。人类创作活动具有合目的性的痕迹❷，在认知心理学看来，创作服务于解决问题的需求，这一基本论断并不因问题与解决方案不甚清晰而有所改变。❸ 从本质上说，版权视阈中的"创作目的"指的是创作者所欲传递的思想、所欲表达的情感，是作品中最基础的创意构思。如果把创作的过程类比于生命诞生和成长的过程，创作目的就是种子，通过不断分形，最终形成一部使思想内涵和艺术得到完全呈现的成熟作品。❹

以创作目的作为创作空间的研究起点，符合版权法的内在逻

---

❶ 程苏东."天籁"与"作者"：两种文本生成观念的形成 [J]. 中国社会科学，2021（9）：48.

❷ 克莱夫·贝尔. 艺术 [J]. 马钟元，周金环，译. 北京：中国文联出版社，2015：11.

❸ RACHUM-TWAIG O. Copyright Law and Derivative Works: Regulating Creativity [M]. New York: Taylor & Francis Group, 2019: 29-30.

❹ 杨健. 创作法：电影剧本的创作理论与方法 [M]. 北京：作家出版社，2012：17.

辑。这是因为虽然思想、情感本身不受版权保护，但表达指向一定的思想，却是其获得版权保护的前提，正所谓"一部作品的保护适用于思想的表达"❶，"一切虽有美感的、可供欣赏的形式，但只要非人的思想的表达形式（即非创作的造型），如自然的造型，也不会受到版权的保护"❷。一部作品受保护的前提是必须来自一个人的思想，然后离开思想的范围并成为现实。❸

在"抽象—过滤—比较"测试法所揭示的不同层级中，创作目的是最高层级的思想，其他等级中的思想或紧密或松散地服务于创作目的，受其统领。不同创作目的对应着不同大小的创作空间。一部弘扬爱国主义精神的电影可以从历史与现实中的不同场景中取材，选择塑造一个或多个人物形象，赋予其不同的人物关系和故事线，从不同的拍摄角度中进行取舍，这对应着广阔的创作空间；以记录当下美好风景为目的的视频录像仅能在景色与拍摄角度、亮度、远近度等方面进行选择，创作空间较为狭窄。同理，以"抗日"为主题绘图，围绕"抗日"中的"重庆大轰炸"事件展开作图❹，将"抗

---

❶ 联合国教科文组织. 版权法导论［M］. 张雨泽，译. 北京：知识产权出版社，2009：15，17. 原文如下："the protection of a given work applies to the expression of ideas that are contained therein"。

❷ 郑成思. 版权法（修订本）［M］. 北京：中国人民大学出版社，1997：43.

❸ 西尔克·冯·莱温斯基. 国际版权法律与政策［J］. 万勇，译. 北京：知识产权出版社，2017：111.

❹ 相关案例参见高某华等诉重庆陈可之文化艺术传播有限公司著作权纠纷二审民事判决书，重庆市高级人民法院（2006）渝高法民终字第 129 号。

日"这两个字以美学的方式呈现❶，这三者亦对应着不同的创作空间。此外，还存在创作目的与实用目的相互交织的情形，尤以实用艺术作品、为展示等用途制作的模型作品、专利说明书的附图等为典型；更有甚者，若创作目的完全为实用目的所覆盖，"创作"行为亦无从附着。对创作目的进行考察，能够对作品可能的创作空间形成初步的整体感知。

　　第二个维度是创作要求、条件与具体场景，其影响着作品在特定创作空间中可能的实现方式。无论最终呈现的作品在多大程度上具有原创性，从过程来看，作品创作总有一定的"受限性"❷，或体现为第三方对创作内容、方式提出的具体要求，或表现为制约创作行为的客观条件。在委托第三方创作广告语时，委托方通常会要求对方将其提供的产品或服务融入其广告语中，这种要求无疑会压缩可能的创作空间。我国有案例认为根据地铁公司征集口号的要求，"地道服务"这种表达方式很容易被想到，独创性较低，进而对原告提出的侵权请求未予认可。❸无独有偶，在北京微播视界科技有限公司诉百度在线网络技术（北京）有限公司等侵害类电作品信息网络传播权纠纷案中，法院在认定抖音平台用户使用给定的素材制作的"我想对你说"纪念短视频具有独创性的

　　❶　汉字的创作空间受到固有笔画、结构等的限制，相关案例参见北京汉仪科印信息技术有限公司诉青蛙王子（中国）日化有限公司等侵害著作权纠纷二审民事判决书，江苏省高级人民法院（2012）苏知民终字第161号。

　　❷　初萌. 实质性相似判定中的创作空间考察［J］. 中国版权，2020（5）：61.

　　❸　参见张某伟与深圳市地铁有限公司著作权侵权纠纷二审民事判决书，广东省高级人民法院（2006）粤高法民三终字第44号。

同时，也在裁判中明确提及了"给定素材"这一事实对创作空间所施加的限制。❶

与第三方施加的明确要求有所不同，创作中所受条件、场景限制具有一定的客观属性，不以人的意志为转移。创作可以源于一闪而过的灵感，亦可展开天马行空的想象，但作品必须以一定的方式呈现，受制于特定创作场景中具体的技术条件。此处，笔者不欲强调技术对创作的赋权——虽然这已在摄影技术带来新的创作方式、电影技术赋予瞬时的摄影以时间延展性等具体事例中展现得淋漓尽致，而是要强调技术架构对创作活动的制约，它使"我们大家都变成受某种技术逻辑影响的工具"。❷ 在美国联邦第九巡回上诉法院1988 年判决的一个涉及游戏作品侵权的案例中，法院指出原被告双方均为游戏中的对战方选择了白色和红色两种颜色的衣服，主要是考虑到当时硬件显示色彩的能力有限 ❸，这便是技术制约创作空间的典型体现。随着技术日益广泛运用于创作实践，创作活动的"受限性"亦愈发凸显。正如当选择特定的音频编辑软件制作录音制品时，一个编写好的代码便"直接或者间接地通过其他代码指引所有音乐元素的形成与构建"❹，进而限定了创作空间的可能范围；当动画软件中内置了特定动画效果时，用户所贡献的独创性一般仅能体

❶ 参见北京互联网法院（2018）京 0491 民初 1 号民事判决书。

❷ 吴国盛.技术哲学讲演录［M］.北京：中国人民大学出版社，2016：17.

❸ Data E. USA, Inc. v. Epyx, Inc, 862 F. 2d 204, 209（9th Cir. 1988）.

❹ 阿诺·塞配涅姆.家庭录音室美学：追踪流行音乐制作的文化进程［C］.季德方，译.//埃尔基·佩基莱，戴维诺·伊迈耶.音乐·媒介·符号——音乐符号学文集.陆正兰，等译.成都：四川出版集团、四川教育出版社，2012：167.

现为对已有动画的选择和编排；同理，随着人工智能技术发展，辅助创作工具不断更新，最终成型的作品也会多多少少依赖于这些辅助创作工具的贡献。诚然，上述条件与场景并非不可突破，而突破程度的高低亦在一定程度上对应着独创性之高低。但不可否认的是，技术对创作的制约，是创作空间考察中不可忽视的要素。

　　制约创作的客观条件不仅包括技术条件，从广义上看，时代背景、风俗习惯、司空见惯的做法等无不对创作过程产生制约。艺术品所属时代的精神和风俗概况，是艺术品的最后解释，也是决定一切的基本原因。只要翻一下艺术史上各个重要的时代，就可看到某种艺术是和某些时代和风俗情况同时出现、同时消灭的 ❶，创作不能脱离大的时代背景。伽达默尔所言极是，"自由创造始终只是某种受以前给出的价值判断所制约的交往关系的一个方面。尽管作者本人还是如此强地想象他是在进行自由创造，但他并不是自由地创造他的作品"。❷ 对于时代背景对创作空间的制约，作者也有深刻认识。例如，关于《妻子变狐记》对卡夫卡的《变形记》的模仿，卡夫卡本人就作出了"原因在于我们的时代"的客观评判，因为"每个人都生活在自己背负的铁栅栏后面"，而在那个时代"比起人，动物离我们更近"，"与动物攀亲比与人攀亲

　　❶ 伊波利特·阿道尔夫·丹纳. 艺术哲学［M］. 傅雷，译. 南京：江苏凤凰文艺出版社，2018：6.
　　❷ 洪汉鼎. 伽达默尔著作集第 1 卷 诠释学 I：真理与方法——哲学诠释学的基本特征［M］. 洪汉鼎，译. 北京：商务印书馆，2021：201.

更容易"。❶有学者指出存在一种"天籁说"的文本生成观念，即作品是人类自然情感的流露，生成者以非理性的自然状态参与文本的生成，进而形成一种作为自然物的文本；❷这一观点几乎完全消解了作者的主体性，未免极端，却也最为深刻地揭示了创作过程中真实存在的约束。

创作还受到法则的制约，第四章提及的"画兰诀"即是如此。由于创作法则的存在，越是受到专业训练者，在创作中所受的禁锢也往往会越多。更有甚者，若作者的创作并未掌握特定艺术种类的要求，或是"由于主观任意，不肯符合规律，只听任个人的癖好"，会被视为一种"坏的作风"，这也会进一步指引作者严格尊重创作规律。❸

第三个维度是表现形式，其影响着创作者对创作空间的挖掘程度。语言是文化的承载者，任何一种艺术都是一种广义上的语言❹，文学、艺术、科学领域内具有独创性并能以一定形式表现的智力成果概莫能外。不同语言表达形式对应着不同的创作空间，对此，史雷鸣、贾平凹、韩鲁华建立的S+T+N=L的分析公式具有一定的启发意义。其中，L表示语言的总体维度；S指代语言的空间维度（$1 \leqslant S \leqslant 3$）；T意指语言的时间维度（数值为0或者1）；N

---

❶ 卡夫卡.卡夫卡口述［M］.赵登荣，译.上海：上海三联书店，2009：13.

❷ 程苏东."天籁"与"作者"：两种文本生成观念的形成［J］.中国社会科学，2021（9）：47-70.

❸ 黑格尔.美学（第一卷）［M］.朱光潜，译.北京：商务印书馆，1995：373.

❹ 史雷鸣，贾平凹，韩鲁华.作为语言的建筑［M］.西安：陕西师范大学出版总社，2015：2.

指的是特定表达形式所包含的感官维度，感官维度共包括视觉、听觉、触觉、味觉、嗅觉五种感官外加文字语言公共符号，因而满足 $1 \leqslant N \leqslant 6$。❶ 将这一公式代入不同类型的作品，可以计算出其各自对应的总体维度，具体如表 5.1 所示。

表 5.1　不同类型作品的总体维度

作品类型	空间维度（S 值）	时间维度（T 值）	感官维度（N 值）	总体维度（L 值）
文字作品	1	1	1 文字语言	3
口述作品	1	1	1 文字语言	3
音乐、曲艺作品	1	1	1 听觉（2 文字语言）	3/4
戏剧作品	3	1	1 听觉 2 视觉（3 文字语言）	6/7
舞蹈、杂技艺术作品	3	1	1 视觉	5
美术作品	2	0	1 视觉	3
建筑作品	3	0	1 视觉 2 触觉	5
摄影作品	2	0	1 视觉	3
视听作品	2	1	1 视觉（2 听觉）（3 文字语言）	4/5/6
图形作品	2	0	1 视觉	3
模型作品	3	0	1 视觉 2 触觉	5
计算机软件	1	1	1 视觉（2 听觉）（3 文字语言）	3/4/5

诚然，上述表格仅能为确定不同类型作品创作空间大小提供一

---

❶ 史雷鸣，贾平凹，韩鲁华 . 作为语言的建筑 [M]. 西安：陕西师范大学出版总社，2015：27.

定的指引，在总体维度相同的不同类型作品之间，也存在着表达空间的差异。例如，绘画和摄影相比，前者的创作成分显然更多。❶可见，更为精细的分析还需结合具体的作品方能展开。但这并不妨碍从中得出一些基本结论。

一方面，以视觉形式呈现的作品通常比文字作品具有更大的创作空间。视觉意象是一种直觉的、多维度的共识性意向，文字是一种抽象的、线性的历时性逻辑。虽然文字也可承载空间的排列顺序，但一维的空间序列仅是时间序列的载体和线索，时间的单一维度和单向性使得文字语言的阅读是连续和不可并置并发的 ❷，因此，视觉意象的 S 值为 2 或者 3，文字的 S 值为 1。从创作实践的角度，也可以得出视觉艺术作品比文字作品蕴含更多创作空间的结论。有学者指出，美术作品不需要太长的篇幅来明晰创作空间，在创作方面具有更多的回旋余地。❸此外，由于文字语言在细节层面具有较大的模糊性，由此形成了多样表达的可能和丰富的想象空间，而留下足够的想象空间也恰恰是文字语言往往未被充分阐释的一个印证，从这个角度来看，文字表述的视觉具象化恰是对创作空间的进一步挖掘。在司法实践中，美术化的人物形象享有版权并无争议，

---

❶ 杨敏锋. 论作品独创性的数学计算模型 [J]. 知识产权，2018（8）：39.

❷ 史雷鸣，贾平凹，韩鲁华. 作为语言的建筑 [M]. 西安：陕西师范大学出版总社，2015：64.

❸ 郑璇玉，豪日娃. 再论字体作为美术作品的侵权判定 [J]. 版权理论与实务，2021（9）：41.

但以文字表述呈现的人物形象往往很难受版权保护❶，其反映的即是创作空间挖掘程度的深浅对独创性判定的影响。

另一方面，欣赏一种类型的作品时，动用的感官越多，其创作空间往往越大。相较而言，视听作品和戏剧作品往往具有较大的创作空间。这一结论也符合生活经验。有学者曾指出，作为一种不同类型符号的组合体，电影式的体验呈现出文字与影像之外的"第三种感觉"，

---

❶ 关于人物形象的可版权性，美国司法实践中曾经发展出三项标准。第一项为"充分描绘"标准，其源自后续法院对汉德法官所提出的"抽象测试法"的进一步发展。第二项为"被讲述的故事"标准，源自美国联邦第九巡回上诉法院对 Warner Bros. Pictures 案所作判决，受此标准保护的形象包括詹姆斯·邦德等。Warner Bros. Pictures, Inc. v. CBS, Inc., 216 F. 2d 945, 950（9th Cir. 1954）; MGM, Inc. v. Am. Honda Motor Co., 900 F. Supp. 1287, 1296（C.D.Cal. 1995）. 第三项为"三步检验标准"，由美国联邦第九巡回上诉法院在 DC Comics 案中提出。根据该标准，人物形象受版权保护需要满足三项条件：具有物理属性或者概念上的特征、已获得充分描述并形成稳定可识别的特征、具有很高的显著性且包含一些独特表达的元素。DC Comics v. Towle, 802 F. 3d 1012, 1021（9th Cir. 2015）. 上述任一标准都比一般美术作品的保护标准更高。在 Walt Disney Prods 案中，法院亦明确指出，相较于以文字形式表述的人物形象，漫画书中的人物形象更可能具有独特的表达。Walt Disney Prods v. Air Pirates, 581 F. 2d 751, 755（9th Cir. 1978）. 在 Gaiman v. McFarlane 案中，波斯纳（Posner）法官则从视觉形象能够给读者留下清晰印象，而文学形象需由读者自行依靠想象力补充的角度，阐释了两者所获版权保护的差异。Gaiman v. McFarlane, 360 F.3d 644（7th Cir. 2004）. 我国学者中，王迁认为单纯的对角色的标识性使用若未带入作品情节，则不构成版权侵权。王迁. 同人作品著作权侵权问题初探［J］. 中国版权，2017（3）: 11-12. 这一观点在司法实践中广受认可。例如，在《人民的名义》著作权侵权案中，二审法院指出，人物与情节、环境相互交融，不可分割；人物设置构成实质性相似之所以会导致阅读体验中的雷同感，是由于与人物有关的特定故事情节和环境描写段落中的人物经历、人物矛盾、人物对故事情节发展的作用等具体内容所刻画、塑造、呈现出的具有独创性的人物设置表达构成了相似。参见李某与周某等著作权权属、侵权纠纷二审民事判决书，北京知识产权法院（2019）京 73 民终 225 号。

展现了它所有的表达潜力。❶ 戏剧则与电影具有大致相同的组织方法，遵循类似的美学法则，两者均为综合性艺术，具有一定的共通性。

在对创作空间进行三维度考察的基础之上，需要进一步从相似点的特性和来源两个向度比较权利作品与被控侵权作品的相似部分，综合判断是否存在独立创作的可能性。

第一个向度是相似点的特性，其指涉相似点的独特性和紧密度。根据克莱夫·贝尔在《艺术》一书中的观点，艺术创作存在两种主要的方式和形态，第一种致力于对自然物体的外部形态进行模仿，第二种经过特定的抽象创造出远离事物自然形态的几何形态，前者对应着自然主义倾向，后者对应着形式主义倾向。❷ 与前者相比，后者显然更具独特性。这对文学、科学作品的创作同样适用。独特性意味着个性。爱德华·扬格在《试论独创性作品》中指出一部独创性作品"是个百分之百的陌生人"❸，正是上述观点的反映。不过，在实质性相似的考察中，独特性并非要求相似部分绝对独特，正如元素是否落入"场景原则"需要结合具体场景来确定，"独特"也是一个具有相对性的概念，需要在创作情境中，结合创作目的、要求和条件，以及创作者对创作构思的阐述来具体把握，这也进一步揭示

---

❶ 罗莎·斯特拉·卡索蒂.《海上钢琴师》：叙述，音乐和电影［C］.胡西波，译. // 埃尔基·佩基莱，戴维诺·伊迈耶.音乐·媒介·符号——音乐符号学文集.陆正兰，等译.成都：四川出版集团、四川教育出版社，2012：36.

❷ 克莱夫·贝尔.艺术［M］.马钟元，周金环，译.北京：中国文联出版社，2015：2-3.

❸ 爱德华·扬格.试论独创性作品［M］.袁可嘉，译.北京：人民文学出版社，1963：6.

了创作空间考察的意义。通常来说，作品相似部分越是概括性的表述，对应的创作空间挖掘程度越浅，独特性也越低；作品相似部分越是具体，对应的创作空间挖掘程度越深，独特性也越高。❶

　　关于相似点特性的考察中，相似点的紧密度是重要的维度，其关乎相似点之间的逻辑关联。两部作品中存在多处相似表述可能纯属巧合，但若这些表述密集出现，构成巧合的可能性则会大大降低。作品层层抽象所形成的树状图，能够直观展现相似点的紧密度。以图 5.2 为例，以灰度填充的方式表明两部作品相似之处，上图中的相似之处是受同一"具体思想"统领的，下图中的相似之处分散在不同的"具体思想"之中，可以明显看出位于上侧树状图所对应的紧密度高于位于下侧的树状图。其背后的逻辑在于，当相似表达共同统领于同一思想之下时，该思想越具体，则被控侵权作品与权利作品相似之处越处于对创作空间挖掘较深之处，独立创作完成的可能性越小。

　　关于相似点的紧密度，国内外司法实践均已有相关案例进行了考察。例如，英国法院在一个案例中指出应从质量角度对相似部分的"实质性"进行评判，若相似部分是作品的一个特征或从中抽象出的一系列特征的组合，而不仅是一些分散的组成部分，则更可能构成实质性相似。❷ 在高某娥与梁某声著作权侵权纠纷中，我国法院也明确指出两部作品相似内容高度分散、不具有逻辑上的连续性或关联性，

---

❶ 初萌 . 实质性相似判定中的创作空间考察［J］. 中国版权，2020（5）：60.

❷ Navitaire Inc v. EasyJet Airline Co Ltd.,［2004］EWHC 1725（Ch）.

并以之作为认定两部作品不构成实质性相似的重要理由之一。❶类似的案例还包括倪某礼与江某等著作权权属、侵权纠纷案，法院指出两部作品相似之处"在权利作品和被控侵权作品中所占的比例极低且较为分散没有形成连贯的故事推进关系，结合人物特征、人物设置和其他情节"，不足以构成实质性相似。❷相反，若作品中原封不动地照抄几句作者的原创表达，就足够迈进侵权门槛。❸可见，字面侵权的认定较为容易，也正是相同元素的紧密结合对侵权判定影响的体现。

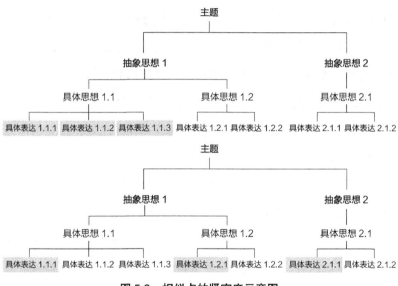

图 5.2　相似点的紧密度示意图

---

❶　参见北京知识产权法院（2017）京 73 民终 1943 号民事判决书，该判决被北京市高级人民法院（2018）京民申 2625 号民事裁定书维持。

❷　参见北京市朝阳区人民法院（2015）朝民（知）初字第 21466 号判决书，该判决被北京知识产权法院（2016）京 73 民终 362 号民事判决书维持。

❸　杨敏锋 . 论作品独创性的数学计算模型 [J]. 知识产权，2018（8）：38.

从紧密度角度考察作品的相似点，有助于打击借助"洗稿神器"的侵权行为。以涉诉的"后羿采集器"为例，其主要通过同义词替换、语序转换等方式对文章进行洗稿操作，洗稿后的文章与原文主题、观点、逻辑、结构等均高度一致，并未改变原文的基本表达。法院认定其本质上仍属抄袭，并判决通过该采集器提供伪原创服务构成不正当竞争。❶ 通过考察紧密度，很容易得出与法院一致的结论。这是因为，若仅考虑相似点的独特性，很容易因被控侵权人已对单独要素做替换而认定侵权不成立；但若考虑相似点出现的次数及逻辑联结，则能够发掘蕴含在元素之组合中的独创性，进而得出侵权成立的正确结论。

第二个向度是相似点的来源。权利作品与被控侵权作品中的相似部分，有三种可能的来源：一是权利人，二是权利人以外的第三方，三是公有领域。其中，第三方与公有领域均属权利人无法主张权利的领域，除非其相似点的结合能够体现权利人的独创性贡献，否则应在侵权比对中予以排除。需要注意的是，相似点的来源并非以作品最终的呈现形式判断，正如影视剧中使用的音乐作品往往来自第三方，游戏中的单幅美术作品与游戏作品可能具有不同的版权归属。实践中，存在侵权作品既与权利作品相似，亦与公有领域或者他人创作的作品相似的情形，此时应当充分考虑公有领域或他人创作的作品对被告作品创作的启迪意义，适当从严把握侵权成立标准。在著名的"黑棍小人"版权侵权案中，北京市高级人民法院就以两部作品相同部分已落

---

❶ "洗稿神器"被判构成不正当竞争，赔！[EB/OL].（2020-12-31）[2022-09-10].https://mp.weixin.qq.com/s/NhjB3QnM5k-TP1L1eGOWdw.

入公有领域而其差异部分恰恰体现各自创作者的独立创作为由，推翻了一审的侵权成立判决❶，贯彻了上述理念。在毕某与范某等著作权纠纷案中，云南省高级人民法院更是明确指出，即便两部作品中存在民族风情、习惯等相似元素，也难以认定剽窃，因为生活在同一地域的各民族相互砥砺、相互融合，可能形成生活习惯相互影响的局面❷，字里行间流露出对具体创作场景的重视。

在相似点来源判断中，常常被忽略的是原被告之间的关系。版权产业的发展促成了作品商业化运作主体与创作主体的分离，权利作品与被控侵权作品由同一主体创作的情形并不罕见。以《鬼吹灯》为例，作者天下霸唱已将其创作完成的《鬼吹灯》系列作品的版权及相关衍生权利转让给玄霆公司，但基于创作自由考量，其仍旧能够在该系列中自行创作新的作品并享有全部权利。❸ 由于个人创作风格的

---

❶ 参见耐克公司等诉朱某强等公司因侵犯著作权纠纷二审民事判决书，北京市高级人民法院（2005）高民终字第 538 号。

❷ 参见云南省高级人民法院（2006）云高民三终字第 39 号民事判决书。

❸ 诚然，作品权利的受让方为全面保障自身权益、尽可能减少在市场中面临的竞争，有时会在合约中明确要求作者不得以真实姓名、笔名或者其他姓名、名称等任何名义，将其在协议期间内创作的包括协议作品在内的各类作品交于或许可第三方发表、使用或开发，或者为第三方创作各类作品。参见上海玄霆娱乐信息科技有限公司诉王某、北京幻想纵横网络技术有限公司著作权合同纠纷二审民事判决书，上海市第一中级人民法院（2011）沪一中民五（知）终字第 136 号。有些协议甚至要求作者在协议履行完毕后，依旧需要履行这一义务。参见东阳向上影业有限公司、北京向上飞啦动漫传媒有限公司等与上海玄霆娱乐信息科技有限公司徐州分公司不正当竞争纠纷二审民事判决书，江苏省高级人民法院（2018）苏民终 377 号。笔者认为，此类条款的效力有待商榷。大陆法系国家多禁止受让人以"无限期许可"方式设定合同条款，并禁止转让未来作品，这样的规定有助于保护作者的创作自由，也有利于避免作品传播市场的过度集中、阻碍新商业模式和新作品的产生，因而值得借鉴。熊琦 . 著作权合同实质公平规则形塑［J］. 法学，2020（6）：56–59.

延续性，前后作品之间相似在所难免。根据《辞海》的界定，"风格"指的是作家、艺术家的创作个性在文学作品的有机整体和言语结构中所显示出来的艺术独创性，其主观方面指的是作家的创作个性和艺术追求，客观方面指的是时代、民族乃至文体对创作的规定性。❶ 从版权法角度对上述界定进行解读可以发现，主观方面强调创作者个人风格，指向"独特性"；客观方面强调时代背景、创作规律等对创作活动的引导，指向"受限性"。可见，风格中也蕴含着具有独创性因而受版权保护的部分。关于"风格"，法国作家布封的分析颇具代表性，其认为风格即是本人，是除却能够脱离作品而转到别人手里的知识、事实与发现之后，作品中剩下的、经更巧妙的手笔描绘的组成部分，其无法脱离作品，不能转借也不能变换。❷ 由于存在风格与人格的联结，同一作者创作的在后作品与在先作品之间存在行文谋篇、遣词造句、人物形象等方面的相似未必是抄袭的结果，而有很大可能源于巧合。我国已有学者指出，作者利用自己作品中的人物延续创作，是一种非常自然、常见的创作习惯，应在实质性相似判定中对这一事实予以重视；❸ 亦有法院在判决中指出，作者的创作过程虽然私人化，但最终呈现的作品基本都存在类型、创作习惯、文笔语言上的趋同，这与其生活阅历、写作习惯、爱好天赋等息息相关。❹ 对于此类情形，适

---

❶ 夏征农，陈至立 . 辞海：第六版彩图本［M］. 上海：上海辞书出版社，2009：615.

❷ 布封 . 论风格［J］. 译文，1959：45.

❸ 李琛 . 版权闲话之五：鼓励创作的双重意义［J］. 中国版权，2018（6）：32.

❹ 参见上海阅文信息技术有限公司与常某欣著作权许可使用合同纠纷一审民事判决书，上海市浦东新区人民法院（2017）沪 0115 民初 90500 号。该判决被上海知识产权法院（2019）沪 73 民终 138 号民事判决书维持。

度收紧排除独立创作可能性的标准以体现对创作自由利益的充分尊重，是合适的做法。由于创作者无须承担规避在先作品的义务❶，这一灵活处理方式亦不与版权保护的基本理念相违背。

至此，对于三维创作空间的二向度考察结束。下一步，是结合上述考察的结果，以相似度作为出发点，对被控侵权人是否存在独立创作的可能性作出综合评判，完整的比较流程如图 5.3 所示。

需要指出的是，在综合评判中，对于同时存在于权利作品与被控侵权作品中的明显错误，以及权利作品中诸如署名等部分，需要做特殊处理——将前者转换为正确内容、将后者予以排除，以确保将比对范围局限于可能受版权法保护的内容，以防扩张版权保护范围、压缩自由创作空间。

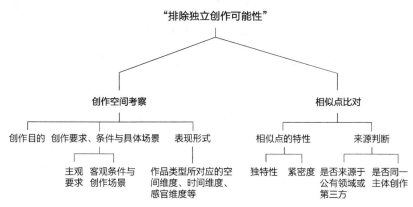

图 5.3 "排除独立创作可能性"判断中"比较"阶段的考察

❶ 丁文杰. 接触要件的基本内涵及认定规则 [J]. 知识产权，2019（3）：27. 初萌. 实质性相似判定中的创作空间考察 [J]. 中国版权，2020（5）：62.

5.5　市场替代分析

对于大多数版权侵权纠纷而言，若被控侵权作品不存在独立创作的可能性，亦不存在合理使用等侵权阻却事由，侵权即可成立。这是因为，权利作品中具有独创性的部分通常也是其中最有价值、最能吸引消费者的部分，被控侵权人对该作品的抄袭，必然会将其既有的美学吸引力带入新的作品，从而与原作品的市场构成竞争。当排除独立创作可能性被证成时，一般情况下即可推定被控侵权作品对权利作品存在市场替代效应。不过，这一推定并不适用于所有场合，存在这样的情况：被控侵权作品虽然使用了权利作品的独创性部分，却呈现出截然不同的美学吸引力。美学吸引力的差异意味着权利作品与被控侵权作品面向不同的消费群体，市场替代效应难以存在❶，更不应被推定。除侵权界定之外，市场替代分析还有另一重要作用：区分作品中的主要元素和次要元素，从而为侵权损害赔偿额的确定提供指引。

5.5.1　市场替代的核心：美学吸引力的替代

在普通观察者测试法与内外部测试法的运用中，两部作品的美学吸引力是否相近，是不当利用阶段的考察重点。美学吸引力关乎审美体验。

从本质上说，一部作品是表情达意的符号；符号如不能发挥

---

❶ 劳勃·萧尔.原创的真相：艺术里的剽窃、抄袭与挪用［M］.刘泗翰，译.台北：阿桥社文化，2019：76.

表情达意的精神功能，其在严格意义上不能被认定为作品。❶ 根据符号学的观点，符号所可能实现的功能无外乎六种：一是指代功能，即确定符号与其所指对象之间的客观关系，这种功能是认识的和客观的，是一切传播的基础。二是情感功能，即确定信息与发送者之间的关系，表达发送者对信息的态度，这种功能是情感的和主观的。三是指令功能或表意功能，旨在确定信息和接收者之间的关系，获得接收者的反应，而具体的指令既可以指向接收者的才智，也可以指向其感性。四是诗歌功能或美学功能，这一功能确定信息与其自身之间的关系，此时信息并不是传播的工具，而变成了对象。五是交流功能，主要目的在于肯定、维持或停止传播，其具体表现包括通过言语等方式检验传播是否通畅、吸引交谈者的注意力、确信传播没有松懈等。六是元语言功能，旨在指出接受者所不理解的符号的意义，从而为符号理出编码。❷ 进一步提炼，可将符号的功能分为实用功能与美学功能，前者注重信息传递，后者则关注从符号中获得的情感体验。❸

文学、艺术、科学领域的作品"既作为对象而又超出为其奠定基础的直接符号的范围，使其成了自己意志作用的承载者"❹，是情感体验的载体，对应着上述六种功能中的美学功能和情感功能。

---

❶ 王坤.论著作权保护的范围［J］.知识产权，2013（8）：21.

❷ 皮埃尔·吉罗.符号学概论［M］.怀宇，译.成都：四川人民出版社，1988：2-6.

❸ 张宪荣.设计符号学［M］.北京：化学工业出版社，2004：66-70.

❹ 同❷5.

对此，关于美学的理论亦提供了证明。艺术作品是诉之于感性掌握的❶，"唤醒各种本来睡着的情绪、愿望和情欲，使它们再活跃起来"❷是艺术作品的主要目的之一，而艺术作品的意蕴亦存于内在的生气、情感、灵魂、风骨和精神之中❸，这便是作品对消费者的美学吸引力。

　　版权法所关注的市场替代，是美学吸引力层面的市场替代。对美学吸引力的强调，有助于将版权法保护的客体与发明、商业标识等进行区分。实用性是技术方案受发明专利保护的前提，商标权保护的则是符号所承载的商誉的积累，两者均为主体提供信息指导；版权保护的则是以文字、线条、色彩、图案、声音等形式所呈现的语言表达之美，其使得主体获得审美享受。❹从美学理论出发，可以认为发明专利权、商标权所保护的客体满足于人类"占有和利用的欲念"，服务于人的需要；而受版权保护的作品对人的满足则"没有对欲念功能"，而是"因为它本身"可以引起的快感而重要。❺美学吸引力之于版权赋予的重要性，尤其体现在实用艺术作品保护

---

❶ 黑格尔．美学（第一卷）[M]．朱光潜，译．北京：商务印书馆，1995：44.

❷ 同❶57.

❸ 同❶25.

❹ 毛坤．知识产权对象、客体的区分及其在民法学上的意义[J]．法治研究，2020（1）：68.

❺ 同❶72-73.

的"观念上的分离"原则中。❶ 这一观点也已获得我国最高司法机关认可。2021 年 7 月 15 日，最高人民法院发布的第 157 号指导案例左尚明舍家居用品（上海）有限公司诉北京中融恒盛木业有限公司、南京梦阳家具销售中心侵害著作权纠纷案即采纳了"观念上的分离"标准，法院认为涉案家具的艺术美感主要体现在板材花色纹路、金属配件搭配、中式对称等设计上，改动上述造型设计并不会对其家具放置、陈列衣物的实用功能产生影响，并据此认定"唐韵衣帽间家具"的实用功能与艺术美感能够进行分离并独立存在。❷ 关于商标标识权与版权功能差异的司法观点，亦体现出对作品美学吸引力的强调。以"鬼吹灯"知名商品特有名称权益纠纷案为例，法院在该案中明确了版权与知名商品特有名称权益产生的差异性——前者着眼于作品构思的巧妙、情节的曲折、语言的优美，后者所保护的可识别性则是长期经营活动的产物。❸

如上文所述，美学吸引力的考察应以作品整体比对为主，兼顾

---

❶ 根据美国版权法的规定，实用艺术作品获得保护的前提是，该设计中融入了绘画、图形或者雕塑特征，且这些特征能够与物品的实用功能相区分，也能够独立于其实用功能而存在。17 U.S.C. §101. 无论是物理上的分离，还是观念上的分离，均可满足上述条件。其中，物理上的分离指的实用艺术作品中的美学部分与功能部分能够完全分开，美学部分并不承担功能；观念上的分离指的是虽然美学部分也承载功能，但如果能够从中想象、识别出绘画、图形或雕塑作品，则该实用艺术作品可以获得版权保护。Star Athletica, L.L.C. v. Varsity Brands, Inc., 137 S. Ct. 1002（2017）.

❷ 参见最高人民法院关于发布第 28 批指导性案例的通知（法〔2021〕182 号）。

❸ 参见上海玄霆娱乐信息科技有限公司徐州分公司诉北京爱奇艺科技有限公司等不正当竞争纠纷案一审民事判决书，江苏省徐州市中级人民法院（2017）苏 03 民初 27 号。

部分比对，并考虑消费者的多元需求及行业通行的授权实践。而对于作品独创性部分的使用，若要脱离其原有的美学吸引力，就需要对作品内容进行修改、删减、增补或将其置于新的场景之中，从而赋予其截然不同的内容与意义。关于美学吸引力的判断，"转换性使用"的概念及其判定具有启示意义。

　　"转换性使用"是源于美国版权司法实践的一个概念，由勒瓦尔（Leval）法官提出，其功能在于为"四要素"中"使用的目的和性质"要件的适用确立标准，考察使用行为是否产生新作品、新作品对原作品的使用是否具有新的方式或目的及其程度，从而为合理使用的判断提供指引。❶ 在著名的 Campbell 案判决中，美国联邦最高法院进一步指出"转换性"的核心在于并非仅构成对原作的替代，而是以不同目的或者方式使用原作品，在原作上增加新的表达、意义或者信息。❷ 通常认为，转换性使用包括内容转换和目的转换，前者为典型的转换性使用，主要是对作品内容的更改，包括以批注、评论或再创作的方式对原作品加以改动；后者则更具争议，指的是不改变原作品的表达，但将之用于不同的目的，通过缩略图来指示信息来源、提供索引是其典型样态。❸

　　作为"使用的目的和性质"要件中的核心考量因素，能否构成转换性使用，对合理使用判定结果影响重大。但若从版权侵权判

---

❶　N. LEVAL P. Toward a Fair Use Standard［J］. Harvard law review, 1990, 103（5）: 1111.

❷　Campbell v. Acuff-Rose Music, Inc., 510 U.S. 569, 579（1994）.

❸　熊琦. 著作权转换性使用的本土法释义［J］. 法学家, 2019（2）: 129.

定的体系化视角出发则可发现，虽然纯粹的目的转换因不改变作品本身而仅能纳入合理使用考量，学者对此亦无异议，但同样的结论却难以适用于内容转换。这是因为，涉及内容转换的情形主要包括三种：第一种是纯粹的内容转换，指的是创作与权利作品美学吸引力截然不同的新作品，但并无评论、讽刺原作等目的；第二种除满足第一种情形之外，还具有正当的使用目的，主要包括批判原作的滑稽模仿；第三种虽有一定程度的内容转换，但尚不足以形成与原作不同的美学吸引力，只是可能基于保障表达自由等政策目标而对行为进行豁免，对作品的引用大多属于此类。就市场替代效应而言，第一种、第二种情形具有相似性，由于美学吸引力截然不同，被控侵权作品与权利作品之间不存在市场替代；在第三种情形中，并不存在对作品美学吸引力的实质性改变，此时，对法院作出有利于被控侵权人的判决❶的合理解释，需要在一定程度上借助下文将要提及的"均衡分析"来完成。

在研究挪用艺术的著作《原创的真相》中，作者劳勃·萧尔从"闲置价值"切入了对"内容转换"的探讨。在他看来，一部作品中没有被用到的价值就是浪费掉的价值，"转换"既是挖掘艺术作品中闲置艺术价值的过程，也是通过修改其作品、创作出非竞争

---

❶ Brown v. Netflix, Inc., 462 F. Supp. 3d 453, 460-461（S.D.N.Y. 2020）. CHEN L, MEDDY J. Brown v. Netflix［EB/OL］.［2021-09-07］. https://www.loeb.com/en/insights/publications/2021/05/brown-v-netflix.

性的版本的过程 ❶，由此可见内容转换与市场替代之间的关联。事实上，美国司法实践中关于"内容转换"观点的演变，也逐渐呈现出向更为严格的市场替代判断标准靠拢的趋势。笔者试以其中最为典型的挪用艺术为例分析之。

2013 年判决的 Cariou v. Prince 案是关于转换性使用的典型案例，美国联邦第二巡回上诉法院在该案中认为，内容转换的判断不应基于被控侵权人对其作品的解读，而须考察人们会以何种方式欣赏该作品，进而确定其是否具有转换性。❷ 同年，美国联邦第九巡回上诉法院在 Seltzer v. Green Day 案中援引了该案例，并指出 Cariou v. Prince 案判决的核心在于因呈现出的截然不同的审美意义，认定将原告享有版权的照片作出改变并纳入一系列拼贴画中的行为构成转换性使用。❸ 不过，美国联邦第九巡回上诉法院却认为这一判决的含义不止于此，从中可以归纳出如下更具广泛适用性的裁判规则：只要被控侵权作品中存在显而易见的新的表达或者新的信息，即便其仅对原作品作出极少的改变且并未评论原作品，该作品亦具有转换性。❹ 这一宽泛的解释也得到了美国联邦第二巡回上诉法院的肯认，其在 TCA Television 案中明确指出"Cariou v. Prince 案是本法院对转换性使用认可的巅峰"。❺

---

❶ 劳勃·萧尔. 原创的真相：艺术里的剽窃、抄袭与挪用 [M]. 刘泗翰，译. 台北：阿桥社文化，2019: 138—141.

❷ Cariou v. Prince, 714 F.3d 694, 707（2013）.

❸ Seltzer v. Green Day, 725 F. 3d 1170, 1177（2013）.

❹ Seltzer v. Green Day, 725 F. 3d 1170, 1177（2013）.

❺ TCA Television Corp. v. McCollum, 839 F.3d 168, 181（2016）.

对"内容转换"的宽泛解释受到了诟病，其中重要原因在于，演绎权控制的行为也在原作基础上增加了新的表达和信息，对"内容转换"过于宽泛的界定存在架空演绎权的风险。[1]值得注意的是，近年来的司法实践呈现出"内容转换"认定范围收紧的趋势。Andy Warhol Foundation v. Goldsmith 案是一个重要的转折点，审理该案的美国纽约南区法院在判决中指出，虽然被控侵权作品与权利作品描绘的是同一人物，但其在受众心目中的形象截然不同——一个形象脆弱不安，另一个形象却极富英雄主义色彩，因而构成转换性使用。[2]该判决被美国联邦第二巡回上诉法院推翻。在这个颇具时代意义的判决中，美国联邦第二巡回上诉法院澄清了 Carious v. Prince 案判决的内涵，指出合理使用与侵权行为之间并不存在明确界限，需要具体问题具体分析，而地区法院对 Cariou v. Prince 案的解读会导致任何创作衍生作品的行为均构成转换性使用，显然是一种扩张性的曲解。[3]该法院进一步指出，仅在原作品基础上增加新的表达和信息，尚不足以构成转换性使用；若新的表达和信息并未掩盖原作品传递的表达和信息，后者仍是被控侵权作品所创造的印象的

---

[1] Kienitz v. Sconnie Nation LLC, 766 F.3d 756, 758（7th Cir. 2014）.

[2] Andy Warhol Found. for the Visual Arts, Inc. v. Goldsmith, 382 F. Supp. 3d 312, 326（S.D.N.Y. 2019）.

[3] Andy Warhol Found. for the Visual Arts, Inc. v. Goldsmith, Docket No. 19-2420-cv, p. 20（2d Cir. 2021）.

重要组成部分，则转换性使用无法成立。❶ 易言之，仅凭更高的美学水平、不同的美学表达尚不足以支撑"内容转换"，被控侵权作品必须达成完全不同的美学目的（entirely distinct artistic purpose），传递与原作品完全分离的"新的意义和信息"（"new meaning or message" entirely separate from its source material）。❷ 至于判定视角的选择，法院认为法官应采受众视角，而不应自诩为艺术评论家。❸ 值得注意的是，Andy Warhol Foundation v. Goldsmith 案判决作出后，原告以美国联邦最高法院针对谷歌与甲骨文合理使用纠纷作出终审判决、且该判决会对该案审理产生实质影响为由，提出重新审理的请求。该请求为美国联邦第二巡回上诉法院所接受，但重新作出的判决并未对上述判决的核心观点予以改变。❹

Andy Warhol Foundation v. Goldsmith 案的判决被认为澄清了"转换性使用"这一概念❺，因而广受重视。回顾本书第四章在"局部与整体"部分关于"是否应当在实质性相似判定中考察不当利

---

❶ Cariou v. Prince, 714 F.3d 694, 710–711（2013）. 原文如下："in which the original image remained…a major if not dominant component of the impression created by the allegedly infringing work."

❷ Andy Warhol Found. for the Visual Arts, Inc. v. Goldsmith, Docket No. 19–2420–cv, p. 28（2d Cir. 2021）.

❸ Andy Warhol Found. for the Visual Arts, Inc. v. Goldsmith, Docket No. 19–2420–cv, p. 29（2d Cir. 2021）.

❹ 值得一提的是，2022 年 3 月 28 日，美国联邦最高法院作出提审该案的决定，因此这一案件最终的走向仍旧未知。

❺ MADIGAN K. Significant Second Circuit Fair Use Decision Clarifies Transformative Use Analysis［EB/OL］.［2021–09–08］. https://copyrightalliance.org/fair–use–decision–transformative–use–analysis/.

用""对不当利用的判断应基于作品之局部还是作品之整体"的论述,不难看出该案结论与本书观点的一致性。一方面,美国联邦第二巡回上诉法院的判决与笔者的观点均从受众视角出发,注重市场替代效应,强调回归版权法"市场之法"属性;另一方面,二者均采取了较为宽泛的市场替代认定标准:完全不同的美学目的、与原作完全分离的新的意义和信息,意味着无论受众出于何种视角欣赏权利作品和被控侵权作品,亦无论是为整体还是部分所吸引,均不会认为其存在相同或者近似的美学吸引力,正所谓"转换程度越大,对原作品市场价值的损害就越小"。❶在版权侵权体系化视角中,这一认定标准能够在实质性相似判定阶段尽量缩小因不具市场替代而豁免的范围,留由均衡原则判定阶段再进行个案的精细化考察;同时,也能够在市场替代分析阶段豁免微不足道、实难为消费者所察觉的使用,将最小使用原则纳入考量。

将较为宽泛的市场替代标准运用于我国相关司法案例,更能凸显其解释力,我国不少法院已在判决中使用"转换性"这一概念用于考察新作品对原作品的市场替代效应,这些判决均采纳了宽泛的市场替代标准。在江苏省广播电视集团有限公司与上海美术电影制片厂有限公司侵害作品信息网络传播权纠纷二审民事判决中,法院认定在综艺节目中使用葫芦娃形象及人物设定的行为构成对美术作品的再现,只是为了增加节目效果、获取商业利益,并未增加新

---

❶ 熊琦.《视频搬运》现象的著作权法应对 [J].知识产权,2021(7):44.

的信息、新的审美价值或者新的理解，据此认定侵权成立。❶ 类似的，在涉及在游戏中使用小说人物形象的"鬼吹灯"案中，法院也为转换性使用的成立设立了很高的门槛，若非"通过增加新的美学内容、新的视角、新的理念或通过其他方式，使原作品在被使用过程中具有了新的价值、功能或性质，从而改变了其原先的功能或目的"❷，则难以豁免侵权。在认定转换性使用成立的"葫芦娃"剧照案中，法院亦以该案"转换性程度较高"❸作为认定不侵权的主要理由，体现了审慎的态度。由此可见，我国司法实践中就新作品对原作品市场替代这一要素的考察，与本书提出的思路具有一致性。

5.5.2 市场替代与损害赔偿：基于要素的分析

除作为作品侵权判定的构成要件之外，市场替代判断对于侵权损害赔偿额的确定也具有指引意义。

加强知识产权保护力度，使知识产权损害赔偿额与其市场价值相适应，是当前我国知识产权审判的重点工作之一。为在诉讼中充分体现知识产权的市场价值，既需要"促进形成符合市场规律和满足权利保护要求的损害赔偿计算机制，使损害赔偿数额与知识产权的市场价值相契合"，也需要使侵权赔偿额"与知识产权对侵权行

---

❶ 参见北京知识产权法院（2021）京 73 民终 692 号民事判决书。

❷ 参见上海玄霆娱乐信息科技有限公司、北京乐触无限软件技术有限公司等与无锡天下九九文化发展有限公司、张某野著作权权属、侵权纠纷二审民事判决书，上海知识产权法院（2017）沪 73 民终 324 号。

❸ 参见上海美术电影制片厂与浙江新影年代文化传播有限公司等著作权侵权纠二审民事判决书，上海知识产权法院（2015）沪知民终字第 730 号。

为获利的贡献度相适应"。❶ 对知识产权贡献度的强调,在最高人民法院发布的典型案例"PTC 加热器"实用新型专利侵权纠纷案中得到了充分体现。该案裁判观点认为,针对多部件或者多专利的被诉侵权产品计算侵权获利时,原则上不应直接采用侵权产品销售总额乘以利润率的方式,而需结合涉案专利对产品的重要性等因素,考察涉案专利对侵权产品利润的贡献度。❷ 从本质上说,一部版权作品也是一系列具有独创性和不具有独创性的元素的集合体,上述裁判观点对其同样适用。对版权而言,权利作品对侵权行为获利贡献度的计算应当着重考虑两方面的因素:其一,被控侵权作品使用权利作品的部分是否具有独创性,是否与已有作品及公有领域的元素相区别;其二,被控侵权作品使用权利作品的部分在消费者眼中是否具有重要性及其重要程度。前者能够确定版权作品对侵权行为获利贡献的有无,指向排除独立创作可能性判断;后者旨在确定版权作品对侵权行为获利贡献的高低,指向美学吸引力判断。

作为作品的欣赏单元,要素的吸引力是判定美学吸引力高低的关键。关于"本体语言"的论述,能够为要素吸引力的确定提供有说服力的观点。本体语言是"一种艺术语言最核心的不可被别的艺

---

❶ 参见《最高人民法院对十二届全国人大三次会议第 5494 号建议的答复》第 3 条。

❷ 参见无锡国威陶瓷电器有限公司、蒋某屏与常熟市林芝电热器件有限公司、苏宁易购集团股份有限公司侵害实用新型专利权纠纷再审民事判决书,最高人民法院(2018)最高法民再 111 号。

术语言替代和翻译的部分"❶，本体语言的差异，往往是作者选择一种而非另一种作品形式的主要原因之一，进而构成作品美学吸引力的主要组成部分。在《作为语言的建筑》一书中，作者对不同类型作品的本体语言作出了如下解读：音乐作品的本体语言是由音阶和音色构成的声音；文学的本体语言是观念、概念、逻辑、修辞、抽象概念的符号化；雕塑的本体语言是形态；绘画的本体语言是平面化的点线面、色彩、明度；舞蹈的本体语言是动态的人体形态；戏剧的本体语言是人物、对象在情境和场景中的冲突，其有赖于情感价值和逻辑；电影、电视剧的本体语言是镜头语言，其是信息量最大、综合性最强的本体语言，几乎嫁接涵盖了所有的艺术形式和手法。❷ 这一解读未必精确，却也能够提供重要参考。对涉及本体语言的部分的使用，通常意味着更强的市场替代效应，应当在侵权损害赔偿额的确定中获得重视。

本体语言因作品类型而异，在一种作品类型中构成本体语言的要素，在另一种作品类型中可能居于次要地位。此外，要素的重要性还取决于具体使用场景。例如，相关案例即指出，现场演出的音乐作品对利润的贡献度高于在背景音乐使用的音乐作品对利润的贡献度。❸ 本体语言还需接受认知心理的检验。以音乐作品赏析为例，

❶ 史雷鸣，贾平凹，韩鲁华. 作为语言的建筑［M］. 西安：陕西师范大学出版总社，2015：85.

❷ 同 ❶85-87.

❸ 参见北京百慕文化发展有限公司与宋城演艺发展股份有限公司等著作权权属、侵权纠纷二审民事判决书，浙江省高级人民法院（2020）浙民终 301 号。

有学者基于认知心理学的分析认为一首歌主要是基于旋律、节奏、节拍、歌词等具体组成元素而被感知、记忆的，而对整体判断作出了否定❶，其提出的上述重要认知元素对本体语言的确定具有指引意义。又如，同样根据认知心理学的观点，有些刺激是作为整体被记忆和感知的，此时就应将作品整体呈现样态作为本体语言之一❷，在侵权损害赔偿额的确定中着重考察。

在更广的视角中，美学吸引力本身可能未必是消费者购买的主要动因，当具有美学吸引力的作品附着于产品之上时，尤其如此。此时，侵权损害赔偿额的确定还需进一步考察作品的美学吸引力对消费者购买的影响。在《中国版权》杂志发布的《2017 年广州知识产权法院著作权典型案例及评析》中，就有类似的案例，该案涉及对注册商标的版权保护问题。法院认为，当事人将关于商品或服务标识的纷争引入著作权领域寻求解决时，"应考虑商标权与著作权的分野"❸，在确定损害赔偿额时应考察"作品作为商标使用对产品的贡献程度"。❹纵观我国司法实践，在版权侵权判定中考察作品贡

---

❶ CORNGOLD I. Copyright Infringement and the Science of Music Memory: Applying Cognitive Psychology to the Substantial Similarity Test [J]. AIPLA quarterly journal, 2017, 45（2）: 324.

❷ 同 ❶ 338–340.

❸ 谭海华，戴瑾茹. 2017 年广州知识产权法院著作权典型案例及评析 [J]. 中国版权，2018（1）: 22.

❹ 参见广州乐屋遮阳帘技术有限公司与杨春艳等侵害著作权纠纷二审民事判决书，广州知识产权法院（2015）粤知法著民终字第 782 号。

献度的，大多即为在产品包装上使用版权作品的情形。**❶** 此类判决的合理性在于，版权的价值在于作品本身，指向其美学吸引力；对产品的成功而言，在先作品的审美功能只是众多因素中的一个方面，商业运作、经营管理、市场营销、广告宣传等方面的投入往往是更为重要的因素 **❷**，与商誉的关联更为直接。与之相应，在现实经济活动中，产品销量下降或者价格下跌的原因也是多方面的，生产者经营不善、市场环境制约，均应纳入考量。**❸** 若将其他因素统统抹去，将利润的增加或损失全部归之于对版权作品的使用，则有失公平。在 2022 年 1 月作出的一个涉及比较广告的判决中，加拿大魁北克上诉法院就以被控侵权人所获利润并非源自对作品的侵权使用为由，驳回了原告的赔偿诉请 **❹**，此中体现的亦是对作品贡献度的考量。

---

❶ 参见上海美术电影制片厂有限公司与石家庄葫芦娃食品有限公司、郑州火爆网络科技有限公司著作权权属、侵权纠纷一审民事判决书，上海市普陀区人民法院（2019）沪 0107 民初 20029 号；另参见邱茂庭（广州）餐饮管理有限公司其他不正当竞争纠纷一审民事判决书，上海市徐汇区人民法院（2020）沪 0104 民初 5560 号。

❷ 段晓梅．商标权与在先著作权的权利冲突［M］．北京：知识产权出版社，2012：116.

❸ 杜颖，稣乌．2020 年《著作权法》第五十四条的理解与适用［J］．中国版权，2021（4）：47.

❹ Constellation Brands US Operations Inc. v. Société de vin internationale ltée 2021 QCCA 1664. 转引自 OSLER, HOSKIN & HARCOURT LLP. No liability for infringing comparative advertising［EB/OL］．［2022-02-22］.https://www.lexology.com/library/detail.aspx?g=ada46714-34e1-48df-a9c0-984e09da2134.

5.6　均衡分析

　　一般而言，若两部作品相似之处排除了独立创作可能性，且存在美学吸引力层面的市场替代，实质性相似即宣告成立。但是，对已有创作者权利维护与未来创作者创作激励的平衡，尚需更为精细的考量。比例原则——尤其是其中的均衡分析，能够为这一考量提供指引。

　　比例原则是具有宪法位阶的法律原则，这一概念由19世纪警察国家发展而来，旨在对公权力的行使施加手段方面的限制，使其既能服务于维护公共安全与秩序的需求，又能为人们的基本权利提供保障。❶比例原则具有三层含义：第一层为适当性原则，要求公共机关行使权力时所采用的手段符合立法目的；第二层为必要性原则，要求公共机关只能使用对个人损害最小的手段；第三层为狭义比例原则，或称"均衡原则"，要求该手段对个人造成的损害与其对公众带来的益处之间成比例。❷虽发轫于宪法、行政法，但比例原则的适用却不局限于公法领域，德国法学家拉伦茨认为民事裁判中应采取最能保全他人权利的原则及比例原则❸，我国学者王泽鉴也

----

❶　城仲模.行政法之一般法律原则（一）[M].台北：三民书局，1999：119-121.

❷　彼得·莱兰，戈登·安东尼.英国行政法教科书[M].杨伟东，译.北京：北京大学出版社，2007：369.

❸　卡尔·拉伦茨.法学方法论（全本·第六版）[M].黄家镇，译.北京：商务印书馆，2020：515.

提出了类似的观点。❶可见，比例原则在私法领域亦有有限的适用。❷

从本质上说，比例原则适用于私法领域的正当性，源于私主体之间在禀赋、能力、享有资源等方面存在差异性，此中的实质不平等因私法对形式平等原则的强调而进一步固化，因而需要一定的制度调试，以避免私主体对私主体的单方强制。但是，当私主体之间不存在明显的强弱实力差距时，用比例原则调整其间关系，将产生破坏私法秩序的灾难性后果。❸因此，在实质性相似判定中适用比例原则，需要尤为慎重。

作为版权侵权判定标准，实质性相似判定方法适用的主要目的在于维护版权人的合法利益，将不存在独立创作的可能性且对权利作品存在市场替代的情形认定为侵权，是实现这一目的的主要手段。两者之中，市场替代分析服务于适当性原则，若不存在对版权作品市场的损害，自无规制的必要性；"排除独立创作可能性"分析服务于必要性原则，通过将侵权限定于相似之处为权利作品中具有个性的独特部分的情形，能够使版权保护程度与独创性高度相适应❹，使公有领域为公众所用、排除对创作自由的过度干预。由于版权人与未来创作者处于平等地位，一方对另一方的强制并非常

❶ 王泽鉴.民法总则［M］.北京：中国政法大学出版社，2001：557，563.

❷ 李海平.比例原则在民法中适用的条件和路径——以民事审判实践为中心［J］.法制与社会发展，2018（5）：163.

❸ 同❷168.

❹ 金玉.以比例原则指导著作权集体管理制度的立法完善［J］.江汉大学学报（社会科学版），2020（3）：24.

态，同时考虑到保护著作权利在版权法目的中的优先地位❶，均衡原则通常并无适用空间。但也必须承认，在有限场景下，存在需要补救的利益失衡。通过增加使用现有作品的便利性而提升创作的经济效率❷，通过消除在后创作的侵权顾虑而促进文化创新❸，使这一补救的意义凸显。而矫正正义所倡导的人与人之间的相关性联系，对权利人和责任人得失的共同尊重，以及所追求的双方权益公平分配目标，亦需将均衡原则纳入考量。❹对于这极少的例外，应当具体问题具体分析，在司法实践中逐步提炼出类型化的适用场景。

笔者认为，我国司法机关对均衡原则之考量，集中体现在对《著作权法》第24条"为介绍、评论某一作品或者说明某一问题，在作品中适当引用他人已经发表的作品"这一情形的具体适用中。由于"说明某一问题"这一概念具有极强的包容性，从广义上看，任何体现一定思想的表达方式都可视为对某一问题的说明，其几乎可以囊括所有在原作品基础上所作出的新的创作，这一条款也就构成了均衡原则的主要适用场景。

一般而言，引用他人作品既包含对具有一定凝练程度的观点的引用，也包括对独创性表达的引用。此外，介绍、评论与滑稽模

---

❶ 参见本书"2.2.2.1 保护著作权利"部分的论述。

❷ RACHUM-TWAIG O. Copyright Law and Derivative Works: Regulating Creativity [M]. New York: Taylor & Francis Group, 2019: 3.

❸ 蒋舸. 著作权法与专利法中"惩罚性赔偿"之非惩罚性 [J]. 法学研究，2015（6）：82.

❹ 杨涛. 知识产权许可费赔偿方法的功能、价值准则与体系重构 [J]. 中国法学，2021（5）：255.

仿并不相同，后者通常赋予了新作品与原作品截然不同的美学吸引力，前者则不然。例如，游戏攻略具有推介游戏作品的属性，属于一种"评论"，但在使用游戏中部分美术画面时，并不会使该画面呈现新的美学吸引力，因而仍旧存在市场替代的可能性。可见，对权利作品的介绍、评论性使用，仅有部分能够通过排除独立创作可能性分析、市场替代分析，而被认定为不存在侵权。通过对司法案例总结提炼可以发现，对于无法通过上述两项测试的介绍、评论行为，法院在评判时除结合引用的范围限制（必须是引用"他人已经发表的作品"）、引用的目的（必须是"为介绍、评论某一作品或者说明某一问题"）、引用的数量（必须"适当"）这三项要件❶ 之外，对是否豁免侵权的判断主要围绕两个层面展开：一是被控侵权作品对权利作品的依附程度，即是否存在"寄生营销"行为；二是不使用权利作品是否会影响被控侵权作品的表情达意，是否存在同样服务于被控侵权作品所欲实现的表意功能且不受版权保护的其他替代性表达。以上两个层面的考察，正是均衡原则的体现。以下分述之。

一方面，是否存在"寄生营销"行为是判定对作品的介绍、评论行为是否侵权的关键。对权利作品介绍、评论性质的使用，有两种截然不同的形式，涉及被控侵权作品不同的创作意图。第一种情形中，权利作品在被控侵权作品创作者的整体创作框架中处于次要

---

❶ 袁博. 游戏攻略使用游戏画面是否属于"合理使用"——我国首例游戏攻略版权案评析 [J]. 上海政法学院学报（法治论丛），2015（3）：137-138.

地位，仅为其中的一部分提供素材支撑；第二种情形中，被控侵权作品的创作直接指向权利作品。学者关于同人作品的"参与式创作"与"参照式创作"的区分，能够为理解上述两种情形提供一定的指引。对同人作品而言，"参与式创作"指的是将原作中的虚拟角色代入同人创作者自己的作品当中，将其置于有别于原作的场景❶，反映出创作者独特的观点与感受，与上述第一种情形相对应。在学术论文中引用他人的观点及具体表达，也是第一种情形的典型样态。除此之外，我国关于转换性使用的标志性案例——上海美术电影制片厂诉新影年代公司等著作权侵权纠纷案，亦属此类。该案中，对葫芦娃形象的使用服务于反映20世纪80年代这一时代年龄特征的目的❷，处于次要地位。与"参与式创作"不同，同人作品的"参照式创作"指的是将原作中的人物、事件或专有名词等信息以一种较为简洁的方式呈现，供其他读者参考或帮助新读者迅速了解原作内容❸，与上述第二种情形相对应。若细究之，第二种情形则又可细分为两种形态：一是以特定的视角审视并创作针对权利作品的介绍、评论性的作品，以书评为典型，其能够提供关于权利作品是否值得阅读、购买的参考信息，对消费者知情权、选择权的行使有所裨益，这种使用最为贴近"介绍、评论"的原初含义。二是以权

---

❶ 丛立先，刘乾. 同人作品使用原作虚拟角色的版权界限 [J]. 华东政法大学学报，2021（4）：183-184.

❷ 参见上海市普陀区人民法院（2014）普民三（知）初字第258号民事判决书，该判决被上海知识产权法院（2015）沪知民终字第730号民事判决书维持。

❸ 同❶.

利作品为基础，在其上添加不乏介绍、评论因素的具体表达，但其创作并非服务于消费者知情权、选择权的行使；相反，此类作品的消费群体中，有很大一部分都是已经选择了权利作品的消费者，因而呈现较为明显的"寄生营销"属性。在《梦幻西游》游戏直播侵权案中，法院即考虑到了直播行为对版权人潜在市场收益的损害，点明其"寄生营销"属性，进而认定侵权成立；❶在关于游戏攻略侵权的案例中，亦不乏作出此类认定的判决。❷

是否存在"寄生营销"的判断，应当从主观意图和客观行为两个层面展开。主观意图层面，"参与式创作"相较于"参照式创作"而言，新创作的作品与被使用作品之间产生较大内部距离的可能性更大，寄生属性相对更小；同理，这一结论也适用于上述第一类"参照式创作"与第二类"参照式创作"的比较。客观行为层面，无论是"参与式创作"，还是"参照式创作"，对权利作品的使用都不能超出一定的量，否则即便有介绍、评论的目的支撑，也会被认定为是"完全或主要以引用他人作品来代替自身创作❸"的"寄生营销"行为，从而不能豁免侵权责任。例如，在"豆瓣"影评使用影视作品剧照侵权纠纷中，由于使用截图有助于网络用户在介绍、评论时更加直观地抒发对影视作品的预期和观感，且使用的数量相对

---

❶ 参见广州网易计算机系统有限公司与广州华多网络科技有限公司侵害著作权及不正当竞争纠纷二审民事判决书，广东省高级人民法院（2018）粤民终 137 号。

❷ 参见上海烛龙信息科技有限公司诉重庆中电电子音像出版有限责任公司等侵犯著作权纠纷一审民事判决书，北京市西城区人民法院（2010）西民初字第 18215 号。

❸ 参见孙某斌与上海教育出版社有限公司著作权权属、侵权纠纷再审民事判决书，上海市高级人民法院（2020）沪民申 2416 号。

有限，无法表达出完整的故事情节，法院据此认定这一使用方式与版权人的利益相符合，不构成侵权。❶ 相反，在"图解电影"版权侵权纠纷中，由于被告大量使用了从权利作品《三生三世十里桃花》中截取的图片，并非仅向公众提供保留剧情悬念的推介、宣传信息，而是已实质呈现了权利作品的主要画面、具体情节，客观上起到了替代权利作品的效果，因而侵权成立。❷ 类似地，在以介绍、鉴赏或评论为目的引用权利作品时，如超出必要的范畴，如在针对诗人创作的传记作品中对其全部诗作进行引用，则亦不能免除"寄生营销"色彩，故不具有正当性。❸ 综上可知，对使用作品之"量"的考察，也是适用均衡原则时不可忽视的维度。

另一方面，是否存在同样服务于被控侵权作品所欲实现的表意功能且不受版权保护的其他替代性表达，也是认定均衡原则能否适用的关键一环，其他替代性表达的有无与创作目的息息相关。一个典型的例子是，对专为评论权利作品而创作的作品而言，对权利作品中元素的使用通常具有不可替代性；相较而言，"参与式创作"对权利作品的使用往往并非必须，具有一定的可替代性。不过，上述基于单一维度的理解仍旧较为片面，尚未能够对作品的文化价值

---

❶ 参见东阳市乐视花儿影视文化有限公司诉北京豆网科技有限公司侵害作品信息网络传播权纠纷一审民事判决书，北京市朝阳区人民法院（2017）京0105民初10028号。

❷ 参见优酷网络技术（北京）有限公司诉深圳市蜀黍科技有限公司侵害类电作品信息网络传播权纠纷二审民事判决书，北京知识产权法院（2020）京73民终189号。

❸ 参见李某英、汪某任诉彭某等著作权侵权纠纷二审民事判决书，北京知识产权法院（2019）京73民终1263号。

予以充分考量。

在最高人民法院 2020 年 11 月发布的《关于加强著作权和著作权有关的权利保护的意见》中，"协调好激励创作和保障人民文化权益之间的关系"被提出，据悉，这是我国版权法体系中首次明确提出版权的文化权利保障问题。❶2021 年 10 月 21 日，最高人民法院院长周强报告人民法院知识产权审判工作情况时，再次强调"平衡激励创作和保障人民文化权益关系"。从整体上看，当前的版权制度与人民文化权益的保障具有一致性，版权所提供的市场机制为人们从事文学、艺术、科学领域的创作与传播行为提供了激励，丰富了人们的文化接触面，版权法上的合理使用、公共领域保留等制度更是与人民文化生活的参与息息相关。但是，上述制度对于人民文化权益的保障尚不足够。作为社会文化的参与者，公众不仅有阅读作品、丰富自我精神生活的需求，还有在已有作品的基础上创作新的作品、进一步参与社会文化建构的意愿。当知识产品成为社会文化与事件的组成部分时，对该知识产品禁止接触或使用就会对公众产生损害。❷ 从这个角度来看，在界定落入"介绍、评论"情形的不侵权作品时，一方面应确保不实质性损害版权人经济利益，另一方面还应促进后续创作质量的提升，推动社会文化的可持续发展；这也是"协调好激励创作和保障人民文化权益之间的关系"的

---

❶ 杨利华. 从应然权利到实然权利：文化权利的著作权法保障机制研究 [J]. 比较法研究，2021（4）：128.

❷ GORDON W J. A Property Right in Self-Expression：Equality and Individualism in the Natural Law of Intellectual Property [J]. Yale law journal，1993，102：1567.

重要一环。

如此一来，如何使对"同样服务于被控侵权作品所欲实现的表意功能且不受版权保护的其他替代性表达"的解释，与上述目的相契合，便成为均衡原则判定阶段需解决的一个关键问题。我国司法实践中，太平人寿保险公司使用《欢乐颂》剧照、人设的不正当竞争纠纷案提供了很好的范例。该案电视剧制片者认为，太平人寿公司在撰写并发布的宣传文章中使用其剧名、人设和部分剧照宣传保险产品的行为构成不正当竞争，遂诉至法院。法院判决指出，文章借助涉案电视剧主要人物角色将职场中的人群划分为金领人群、白领人群、职场小白和创业人群四类，并为其推荐所需险种，这种使用方式"会使社会公众感同身受，容易理解文章表达的不同人群都有保险需求以及相关的保险知识和理念"，"是一种简便高效的表达方式，有利于传递信息"❶，因而具有正当性。该案虽涉及不正当竞争侵权判定，但对版权侵权的界定亦有启示意义。可以想象的是，若法院对"同样服务于被控侵权作品所欲实现的表意功能且不受版权保护的其他替代性表达"作宽泛解读，由于被告可以将上述人物形象的主要特点进行列举，以规避对剧照、人物名称的使用，上述使用难以被归为"合理"范畴。法院显然并未采取此种解读。相反，法院更为重视如下事实：《欢乐颂》作为一部成功的影视作品已成为社会文化的重要组成部分，具有交流与表达价值；其所塑造

---

❶ 参见东阳正午阳光影视有限公司诉太平人寿保险有限公司不正当竞争纠纷一审民事判决书，北京市朝阳区人民法院（2017）京 0105 民初 10025 号。

的"五美"形象及其性格特征已成为公众文化的一部分，成为人们茶余饭后的重要话题，深入人心，以致人们在需要描绘职场生活时情不自禁地使用"五美"人物形象，不使用反倒凭空增添了表达成本。❶ 可见，一旦将可能的替代性表达对表意简洁性、明晰性及表意程度的损害，以及所导致的沟通成本的提高纳入分析，从"质"的角度看，其他可能的表达方式的"替代"属性也就不再明显了。

事实上，上述情形与商标的通用名称化、商标显著性的丧失具有一定的共通性。正如商标一旦被通用化，丧失其显著性，就不再具有识别力，进而无法继续为商标权人专有使用❷，作品一旦公开发表，便在事实上脱离了版权人的控制，成为社会共有的精神文化财富。版权的人权属性意味着其既要保障版权人对作品的专有权，也要服务于社会公众对版权专有领域的进入权、分享社会精神财富的参与权、运用自身能力追求知识财富的自由❸，只是对后者的保护应当以尊重版权为前提，这也是在"介绍、评论"的合理使用中施加"不可替代性"这一限制的主要原因。通常来说，一部作品越是成功，其所塑造的形象越是深入人心，该形象名称用于指代一类特定群体的作用就越凸显，若这一指代作用被相关公众所普遍认同及使

---

❶ 初萌. 竞争利益的保护应有边界——评《欢乐颂》商业攀附案一审判决［EB/OL］.（2018-01-30）［2022-09-10］. https://victory.itslaw.com/victory/api/v1/articles/article/b55f3c02-9bc7-437b-95b2-a9483deebcd2?downloadLink=2&source=iOS.

❷ 刘斌斌. 比较法视角下商标的通用名称化及其救济［J］. 甘肃社会科学，2012（1）：130.

❸ 彭立静. 伦理视野中的知识产权［M］. 北京：知识产权出版社，2010：121.

用，便具有了类似于通用名称的属性❶，其与版权人之间的联系就相对淡化了。当另一作品使用了这一指代功能时，与其说是对版权作品的使用，不如说是对公共文化元素的使用。这就好比在人脑中植入繁殖力很强的迷因❷，这些迷因出于自我保存与繁衍的需要开启了自我复制之旅，导致呈现在被控侵权作品中的复制品与其说出自使用者之灵感，不如说源于迷因对自身所采取的复制行为。❸易言之，使用者并非真正选择了用于复制的具体元素，而是那些想要自我复制、延续生命的具体元素选择了他们。❹有学者指出挪用艺术的正当性在于"唯有对他人作品的使用才'得以分享来自不同知识个体的观念和表达'，进而寻找到支持或者反对的话语体系"❺，正是出于此理。此类难以自主控制的使用行为，不应由侵权法所规范，即便造成损害，亦无须承担侵权责任，唯此方符合正义之理念。❻在这种情形下，允许这一使用既不会损害创作激励，亦有助于表达自由的利益，符合均衡原则，反倒是不允许这一使用可能涉嫌对行为自由的侵扰。

---

❶　尹红强.商品通用名称与商标权辨析［J］.河北学刊，2014（2）：144.

❷　"迷因"（meme）是指文化传递单元或者模仿单元。迷因这个文化单元的行为与基因一模一样，有通过自我复制确保自身生存的属性。劳勃·萧尔.原创的真相：艺术里的剽窃、抄袭与挪用［M］.刘泗翰，译.台北：阿桥社文化，2019：170-171.

❸　劳勃·萧尔.原创的真相：艺术里的剽窃、抄袭与挪用［M］.刘泗翰，译.台北：阿桥社文化，2019：170-171.

❹　同❸179.

❺　黄汇，尹鹏旭.作品转换性使用的规则重构及其适用逻辑［J］.社会科学研究，2021（5）：100.

❻　方新军.侵权责任法学［M］.北京：北京大学出版社，2013：96.

在金庸诉江南案一审判决中，法院认定《此间的少年》与原告作品在人物名称、人物关系、性格特征和故事情节方面仅存在抽象的形式相似性，进而不构成实质性相似，但却以被告行为以不正当手段攫取原告可以合理预期获得的商业利益、违背文化产业公认的商业道德为由，追究其不正当竞争责任❶，这一判决的逻辑值得商榷。❷其实质在于鼓励向反不正当竞争法兜底条款的逃避，无助于实质性相似要件的澄清和版权边界的确定。事实上，这一纠纷在"排除独立创作可能性—市场替代—均衡分析"框架中即可得到充分解决，具体分析如下：虽然原被告作品相似之处并不多，但被告在完全未接触原告作品的情况下，是不可能独立完成被控侵权作品的，因而不具独立创作的可能性；市场替代分析采取较为宽泛的标准，只要存在使受众认为两部作品存在相同或近似美学吸引力的可能性，即可推定存在市场替代，该案亦满足这一情形。因此，该案中被告的被控侵权作品是否能豁免，关键在于均衡分析。依笔者之见，虽然对原告作品的使用客观上提升了被告作品的吸引力，形式上具备"寄生营销"属性，但更为细致的考察还需结合两部作品在构思、情节、语言等方面的差异，被告使用原告作品的量，使用元素的知名度和公共文化属性，以及使用行为是否具有不可替代性而

---

❶ 参见查良镛诉杨治等著作权侵权及不正当竞争纠纷一审民事判决书，广东省广州市天河区人民法院（2016）粤0106民初12068号。

❷ 很多专家认可该案不构成著作权侵权的判决，但同时也认为法院关于构成不正当竞争的说理牵强附会。社会对于同人创作应有一定的容忍度，否则不利于鼓励创新和产业发展。张洪波.新著作权法与热点案例评析——中国版权法治观察［M］.杭州：浙江大学出版社，2021：104.

展开。

总的来说，关于均衡分析的具体适用情形还需在司法实践中逐渐摸索，作出场景化考察，但判定的基本思路是清晰的：当且仅当被控侵权作品对原告作品的使用不可或缺，且这种使用不构成对原告作品的"寄生营销"、不损害原告作品市场时，方能适用均衡原则对被告的使用行为进行豁免。事实上，最小使用和自由使用原则所适用的情形，往往亦能通过均衡测试；可见，均衡原则并非空穴来风，而是对既有学理观点、司法实践理性反思与总结的产物。鉴于满足均衡分析的情形虽然使用了作品，但符合公共政策目标，且不会影响作品的正当使用，也不会不合理损害作品的合法利益，此类行为也能纳入学者所提出的"公众使用权"的范围之内。❶需要指出的是，由于仅关涉私主体之间的权利冲突，比例原则——尤其是其中均衡原则的适用应当慎重，不得损害"保护著作权利"在版权法目的中的优先性；同时，考虑到这一原则适用场景有限，若被控侵权主体不能提出足以支撑均衡原则适用的事由，则可直接基于前两阶段的分析得出侵权结论，无须再展开均衡分析。

5.7 本章小结

在体系化的版权侵权判定思路中，版权侵权行为的违法性可以被总结为"未经授权公开传播具备侵权属性的作品"，其构成要件

---

❶ 刘银良．著作权法中的公众使用权［J］．中国社会科学，2020（10）：200.

有三个：一是"未经授权"，二是"公开传播"，三是"作品具备侵权属性"。"接触＋实质性相似"的判定规则定位于确定作品的侵权属性。

由于接触要件存在先天不足，具体表现为对"接触可能性"的过分依赖将导致版权专利化、接触与独立创作本不存在互斥关系、在侵权判断中强化接触要件将不可避免地与公众接触权产生矛盾等方面，这一要件理应摒弃；实践中"接触可能性"的易于证明，亦为上述结论提供了正当性论证。作品侵权属性的判定规则应实现从"接触＋实质性相似"向仅考察"实质性相似"的转变，并由实质性相似要件承接接触要件中的合理要素。

考虑到"实质性相似判定即为独创性判断"这一观念可能产生的误区、独创性标准的不确定性及新近呈现的客观化趋势，应当将"独创性"判断升级为"排除独立创作可能性"判断。具言之，假定被控侵权人未接触权利作品，在将两部作品中同时存在的明显错误转化为正确内容且排除权利作品中的特异性元素的前提下，若此时仍存在完成被控侵权作品的合理可能性，则实质性相似不成立。借鉴专利法中的"本领域普通技术人员"视角，上述判断可采纳"本领域普通创作者"视角，从能够获知特定创作领域在创作日之前已公开发行的作品且具备该领域普通创作能力的创作者的角度考察两部作品的相似性，并得出是否排除独立创作可能性的结论。

在确定被控侵权作品不存在独立创作完成的可能性的基础上，进一步的考察应围绕被控侵权作品是否存在对权利作品美学吸引力的替代而展开，并辅之以均衡分析，形成完整的"排除独立创作可能性—市场替代—均衡分析"三步分析法。其中，市场替代分析应采作品受众视角，均衡分析应由法官围绕被控侵权人是否存在"寄生营销"、是否损害原告作品市场、是否存在其他不侵犯版权的可替代的使用方式等角度，展开价值判断。至此，实质性相似侵权判定方法得以改造。

第六章　实质性相似侵权判定中的几个特殊问题

6.1　当前司法实践的误区：从两个典型实例说起

改造后的实质性相似侵权判定方法除具有体系化的优势之外，还有助于澄清当前司法实践中的两大误区，一是"排除独立创作可能性"与"均衡分析"混同，二是商标思维与版权思维的错位。以下，逐一述之。

6.1.1　"排除独立创作可能性"与"均衡分析"混同

如前文所述，金庸诉江南案一审判决即具有混同"排除独立创作可能性"与"均衡分析"之特点——既然对金庸作品中多个人物名称的使用已能够排除独立创作之可能，豁免则应在均衡阶段作出，而不是直接认定相似之处仅构成思想。隐藏在这一误区背后的，是对作品特定元素不构成表达的先入为主的判断。此类判断在司法实践中的体现，尤以涉文学作品人物形象和作品标题的实质性相似判定为典型。

在上海玄霆娱乐信息科技有限公司与北京新华先锋文化传媒有限公司等著作权权属、侵权纠纷案（"2019 年上海法院知识产权司法保护十大案件"之一）判决中，上海浦东新区法院认为，权利作品中以文字形式呈现人物形象只是作品情节展开的媒介和作者叙述故事的工具，并非具有独创性的表达。[1] 对此，有法官借鉴美国法院发展出的"充分描绘"标准和"被讲述的故事"标准，指出离开作品情节的人物名称和关系等要素过于简单，往往难以作为受保护的表达[2]，以论证上述判决的正当性。亦有学者认为，文字形象是否受版权保护，归根结底是看其塑造得是否足够丰满、立体，面目鲜明。[3] 上述观点共同的实质，是在排除独立创作可能性标准之外，发展出适用于文学作品人物形象实质性相似判定的特殊规则。

在涉及作品标题侵犯版权的案例中，亦存在类似做法，笔者试以《五朵金花》作品名称侵权案为例进行分析。该案二审法院为论证对"五朵金花"这一作品名称的使用不构成版权侵权，除考察其独创性之外，还提出了两个额外的理由：其一，若作品名称可以享有独立于作品的版权，则同一作者可以基于同一作品享有两个或两个以上的版权，这不符合法律逻辑和法律规定；其二，作品名称不

---

[1] 参见上海市浦东新区人民法院（2015）浦民三（知）初字第 838 号民事判决书。

[2] 杜灵燕. 同人作品人物形象的保护范围［J］. 人民司法，2020（20）：95-99.

[3] 刘文杰. 如何保护影视角色衍生品？［N］. 中国知识产权报，2021-10-15（10）.

能独立表达意见、知识、思想、感情等内容，读者只有通过阅读整部作品才能了解作者所表达的思想、情感、个性及创作风格，因而不能构成受保护的作品。❶ 但若细究之，上述观点其实经不起推敲。就前者而言，作品的版权延及其中任何具有独创性的部分，同一作者就同一作品中不同的独创性部分分别享有版权，并不存在法律障碍；就后者而言，虽然作品的确切含义往往仅在阅读整部作品后方能显现，但标题却能起到画龙点睛的作用，是整部作品展开所依附的中心，也是对整部作品思想、情感的高度凝练。此外，对于与作品标题相类似的广告语，法院就并未从上述两个角度对实质性相似问题进行考察，而仅关注独创性问题❷，这也可以从反面论证上述两个额外理由的不必要性。

关于适用"排除独立创作可能性"标准的优势，上文已做过详细分析，此不赘述。诚然，原则性规定并不排斥例外，但前提是规定例外具有充分的必要性，且不致破坏人们对法律适用的稳定预期。在上述实例中，文学作品人物形象、作品名称享有版权保护本不存在障碍，只要其具有独创性、足以排除他人独立创作之可能，则并不存在发展特殊规则的充足理由。事实上，纵观文学作品文字形象、作品名称不受版权保护的司法案例可以发现，其对应的事实

---

❶　参见赵某康与曲靖卷烟厂著作权侵权、不正当竞争纠纷二审民事判决书，云南省高级人民法院（2003）云高民三终字第 16 号。

❷　参见刘某诉广西壮族自治区南宁卷烟厂等侵犯著作权案二审民事判决书，广西壮族自治区高级人民法院（2005）桂民三终字第 3 号。另参见刘某山、山西杏花村汾酒集团有限公司著作权权属、侵权纠纷二审民事判决书，天津市高级人民法院（2020）津民终 426 号，该判决书被最高人民法院（2020）最高法民申 2900 号民事裁定书维持。

可以归于两类，一是不具独创性或者独创性较低的情形，二是出于创作自由的利益考量而对版权保护范围作出限制，两者可分别归于"排除独立创作可能性"与"均衡分析"。

一方面，对于没有独创性或者仅具有较低独创性、不足以排除他人独立创作完成可能性的文学作品人物形象、作品名称，被控侵权人的使用不构成实质性相似，这是不争的事实。纵观相关司法案例，人物形象、作品名称不受版权保护，通常即因不具独创性。❶但若因此认定所有作品名称均不具独创性，则未免失之绝对。对于这一问题，《法国知识产权法典（法律部分）》第112-4条明确规定"具有独创性的作品标题应当与作品本身获得同样的保护"，提供了可资借鉴的立法例。至于文学作品人物形象，我国司法实践也并非全然不予保护，如在"四大名捕"案中法院认为原告主张的人物形象具有离奇的身世背景、独特的武功套路、鲜明的性格特点、与众不同的外貌形象，具有独创性，应受《著作权法》保护。❷总体而言，相较于发展特殊规则，一般的"排除独立创作可能性"标准具有更强的包容性、适用性，因而更为可取。

另一方面，对于具有较高独创性、他人不可能独立创作完成的人物形象、作品名称，他人的使用若不存在美学吸引力层面的转换，则一般即可认定侵权成立，除非存在均衡原则适用空间。

---

❶ 有学者指出，人物或角色名称在本质上是基于识别功能而设，欠缺文字作品所需的独创性。孙远钊.论作品角色与虚拟人物的著作权保护[J].中国版权，2021（5）：51.

❷ 参见温某安诉北京玩蟹科技有限公司侵害作品改编权及不正当竞争纠纷一审民事判决书，北京市海淀区人民法院（2015）海民（知）初字第32202号。

司法实践中不少案例可归入此类，法院之所以对作品名称、人物形象保护作出限制，主要是考虑到一些作品名称、人物形象深入人心，具有了标签、指代功能，进而成为不可替代的表意工具、创作自由价值的重要承载体。上文提及的"2019年上海法院知识产权司法保护十大案件"之一，其典型意义即包括"保障创作和评论的自由"，足见其与均衡分析的契合性，只是在路径选择上出现了偏差。事实上，与其创设独立的实质性相似判定标准，对人物形象采取不受保护的"一刀切"做法，不如将其纳入"排除独立创作可能性—市场替代—均衡分析"的框架之中，从使用的不可替代性、使用对原告作品市场的影响、是否存在"寄生营销"等判断出发，展开场景化、精细化分析。以续写作品为例，由于使用作品标题、部分人物形象与情节对体现前后作品之间的关联必不可少，基于使用行为不具可替代性而认定这一使用符合均衡原则，相较于强行认定作品标题、人物形象不享有版权保护而言，更具解释力；同时，通过"不可替代性"要件的引入，也能将过多使用原作品而产生的续写作品剔除豁免范围，进而比发展特殊规则更有利于演绎权的保护。

综上分析可知，"排除独立创作可能性—市场替代—均衡分析"的框架具有普适性，并无充足理由支撑为文学作品人物形象、作品名称设置特别的实质性相似判定标准。与之相应，司法实践中混同"排除独立创作可能性"和"均衡分析"的思维惯性需要破除。

6.1.2 商标思维与版权思维错位

司法实践中的另一误区，是商标思维与版权思维错位。商标侵权重在考查相关公众是否会对商品或者服务的来源产生混淆；版权侵权虽然也在美学吸引力判断中强调作品受众的观点，但这一判断在被控侵权作品不具备独立创作可能性的事实被认定后，方需展开。版权侵权的判断中，首先需要认定的是本领域普通创作者是否会认为被控侵权作品有独立创作完成的可能性，这也是版权思维的核心。这二者看似泾渭分明，却常被混用。

从源头来看，这一混用在版权侵权采"抄袭 + 不当利用"规则时，即初现端倪。关于不当利用的判定，实践中存在两种不同的取向，一种关注盗用部分的价值，另一种关注消费者混淆的可能性❶，这两种方法一定程度上对应了版权思维与商标思维的分野，却被统领于"不当利用"概念之下，混用的隐患由此而生。类似的问题在我国亦存在。根据学者的考察，我国版权侵权案例中，两部作品呈现高度的相似性以致达到混淆商品经营的目的已成常态❷，这一版权侵权与商标侵权并存的事实，也能够在一定程度上为概念混用现象提供解释。不过，由于高度相似往往足以排除独立创作之可能，即便误用了商标思维，亦未必导致版权侵权判定结果出现错误。真正值得警惕的，是被控侵权作品与独创性较低

---

❶ COHEN A B. Masking Copyright Decisionmaking: the Meaninglessness of Substantial Similarity [J]. UC Davis law review, 1987, 20: 748-749.

❷ 宋戈. 作品"实质性相似 + 接触"规则研究 [D]. 武汉：中南财经政法大学，2019: 138.

的权利作品存在一定程度（但并非高度）近似的情形，笔者试以三个案例进行分析。

第一个案例是《赛车总动员》诉《汽车人总动员》案。上海知识产权法院二审判决认为涉案形象在具体表达方式上基本相同（对比图见图6.1），以致普通观察者不会认为后者是在脱离前者的基础上独立创作完成的，故判定实质性相似成立。❶

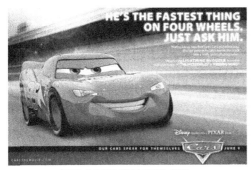

《赛车总动员》"闪电麦昆"形象　　　　《汽车人总动员》"K1"形象

图 6.1　《赛车总动员》与《汽车人总动员》海报比对图

第二个案例是"小茗同学"商标无效宣告案（对比图见图6.2）。2020年8月，国家知识产权局作出裁定，认为涉案商标与创作在先的涉案作品在文字、书写方式、整体视觉效果等方面几近相同，难谓巧合，据此对诉争商标予以无效宣告。在后续行政诉讼案件审理中，北京知识产权法院、北京市高级人民法院均认为诉争商

---

❶　参见上蓝火焰公司等与迪士尼公司等侵犯著作权、不正当竞争纠纷二审民事判决书，上海知识产权法院（2017）沪73民终54号。

标的申请注册损害了权利人对涉案作品所享有的在先著作权利。❶

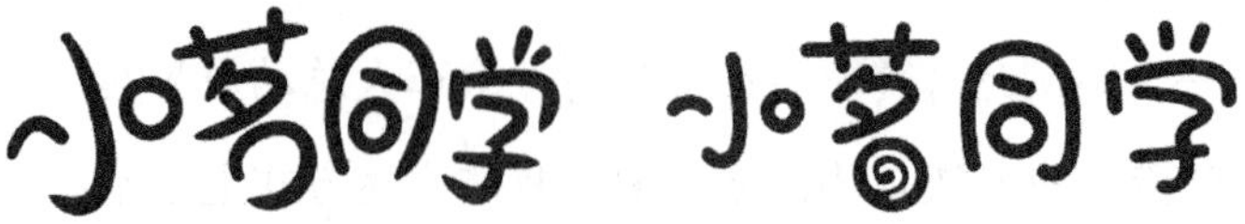

诉争商标　　　　　　　　涉案美术作品

图 6.2　"小茗同学"诉争商标与涉案美术作品对比图

　　第三个案例是"蛋蛋嘴"案（对比图见图 6.3）。该案审理过程中，有两名法律专家分别就实质性相似问题发表了观点。第一位专家认为，涉案作品的作者所运用的技巧本不相同，但被控侵权作品作者随后的风格转变，使得两部作品构成实质性相似。第二位专家则持相反观点，他从"猫"作为真实存在的动物这一属性及贴纸的日常交流功能出发，指出涉案作品存在形象上的相似无可厚非，况且二者在毛发、嘴巴、鼻子、腮红等的形状和颜色等方面亦存在区别，难以认定二者构成实质性相似。中国台湾地区新北法院最终采取了第二位专家的观点，判定被告不构成版权侵权。❷

---

❶　王国浩. 小茗同学一"攻"一"守"迎连胜［N］. 中国知识产权报，2021-11-12（6）.

❷　LIAO A. Controversies over Copyright Infringement of Facebook/Line Sticker Illustrations［J］.（2020-06-09）［2021-10-27］. https://www.lexology.com/library/detail. aspx?g=cef6fe81-ba90-4599-bbd0-c4d5251f6fcf.

权利作品   被控侵权作品

图6.3 "蛋蛋嘴"案权利作品与被控侵权作品比对图

上述三个案例截然不同的判决结果，是由商标思维与版权思维的错位所引发的。在第一个案例中，虽同样采取拟人化表达手法，但权利作品与被控侵权作品在头部形状、额形、眼睛色调、面部装饰、嘴角轮廓等方面均存在较大差异，从《赛车总动员》中获取的灵感并未转化为独创性表达层面的抄袭。值得注意的是，该案审理法院除认定实质性相似之外，还指出被告存在擅自使用知名商品特有名称的不正当竞争行为。上述两种情形并存，提升了思维错位的概率。第二个案例在商标注册场景下讨论版权作品实质性相似的问题，是造成思维错位的重要原因。第三个案例中，法官径直对第一位专家的意见作出了"混淆性相似"的精准概括❶，颇有暗指其错置

---

❶ Criminal Judgment No. 107-Zhi-Su-Zi-4 of the New Taipei District Court, Taiwan. 转引自 LIAO A. Controversies over Copyright Infringement of Facebook/Line Sticker Illustrations［EB/OL］.（2020-06-09）［2021-10-27］. https://www.lexology.com/library/detail.aspx?g=cef6fe81-ba90-4599-bbd0-c4d5251f6fcf.

了商标侵权判断与版权侵权判断之意。一般而言，与被控侵权作品构成相似的权利作品知名度越高，因思维错位而导致版权侵权认定错误的概率越大。这是因为，商标侵权的判断核心是确定是否存在消费者混淆的可能性，而这一判断既取决于商标近似程度、商品类似程度，也离不开对商标显著性、知名度的判断，且两者存在此消彼长的关系——对于知名度高的商标，即便是仅具有较低程度相似性的标志，亦可能导致消费者混淆。而根据版权保护的基本原则，智力成果的独创性及实质性相似判定均与其知名度并无关联❶，亦不受市场因素的影响。❷一旦将知名度判断运用于版权侵权领域，便极易导致错误的判决结果。

对消费者混淆的强调与否，对原被告之间达成"共存协议"的空间施加了限制，这是版权思维与商标思维差异的另一向度。版权侵权中，原被告双方达成的作品共存协议具有版权授权的法律效力，能够产生阻却侵权的效果。与之不同，商标共存协议若不能排除消费者混淆之可能性，则法院可以不予认可；❸即便是承认商标共存合理性的学者，也认为商标审查机关、人民法院在审查共存协议时需要对当事人减少商标冲突、减少消费者混淆可能性的具体措施

---

❶ 段晓梅.商标权与在先著作权的权利冲突［M］.北京：知识产权出版社，2012：111.

❷ 朱文彬.著作权侵权案件审判：要件、维度、经验、逻辑的四重奏——以"十三五"时期广州知识产权法院著作权案件为例［J］.版权理论与实务，2021（5）：61.

❸ 王国浩."探岳"征途，英文商标注册遇阻［N］.中国知识产权报，2021-09-17（1）.

的适当性进行评估，根据评估结果作出是否允许商标共存的决定；❶
若商标之间不具备"最低限度的可区分性"，如未进行市场划分或
加注识别标识等，则不宜认可共存协议的效力。❷可见，版权思维
与商标思维对共存协议的容纳度并不一致，这也进一步印证了警惕
思维错位的必要性。

对于商标思维与版权思维错位问题的解决，笔者认为仍应坚持
上文提供的思路：鉴于有能力确定是否存在抄袭的主体并非消费群
体，而是创作主体，其适格性以具备一定的创作知识为条件，因此
不应以两部作品"是否具有混淆可能性"的判断取代"独立创作可
能性"的判断。在"小黄鸭"版权纠纷二审判决中，法官即坚持了
这一思路：一方面认定涉案形象设计要素、理念不同，不构成实质
性相似；另一方面指出关于商标侵权和仿冒的问题可以通过另行提
起商标侵权或者不正当竞争之诉解决。❸这一做法有助于维持版权
法与商标法的分野，也是维护创作自由的必要之举。

6.2 "非作品性使用"不应被纳入实质性相似判定中分析

在作品侵权判断中，存在"作品性使用"与"非作品性使用"

---

❶ 王太平. 商标共存的法理逻辑与制度构造 [J]. 法律科学（西北政法大学学报），2018（3）：108.

❷ 冯晓青，范臻. 商标共存协议：共存还是混淆？[N]. 中国知识产权报，2021-11-03（11）.

❸ 姜旭，潘玲娜. 两只"小黄鸭"打起了版权官司 [N]. 中国知识产权报，2021-05-14（10）.

之分，二者的关键区别在于使用行为是否基于作品的文学艺术属性，使用人是否以利用作品的文学艺术属性获得精神愉悦、满足审美需求为目的。❶ 可见，作品性使用是与美学吸引力判断联系密切的一个概念。我国《著作权法》所规定的"为报道新闻，在报纸、期刊、广播电台、电视台等媒体中不可避免地再现或者引用已经发表的作品"是较为典型的非作品性使用，无论是新闻的传播者还是接受者，均不以获取该作品的审美价值为主要目的。数字图书馆提供图书索引及图书部分页面的阅读服务以方便消费者决定是否购买图书，搜索引擎提供缩略图 ❷，为人工智能机器学习而输入作品，❸ 或者更为特别的，将享有版权的诗句作为电脑密码使用❹，均属非作品性使用。"非作品性使用"与转换性使用中的"目的转换"具有高度近似性，均着眼于对作品并非美学吸引力层面的使用。从这个角度而言，认为非作品性使用本不受版权法规制，亦不存在成立版权侵权的空间 ❺ 的观点，无疑具有正确性。日本在 2018 年修法时新增"若对于作品的利用行为并非为自己或他人欣赏作品中表达的观

---

❶ 何鹏. 漫谈知识产权的权利边界：缺乏目的性变形的使用权能 [J]. 知识产权，2018（6）：19.

❷ DRASSINOWER A. What's Wrong with Copying? [M]. Cambridge：Harvard University Press，2015：8.

❸ EU Directive on Copyright in the Digital Single Market，art.3；Japanese Copyright Act，art. 30-4.

❹ HICKEY K J. Reframing Similarity Analysis in Copyright [J]. Washington university law review，2016，93（3）：706.

❺ DRASSINOWER A. What's Wrong with Copying? [M]. Cambridge：Harvard University Press，2015：87-88.

点或传递的情感之所需，则允许在必要的范围内从事此利用行为"❶的条款，将数据处理、分析等行为纳入，正是考虑到此类使用不涉及可感知的作品表达，因而不会损害版权人收取作品享有对价的利益❷，可谓是上述观点的立法体现。

在笔者提出的"排除独立创作可能性—市场替代—均衡分析"框架中，并未为非作品性使用的判断留下空间，一种潜在的质疑便在所难免：既然市场替代判断的核心是作品美学吸引力的判断，非作品性使用理应在这一阶段予以排除，否则，岂不是会存在体系化的疏漏？对于这一质疑，笔者认为有必要从如下两方面进行回应。

一方面，在"未经授权""公开传播""作品具备侵权属性"的版权侵权构成体系中，实质性相似判定服务于作品侵权属性判断，致力于解决现有创作者与未来创作者的利益平衡问题，这一基本定位决定了市场替代中的美学吸引力考察应基于作品的差异而展开；至于具体的使用行为、使用方式，则应在"未经授权""公开传播"中予以考量。事实上，上文提及的实质性相似判定的主要方法和辅助标准也都遵循了这一指引。美国联邦第九巡回上诉法院在2021年判决的 Richard N. Bell v. Wilmott Storage Services 案中对最小使用原则的澄清，亦印证了这一观点。该案原告通过图片搜索功能发现被告网站上存在侵犯其版权的图片，遂提起诉讼，被告则提出最小使用抗辩。在上诉案件的审理中，美国联邦第九巡回上诉法院推翻

---

❶ Japanese Copyright Act, art. 30-4.

❷ 郑重. 日本著作权法柔性合理使用条款及其启示 [J]. 知识产权, 2022 (1): 125.

了地区法院支持被告的判决，并对最小使用原则作出了如下澄清：这一原则并非侵权抗辩事由，而服务于关于被控侵权作品与权利作品是否存在实质性相似的判定，其旨在确定抄袭的程度，而非被告对侵权作品使用的程度。^❶ 该案坚持"作品"与"行为"相区分的判定思路，这与笔者的观点不谋而合。以之反观"非作品性使用"，无论是对作品全部的使用，还是对作品片段的使用，均未改变作品本身，因而不应在作品侵权属性层面进行分析。

另一方面，即便不考虑市场替代产生的原因，由于"非作品性使用"的判定具有较强的不确定性，基于个案具体情形的合理使用分析更为可取。"非作品性使用"是被控侵权人对自身使用目的的正当性的说明，这一目的与消费者的使用目的未必一致，消费者从被控侵权人的使用行为中获得权利作品审美价值的可能性依旧存在，此时市场替代能够成立。事实上，在同样涉及搜索引擎服务的谷歌图书馆案和TVEyes案中，法院就作出了截然不同的判决：前者提供的图书搜索服务被认定为合理使用，因用户最多只能阅读一本书的16%，且这些部分散落在不同的章节，由此可见这一服务对权利作品市场的影响有限；后者提供的电视节目搜索服务则被认定为侵权，因其提供的10分钟新闻片段已足以满足用户的使用需求，从而对权利作品的市场需求直接构成替代。^❷ 鉴于非作品性使用的认

---

❶ Richard N. Bell v. Wilmott Storage Services, LLC, et al., Case Nos. 19-55882, -56181（9th Cir. 2021）.

❷ Fox News Network v. Tveyes, Docket Nos. 15-3885（L）, 15-3886（XAP）（2d Cir. 2018）.

定具有复杂性，且缺乏美学吸引力判断的确定性，依循三步检验法的指引在个案中展开合理使用分析是更为可取的选择。

诚然，某些案例乍眼看去，似乎存在美学吸引力分析与"非作品性使用"分析的混同。但若细究之，二者之区别依旧清晰可见。这些案例多涉及功能性较强的作品，以甲骨文与谷歌涉 Java 代码版权纠纷为例，美国联邦最高法院在判决中支持谷歌的一个重要理由是其使用的涉案代码与计算机的功能系统难以分割，具有功能性，因而比一般的计算机程序更为"远离版权保护的核心"。❶ 这一论断似有认为谷歌的代码更改了甲骨文代码的美学吸引力之嫌，实则不然。计算机软件与图形作品一样，其受到保护是因为包含了严谨、精确、简洁、和谐与对称的"科学之美"；❷ 即便有一定的欣赏门槛，也不妨碍其构成实实在在的美学吸引力。正因如此，基于功能性而使用代码，与使用代码中具有美学吸引力的部分，并不存在"非此即彼"之说。该案中不存在对计算机软件作品美学吸引力的转换，亦不存在不使用甲骨文代码即损害创作自由的情形，因而对谷歌的豁免无法基于作品侵权属性的判定而展开。法院从使用的兼容目的及不允许此类使用可能给公众带来的学习成本出发，最终作出不侵权的结论，其实是在创作自由利益之外，对更为宽泛的公共利益作出考量，从而再次印证了将"非作品性使用"置于合理使用中分析的优越性。

---

❶　Google v. Oracle, 141 S. Ct. 1163（2021）.

❷　王迁. 著作权法［M］. 北京：中国人民大学出版社，2015：112.

6.3　诉讼中的特殊考量

6.3.1　作品比对举证责任：权利人承担的原则及其适用例外

在"排除独立创作可能性"分析中，"要素罗列"与"提取相似点"这两个步骤最终服务于"比较"的具体展开，作品比对的举证责任分配因而成为一个重要问题。根据"谁主张谁举证"的民事诉讼举证责任分配基本原则，为便于作品侵权比对，对作品相似点进行提取的举证责任通常需要由侵权诉讼中的原告承担。对此，美国联邦第五、七、十一巡回上诉法院已有明确要求，并以作品权利人对权利作品和被控侵权作品进行比对（produce the works for a side-by-side comparison）❶ 作为其胜诉的前提。我国一些法院亦有类似的规定，如根据《北高指南》第 10.9 条，影视作品的相关权利人为证明存在实质性相似，应提交其在先作品与被控侵权作品之间的对比说明或列表，具体列明二者对应情况；《广高指引（试行）》第 22 条亦有类似的规定，其要求游戏侵权案件的原告应当明确请求保护作品的内容、被诉侵权内容及二者之间的对应关系。司法实践中，亦有法院基于"不告不理"原则，在裁判中仅以权利人主张构成抄袭的具体部分作为比对对象，进一步体现出对上述观点的遵

---

❶　LIPPMAN K. The Beginning of the End: Preliminary Results of an Empirical Study of Copyright Substantial Similarity Opinions in the U.S. Circuit Courts [J]. Michigan state law review, 2013, 2013 (2): 528.

循。❶ 而对权利人而言，为增强论证的说服力，其通常也会自行承担这一义务——尤其是在指控影视文学作品抄袭的案件中，制作对比"调色盘"往往成为必要的前置程序。❷

依笔者之见，以作品权利人承担作品比对举证责任为原则，符合经济与效率原则，有助于案件的正确解决，应当予以推广。从当事人的角度看，权利人既然提出侵权主张，则理应接触过被控侵权作品，要求其将认为侵权的成分以要素为类进行罗列，以便于比对，通常不会对其产生过多负担，相反却有助于举证的明晰，且符合效率原则；更为重要的是，由于所有的作品都不是完全独创的，当权利人主张被控侵权作品与其权利作品构成实质性相似时，本就只能针对作品中受保护的部分主张权利，因此其当然有义务明确这些"受保护的部分"究竟包括哪些内容。从法院的角度看，将审查对象限缩为权利人认为可能构成侵权的具体要素，实为在侵权判断中采取"认亲法"而非"寻亲法"❸，其有助于将虽受保护但并不属

---

❶　参见刘某军、西安曲江丫丫影视文化股份有限公司等与倪某礼著作权权属、侵权纠纷二审民事判决书，北京知识产权法院（2015）京知民终字第 1148 号。

❷　张奇 . "调色盘"与影视文学作品侵权认定规则探析——以首例《锦绣未央》著作权侵权纠纷案为例［J］. 山东科技大学学报（社会科学版），2020（2）：40.

❸　张书青认为，判断被控侵权作品有无包含与权利作品独创性表达"实质性相似"的表达，存在两种进路：第一种是先确定权利作品中的独创性表达，再到被控侵权作品中去寻找；第二种是先对被控侵权作品与权利作品进行比对，确定近似内容，再判断该近似内容是否属于权利作品的独创性表达。前者是在被控侵权作品中寻找权利作品独创性表达，因而被称为"寻亲法"；后者是判断近似内容是否属于原作品权利人的"亲儿子"，因而被称为"认亲法"。张书青 . 论短视频权利产生和侵权认定规则［J］. 版权理论与实务，2021（7）：72.

于权利人所主张侵权的内容排除在外，使裁判聚焦，节约司法成本，并促进审判效率的提升。总体而言，由权利人在侵权诉讼中承担提供两部作品相同或相似部分比对情况的义务，以为其侵权主张提供充分的证据，应当成为常态。此外，虽诚如学者所言，被控侵权人往往更有动力就其作品与公共领域作品的相似之处进行充分举证❶，以辅助实质性相似判定，但举证动力并不应成为结果意义上举证责任的分配事由。

但需注意的是，存在权利人无须承担作品侵权比对举证责任的例外情形，这些情形概言如下。

第一，被控侵权人提供的作品附上了权利人的署名。我国《著作权法》第12条规定了署名推定原则，在作品上署名的自然人、法人或者非法人组织即为作者，除非有相反证明。对于被控侵权作品署名为权利人的情形，只要权利人能够证明对其作品享有版权，认定被控侵权人存在抄袭行为便构成一种合理的推定，这也成为司法实践中的惯常做法。在涉计算机软件实质性相似判定案件中，借助署名信息更是成为最直观的判定思路。❷例如，在奥腾有限公司与南京冠亚电源设备有限公司侵害计算机软件著作权案中，证据保全结果显示被告安装的软件界面上存在与原告享有版权的正版软件相同的软件名称和版权信息，法院遂以之作为认定侵权的重要证

---

❶ LIM D. Saving Substantial Similarity [J]. Florida law review, 2021, 73: 644.

❷ 初萌. 计算机软件著作权侵权案件认定思路梳理 [EB/OL]. (2018-01-22) [2022-09-10]. https://victory.itslaw.com/victory/api/v1/articles/article/1049a09e-dc91-436e-b0c8-788442dc0628?downloadLink=2&source=iOS.

据。❶再如，对于一些服务器软件的侵权判定，Telnet取证方式的合法性基本得到认可，这一取证方式的原理如下：当用户在本地计算机上运行Telnet命令申请登录目标服务器的某个端口后，目标服务器会将该端口服务所使用的软件信息返还给本地计算机。在奥托恩姆科技有限公司与宁波神采装饰设计工程有限公司侵害计算机软件著作权纠纷再审案中，法院认为通过Telnet命令检测所得到的反馈信息具有一定的确定性，同时结合登录界面的信息，认定被控侵权人存在侵权行为。❷

从本质上说，被控侵权作品中存在的权利人署名是一项特异性内容。根据上文分析可知，特异性内容有助于证明存在"接触"，却未必能够证明存在"抄袭"，这是由特异性内容可能不具独创性所导致的。这一结论从表面上看似与司法实践中的上述做法有所冲突，实则不然。这是因为：其一，权利作品中的错误、疏忽等特异性内容往往存于细节之处，署名则关乎作品整体，从被控侵权作品中出现权利作品的署名这一事实推断出其使用了权利作品的全部，是合乎逻辑的推理。其二，既然权利人已提供了能够证明被控侵权人存在侵权的初步证据，也就不需承担作品侵权比对义务；不构成实质性相似的举证责任便合法转移到被控侵权人，若其不能提供足以推翻权利人主张的充足证据（包括不能提供用于比对的被控侵权作品），则应承担举证不能的不利后果。由于诉讼中的实质性相似

---

❶ 参见南京市中级人民法院（2014）宁知民初字第157号民事判决书，该判决被江苏省高级人民法院（2016）苏民终127号民事判决书维持。

❷ 参见浙江省高级人民法院（2016）浙民再123号民事判决书。

判定有其特殊性，在实质正义之外，还需对当事人的举证能力有所考虑，兼顾公平与效率。有鉴于此，由被控侵权人承担推翻署名推定规则的举证责任并不与笔者前文的分析相冲突。

第二，权利人并无获取被控侵权作品的合理途径，但提供了涉案作品存在实质性相似的初步证据，而被告此时仍拒不提供被控侵权作品。在君意东方电泳设备有限公司与北京东方瑞利科技有限公司侵害计算机软件著作权纠纷案中，最高人民法院二审即指出在权利人已证明被控侵权人存在接触可能性且两款软件可视化内容相同的情况下，其已在举证能力范围内尽到初步举证责任，此时举证责任转移到被控侵权人，而一审法院因权利人未提交被诉侵权软件代码而驳回诉请，属于不当分配举证责任。❶ 可见，权利人在这一情形中无须承担作品比对义务，这一观点已得到最高人民法院的认可。

6.3.2 专家意见：范围扩大与强化审查并重

在实质性相似侵权判定中，排除独立创作可能性的判断处于核心地位，其以对作品思想与表达部分的拆解为前提。由于一般消费者在判断侵权时往往并不区分思想与表达❷，而法官也未必具备文学、艺术、科学相应领域的创作知识，引入专家的意见（包括鉴定意见）便具有了必要性。从诉讼规则来看，专家意见作用的领域不

---

❶ 参见最高人民法院（2020）最高法知民终 209 号民事判决书。

❷ COHEN A B. Masking Copyright Decisionmaking: the Meaninglessness of Substantial Similarity [J]. UC Davis law review, 1987, 20: 740.

仅限于科学知识、技术知识，也包括其他专门知识，只要具备专业知识者的参与能够协助事实裁判者理解证据或判断争议事实❶，将创作知识纳入并不存在制度障碍。但从我国司法实践来看，一方面，"知识产权"鉴定人资质所涉专业知识主要覆盖技术知识和知识产权法律知识，尚未延及与排除独立创作可能性判断最为相关的关于创作的知识；另一方面，当事人在诉讼中引入专家证言的做法亦不常见，而且即便当事人提出申请，法院也可自行根据案件审理情况判断是否准许这一申请。❷因此，专家意见在诉讼中的作用便十分有限。对于上述问题，笔者认为应有针对性地提出完善举措，以扩大专家意见的适用范围：对鉴定人资质予以细化，遴选具备版权实质性相似判定所需专业知识的鉴定专家参与诉讼。具言之，着眼于创作领域的多元化，可考虑将鉴定资质赋予作家、编剧、导演、画家、摄影师等相关领域的创作者，以解决鉴定人"有资质而无能力"的问题，确保案件争议的正确、有效解决。此外，法官也需要提升对实质性相似判定问题专业属性的认识，准许当事人提供专家证人的意见，扩充诉讼中专业知识的获取渠道。

与此同时，针对当前版权司法审判中存在鉴定人资质要求不严、难以确保鉴定意见正确性等问题，有必要从程序规定和实体要求两个维度、以实现法律真实与客观真实的统一为导向，强化法官

---

❶ 刘慧. 英美法系专家证人与专家证据研究：以刑事诉讼为视角［M］. 北京：中国政法大学出版社，2018：46.

❷ 参见成都天象互动科技有限公司等与苏州蜗牛数字科技有限公司侵害著作权纠纷二审民事判决书，江苏省高级人民法院（2018）苏民终 1054 号。

对鉴定意见的审查。

其一，审理案件的法官可从作品类型、鉴定人过往创作经验、鉴定人的教育和技能基础、鉴定人的过往鉴定经验、鉴定人的公正性等角度对其资质进行进一步审查，确定是否采信其意见。上述标准对当事人提供的专家证人的意见审查同样适用。与此同时，鉴定人、专家证人出庭作证的义务也需要强化，从而督促其将具有较强专业性的知识转化为当事人和法官易懂的内容，让各方人员更方便顺畅地沟通和解决问题。❶

其二，适时引入专家辅助人，对专家证人的意见与鉴定意见形成制约，提升诉讼中事实查明机制的有效性。《民事诉讼法》第 82 条规定："当事人可以申请人民法院通知有专门知识的人出庭，就鉴定人作出的鉴定意见或者专业问题提出意见。"这一关于"专家辅助人"的规定在版权纠纷中运用甚少，其中不免对版权实质性相似比对专业性认识不足这一因素的作用。专家证人、鉴定人与专家辅助人在诉讼中扮演着不同角色：专家证人、鉴定人的主要作用在于提出专业性意见，以帮助事实裁判者理解证据或者争议事实问题；专家辅助人的主要作用是对案件中的专门性问题进行说明、对质、接受询问和对鉴定人进行询问，对鉴定意见、专家证言的客观性、关联性和合法性等提出质疑和反驳，以提高当事人对专门性问

---

❶ 汤维建，徐彙雄. 民事司法鉴定意见的评价机制论纲 [J]. 中国司法鉴定，2018 (3): 5.

题的质证能力 ❶，其并不具备证人地位。形成"鉴定人＋专家辅助人"二元化专家证人制度，两者相互制衡，有助于打破鉴定人独揽专家意见的一元格局 ❷，确保案件审判结果进一步向客观真实靠拢，完善实质性相似侵权诉讼程序。

其三，除上述程序性要求之外，还应从实质性相似判定作为法律问题的基本属性出发，强化法院对鉴定意见、专家证言中所涉实体问题的审查。当前，关于实质性相似判定的鉴定意见、专家证言存在如下突出问题：一是仅对相似点进行罗列和比例计算，缺乏对其独创性及与之相关的公有领域知识的分析，从而构成对专家能力的错误运用；二是超出事实认定的界限，就实质性相似与否这一法律判断直接作出结论，进而诱发篡夺、虚置审判权的风险。❸ 为有效解决上述问题，一方面，需要进一步促进鉴定意见格式的规范化，要求鉴定人在相似点比对的基础上，对相似点的独特性、相似点相互联结的紧密度是否能够排除独立创作的可能性，展开必要的

---

❶ 刘慧. 英美法系专家证人与专家证据研究：以刑事诉讼为视角 ［M］. 北京：中国政法大学出版社，2018：28-30.

❷ 朱海标，刘穆新，王旭."鉴定人＋专家辅助人"二元化专家证人制度的中国演变——以"民事诉讼证据规定"为切入点［J］. 中国司法鉴定，2021（2）：76.

❸ 这里涉及诉讼法上的一个概念："最终争点规则"（The Ultimate Issue Rule）。"最终争点规则"指的是无论是专家还是非专家提出的意见，若触及案件的争点，就不能采纳。设置这一规则，主要是担心如果允许证人（特别是专家证人）在案件争点方面提出自己的意见或判断，会对事实裁判者的裁判职能造成不适当的影响。这一规则目前有松动的趋势，主要原因在于这一原则具有过度的限制性，会限制事实裁判者对有用信息的接触。刘慧. 英美法系专家证人与专家证据研究：以刑事诉讼为视角［M］. 北京：中国政法大学出版社，2018：147-153. 但这一规则对实质性相似侵权判定的启示意义依旧不容忽视。易言之，专家证人、鉴定人不应取代法官作出实质性相似判定。

说理，以便法官对鉴定意见进行审查；❶另一方面，也需贯彻《最高人民法院关于适用〈中华人民共和国民事诉讼法〉的解释》第105条的规定，强化法院对案件审理的主导权，从客观性、关联性等证明力角度对鉴定意见、专家证言展开全面审查，运用逻辑推理和日常生活经验法则，对证据有无证明力和证明力大小进行判断，在充分说理且对说理充分公开的基础上，作出最终的侵权判定结论。

在个案考量之外，行业协会完善相应领域专家的行为规范、构建惩戒体系的做法也值得借鉴，以完善版权保护的社会共治体系。

6.3.3 停止侵权：基于主观恶意和演绎作品独创性的双重判断

停止侵权是版权侵权案件最为重要的救济方式，通过禁止侵权作品传播阻断侵权者在市场上获益，这一救济方式可谓阻止侵权的釜底抽薪之策。但实质性相似侵权判定的特殊之处在于，被控侵权作品通常并非对权利作品的简单复制，而存在演绎关系，因而需要在前后创作者之间构建平衡机制。在一定程度上限缩停止侵权救济的适用范围，结合被控侵权作品的独创性程度和被控侵权人的主观恶意作出综合衡量，是可以考虑的思路。

一方面，可在停止侵权救济与被控侵权作品独创性之间构建反

---

❶ 类似地，有学者指出，在陪审团就实质性相似问题作出判定时，法官可要求陪审团列明其认为最有助于证明存在实质性相似的证据及不足以证明存在实质性相似的证据，以便于法官对陪审团的决定进行审查。这也是一种强化陪审团说理的机制。JON SPRIGMAM C, FINK HEDRICK S. The Filtration Problem in Copyright's Substantial Similarity Infringement Test [J]. Lewis & Clark law review, 2019, 23（2）: 593.

比规则。事实上，我国已有案例对具有独创性的被控侵权作品并未判令停止侵权：在"大头儿子"版权侵权案中，杭州市滨江区人民法院将平衡原作者、后续作品及社会公众利益作为重要考量，以提高赔偿额的方式替代停止侵权救济；❶ 在"把灿烂的笑容献给你"案中，广州互联网法院亦选择了相同的救济方式，其中不乏对被告为制作演绎作品付出的制作成本、停止使用可能造成社会资源极大浪费的考虑。❷ 这种基于被控侵权作品独创性的救济方式限制值得肯定。需要指出的是，一种较为激进的观点主张对侵犯演绎权的行为和侵犯复制权的行为提供不同的救济——对前者适用强制许可，将禁止权转化为获益权，这是兼顾在后创作者的创作自由与在先创作者权益保障的最佳方式。❸ 笔者对这种一刀切的做法并不赞同，原因在于，若被控侵权演绎作品仅增加了有限的独创性要素，基于美学吸引力的高度相似性，其对权利作品将具有很强的市场替代效应，进而会对权利作品的创作激励产生不可估量的损害，这种损害理应以停止侵权的方式获得补救。综合来看，在停止侵权救济与被控侵权作品独创性之间构建反比规则是最符合社会利益最大化的救

---

❶ 参见杭州大头儿子文化发展有限公司与央视动画有限公司著作权侵权纠纷一审民事判决书，杭州市滨江区人民法院（2014）杭滨知初字第 634、635、636 号，该系列判决被杭州市中级人民法院（2015）浙杭知终字第 356、357、358 号民事判决书维持。

❷ 黄颖慧，高珊珊. 灵活适用侵权责任承担方式实现各方利益平衡——王某诉某边防检查站、某文化传播有限公司互联网著作权侵权纠纷案 [C] // 广州市法学会. 法治论坛·第 62 辑. 北京：中国法制出版社，2021：255.

❸ RACHUM-TWAIG O. Copyright law and derivative works: regulating creativity [M]. New York: Taylor & Francis Group, 2019: 152.

济方式。其一，被控侵权作品独创性越高，其对丰富社会文化生活的作用越为凸显，对其适用停止侵权对社会带来的福利损失也就越大；其二，被控侵权作品在权利作品之外贡献的独创性部分越多，其对权利作品的美学吸引力替代程度越低，对权利人创作激励的损害就越为有限。不仅如此，允许仅有小部分内容存在侵权的演绎作品继续流通❶，这一处理方式亦与传统物权添附理论具有契合性，不失为消弭知识产权法与民法之间隔阂的有益探索。❷

另一方面，可在停止侵权救济与侵权主观恶性程度之间建立正比规则。诚然，若被控侵权作品满足"排除独立创作可能性"这一前提条件，被控侵权人抄袭的主观故意通常可以证实，但"故意"并不等同于"恶意"。一般来说，"故意"包括直接故意和间接故意两种情形，直接故意指的是明知自己的行为会发生损害权利人的后果并且希望这种后果的发生，间接故意指的是明知自己的行为会发生损害权利人的后果并且放任这种结果的发生，两者在认知层面相同，但在意志层面存有差异。"恶意"指向直接故意，其中蕴含着侵权人对权利人更深的敌意，乃至有学者认为版权侵权中的恶意是一种比过错更加严重的否定性评价。❸基于此，对恶意侵权适用停止侵权，符合正义理念。

---

❶ 陈杰. 添附理论视角下著作权侵权物的司法处置 [J]. 版权理论与实务，2021（10）：44.

❷ 习鹏. 论传统物权添附理论在演绎作品保护中的运用 [J]. 电子知识产权，2018（12）：46-57.

❸ 陈杰. 添附理论视角下著作权侵权物的司法处置 [J]. 版权理论与实务，2021（10）：41.

此外，笔者还欲特别指出的是，可能存在的"无意识的侵权"这一例外情况。无意识的侵权，即创作者对留存在其记忆中的既存作品无意识的使用行为，这种行为不具"明知"特点，故难谓之"故意"。随着生产技术民主化，无意识的侵权愈发突出。**❶** 例如，在音乐领域，相同和声结构总是在流行音乐中出现**❷**，其原因之一即在于由商业利益驱动的流行音乐创作需要考虑受众的接受度**❸**，因此，将已被市场检验为公众喜爱的既有旋律运用于再创作之中，便成为一种自然而然且难谓受自主意识控制的创作活动。与此同时，随着音乐作品日渐流行，其公共文化属性更为凸显，与创作者之间的联系则相对弱化，再加之思想与表达划分之困难，这些事实也会引生出"抄袭他人而不自知"的运用场景。因此，有学者发出"一些音乐作品是如此有影响力，以至于后面创作的作品不可避免地会与之构成实质性相似"**❹** 的感慨，便不足为奇了；其虽有夸大的成分，却确切地道出了陷于"无意识的侵权"的侵权者之无奈。需要指出的是，构成无意识侵权的具体场景与均衡分析适用情形存在重

---

❶ KUIVILA M. Exclusive Groove：How Modern Substantial Similarity Law Invites Attenuated Infringement Claims at the Expense of Innovation and Sustainability in the Music Industry [J]. University of Miami law review, 2016, 71（1）: 244.

❷ SELFRIDGE-FIELD E. Substantial Musical Similarity in Sound and Notation：Perspectives from Digital Musicology [J]. Colorado technology law journal, 2018, 14: 259.

❸ WALSH J. No Justice for Johnson－A Proposal for Determining Substantial Similarity in Pop Music [J]. DePaul-LCA journal of art and entertainment law, 2006, 16（2）: 282.

❹ KUIVILA M. Exclusive Groove：How Modern Substantial Similarity Law Invites Attenuated Infringement Claims at the Expense of Innovation and Sustainability in the Music Industry [J]. University of Miami law review, 2016, 71（1）: 264.

叠之处，但其中客观上达到"寄生营销"效果和对权利作品的使用并非不可替代的情形，难以为均衡分析所覆盖，故而依旧构成实质性相似；单独探讨无意识侵权问题的意义由此显现。依笔者之见，由于不具主观故意，对无意识侵权的非难性评价不宜过于严苛；[1] 考虑到此类行为主观可责程度较低，可采取适当降低赔偿数额、不判令停止侵权等救济方式，使创作者无须刻意规避在先作品，充分保障创作自由，进而促进创作活力充分涌动。

6.4 新技术场景下的适应性考察

近年来，人工智能的应用场景已延伸至创作领域，人工智能与大数据的结合广泛运用于对版权侵权内容的识别与过滤。对于上述新技术场景，笔者基于技术中立原则而构建的实质性相似侵权判定体系是否具有适应性，是本部分欲思考并解决的问题。

6.4.1 适用于人工智能创作：基于"拟人化创作"与"创作工具"的双重视角

在 2005 年左右，微软研究院成功开发出微软对联系统，用户出上联，电脑即可对出语句工整的下联、横批，这是人工智能创作的早期应用场景。2017 年，微软研究院进一步开发出电脑写诗、作词、谱曲系统，至此，人工智能创作开始获得广泛关注。正如人工

---

[1] 丁文杰. 接触要件的基本内涵及认定规则 [J]. 知识产权，2019（3）：28.

智能是对人类心智本身的体外化的过程，其本质在于对人类记忆和想象所构成的生活体验的体外化❶，人工智能创作的本质可归结于由人工智能模仿人进行创作。人工智能创作以自然语言处理（Natural Language Processing，简称 NLP）能力的提升为支撑。自然语言处理能力是关于分析、理解和生成自然语言，以方便人和计算机设备进行交流、人与人之间进行交流的能力❷，这进一步揭示了人工智能创作的"拟人化"特点。

创作过程可以分为输入、加工和输出三个阶段——输入指的是创作者扩大知识储备的过程，加工指的是将已有的知识储备转换为作品的过程，输出则指的是加工过程的完结及作品的诞生。人工智能创作亦复如是，若要生成新作品，需要输入大量的作品以供训练，并对输入的作品进行加工。在创作领域，由于不同创作者的信息加工能力不同，输入之总量与产出之质量并不存在严格的正比关系，更有天赋的创作者能够从既存作品中获得比一般人更多的启示。所谓的"天赋"在人工智能处则体现为性能，指涉人工智能对已输入信息的处理能力。❸可见，无论是人类创作还是人工智能创作，本质上都是知识输入和分析处理的产物。

在"思想—表达二分"理论框架之下，受版权保护的表达无一

---

❶　贝尔纳·斯蒂格勒.人类世中的人工愚蠢和人工智能［C］// 孙周兴.未来哲学（第一辑）.北京：商务印书馆，2019：5.

❷　李德毅，中国人工智能学会.人工智能导论［M］.北京：中国科学技术出版社，2018：167.

❸　李德毅，中国人工智能学会.人工智能导论［M］.北京：中国科学技术出版社，2018：94.

不是思想的体现。作为人类意识的产物，思想并非当前主流的弱人工智能所具备，正因如此，有学者指出人工智能创作是应用算法、规则和模板的结果，没有为人工智能留下发挥其聪明才智的空间，具有非智力性❶，因而不能满足独创性要求。不过，主流的"独创性"判断依旧坚持形式主义观点❷，强调作品的物理呈现，并不关注其上承载的创作意图。上述形式主义的作品观亦与读者反应理论相契合——只要读者能从人工智能创作的作品中领悟到一定的思想、情感，获得一定的审美体验，就不能仅因其不具意识而否定其作品的独创性。由此可见，人工智能创作物只要具备作品的客观样态，就应获得版权保护。在此基础上，将本书提出的实质性相似分析思路适用于人工智能创作物，并不存在理论障碍。

除创作过程、"思想—表达二分"理论之外，实质性相似判定的核心——"排除独立创作可能性"的判断，亦能适用于人工智能创作行为。人工智能创作的输入阶段，存在监督学习与无监督学习两种情形：监督学习指的是在已知输入和输出的情况下训练出一个模型，将输入映射到输出；无监督学习则不需要人类进行数据标注，而是通过模型不断自我认知、自我巩固，最后进行自我归纳

---

❶　陶乾.论著作权法对人工智能生成成果的保护——作为邻接权的数据处理者权之证立[J].法学，2018（4）：10.

❷　易继明.人工智能创作物是作品吗？[J].法律科学（西北政法大学学报），2017（5）：137-147.李伟民.人工智能智力成果在著作权法的正确定性——与王迁教授商榷[J].东方法学，2018（3）：149-160.石冠彬.论智能机器人创作物的著作权保护——以智能机器人的主体资格为视角[J].东方法学，2018（3）：140-148.

来实现其学习、输出过程。❶在人工智能全过程采取监督学习的情况下，输入的作品是已知的，若权利作品不在此范围，"独立创作"自可获得证实；❷若权利作品在此范围之内，鉴于接触要件式微的应然原因，不应仅基于存在接触的事实而否认作品存在独立创作完成的可能性。而无论是监督学习还是无监督学习，"本领域普通创作者是否认为存在被控侵权作品独立完成的合理可能性"的判断，依旧存在适用空间。对此，美国专利商标局 2020 年 10 月发布的《关于人工智能与知识产权政策的公众意见》报告具有启发意义。该报告指出，多数公众认为当前判定"本领域普通技术人员"的法律框架仍能有效应对人工智能带来的挑战，毕竟，任何新出现的技术都会提升对本领域普通技术人员技术水平的要求；另有少数评论者指出，对于未来可能出现的通用人工智能，其机器身份决定了其所掌握的技术水平不应影响本领域普通技术人员的法律标准。❸笔者对上述观点持认可态度，并认为其对版权领域同样适用。一方面，作为作品池的一部分，人工智能创作的作品理应为本领域普通创作者所知悉；另一方面，对排除独立创作可能性的判断仍应从自然人视角出发，这是坚持康德"人非工具"哲学命题的必然要求：若对人工智能创作的作品采取更为严格的侵权认定标准，出于成本的考

---

❶ 李德毅，中国人工智能学会. 人工智能导论［M］. 北京：中国科学技术出版社，2018：96，101.

❷ 初萌. 人工智能对版权侵权责任制度的挑战及应对［J］. 北方法学，2021（1）：146.

❸ USPTO, Public Views on Artificial Intelligence and Intellectual Property［EB/OL］.［2021-11-14］. https://www.uspto.gov/sites/default/files/documents/USPTO_AI-Report_2020-10-07.pdf.

量，人们会倾向于减少对人类作品的使用，进而产生"劣币驱逐良币"现象❶，不利于人类创作的激励，使文化市场遭遇思想的匮乏。反之，若采取相对更低的实质性相似认定标准，则无异于赋予人类运用人工智能技术生成作品的做法以负面评价。有学者对人工智能规避抄袭的能力表达了疑虑，认为人工智能可以通过学习和比对轻松规避"表达相似性"问题，并据此认为应当对人工智能创作适用宽松的侵权认定标准。❷这种观点虽有一定的合理之处，但可操作性不强，而且具有很高的主观性。❸合理的权利义务分配仍应回归真实的创作场景，以人工智能本质上仍为人类的创作工具❹为基本出发点。当然，这也意味着人类需要加强对人工智能创作行为的监督，如根据抽象程度对创作要素进行"思想""表达"的标注，注入版权侵权案例供人工智能学习，等等；同时还应增强人工智能算法的透明性、可解释性，在面对版权侵权质疑时能够通过对算法运行机理的解释证明"不是算法惹的祸"。❺

从人工智能的工具属性出发，人工智能在人类创作活动中的实际作用在于提供创作的客观条件与场景，从而对创作过程施加一定

---

❶ 杨利华. 人工智能生成物著作权问题探究［J］. 现代法学，2021（4）：109.

❷ 刘强. 人工智能知识产权法律问题研究［M］. 北京：法律出版社，2020：203-204.

❸ 罗施福，孟媛媛. 人工智能与著作权制度创新研［M］. 武汉：武汉大学出版社，2022：197-198.

❹ 李扬，李晓宇. 康德哲学视点下人工智能生成物的著作权问题探讨［J］. 法学杂志，2018（9）：43-54。

❺ 李宗辉. 论人工智能绘画中版权侵权的法律规制［J］. 版权理论与实务，2022（3）：28-29.

的限制。根据上文关于技术与创作活动"受限性"的分析，当用相同作品训练的人工智能被不同人类主体用于创作时，产出的作品存在一定程度的相似性在所难免，这就如同将同一创作风格赋予参与创作的人工智能。此时，相应提高侵权成立所要求的相似程度，有一定的必要性。这一基于特殊场景的特殊处理方式，并不改变创作空间的分析要素，仅关乎排除独立创作可能性要件的具体适用，从而进一步佐证了笔者提出的实质性相似判定思路对人工智能创作的适应性。长远地看，无论创作能力强于人类的人工智能会否出现，坚持人的主体地位、将权利与责任落实到人的身上，都是基本的价值取向。❶因此，只要"排除独立创作可能性"对维系既有创作者与未来创作者的利益平衡仍旧具有重要意义，且尚未发展出更为可靠的侵权判定标准，仅需必要的调试即可将其沿用于人工智能创作领域，这也是训练创作作品的人工智能时应坚持的原则。

6.4.2 适用于侵权识别软件："人类最终决策"原则仍需坚持

除辅助创作之外，人工智能、大数据等技术也已运用于版权侵权内容的识别与过滤。以 Youtube 的 Content ID 技术为例，其利用感知哈希算法对版权作品进行加工，与用户上传的视频内容对应的电子指纹进行比对，从而判定是否构成实质性相似，此类方法已被网络服务商广泛运用。人工智能对作品登记实践的赋能亦逐步显

---

❶ 这在各国关于人工智能的政策中均有体现。初萌.美国人工智能知识产权政策之评析——基于美国专利商标局对公众意见报告的分析 [C] // 易继明.私法（第 18 辑·第 1 卷）.北京：社会科学文献出版社，2021：275-276.

现。例如，有着"世界纺织之都"美誉的浙江省绍兴市河桥区开发了"中国纺织面料花样版权数据中心及 AI 比对系统"，致力于解决版权登记审核人工效率低、精准度低、原创难查、创新程度难确定等痛点问题。❶据研究，当前文字作品的文本分析、索引和比对技术已十分成熟，文本比对的错误几乎可以忽略不计；图片、声音、视频等文件过滤技术虽相对复杂，在算法合理的情况下仍能得到可靠的比对结果。❷至于当前文本相似度检测方法忽略文档结构信息、缺乏语义关联性等问题，也会随着技术的进一步发展而逐步解决❸，学者提出的以语义识别为基础的反洗稿平台过滤机制❹或可在不久的将来落地实施。

　　与版权侵权样态相对应，版权侵权识别、过滤机制可以分为两种类型：第一种是"基于相同的过滤"，主要判断被控侵权作品是否与权利作品或者其片段相一致；第二种是"基于相似的过滤"，判断涉案作品的相似性是否由抄袭导致。依笔者之见，无论采取何种识别、过滤机制，只要被控侵权作品相对于权利作品而言具有独创性，则都应坚持"人类最终决策"原则，由人类对技术认定的侵权结果进行审查。这是由技术的瓶颈和实质性相似的法律问题属性

❶ 窦新颖．花样版权保护，给纺织产业"锦上添花"——浙江省绍兴市河桥区纺织产业版权保护之道［J］．中国版权，2021（5）：39-40.

❷ 崔国斌．论网络服务商版权内容过滤义务［J］．中国法学，2017（2）：217-218.

❸ 代晓丽，刘世峰，宫大庆．基于 NLP 的文本相似度检测方法［J］．通信学报，2021（10）：173-181.

❹ 饶先成，徐棣枫．从一元向多元互动转变：人工智能洗稿行为的规制路径［J］．编辑之友，2021（7）：88.

所共同决定的。

　　"基于相同的过滤"是目前大多数侵权识别、过滤软件所采取的过滤机制。总体而言，其具有直观、清晰、发生错误概率较低等优点，而可能发生错误的领域主要涉及合理使用行为的认定❶，并非错误认定了相似之处与不相似之处。若被控侵权作品仅复制了权利作品，由于此类复制往往足以排除独立创作的可能性，且不存在美学吸引力的变更，直接过滤一般不会导致"假阳性"错误。❷但若被控侵权作品在权利作品基础上进行了演绎，则存在因美学吸引力的更改而消除市场替代的可能性，此时，仍有必要将最终判断权交付美学吸引力的作用对象——人。

　　与"基于相同的过滤"相比，"基于相似的过滤"涉及更为复杂的判断。该机制运作的前提，是对权利作品与被控侵权作品的相似点进行比对，这与笔者在排除独立创作可能性判断中提出的"相似点比对"具有一致性。至于过滤标准的设定，有学者提出"绝对数量"与"相对比例"双维度量化标准，对文字作品、视听作品和音乐作品分别设置1千字、5分钟的限制，同时要求权利作品在被过滤作品中所占比例高于90%。❸这一标准固然具有可操作性强的优点，但对于非字面侵权实则难以规制，若以这一技术标准替代

---

❶　BARTHOLOMEW T B. The Death of Fair Use in Cyberspace：Youtube and the Problem with Content ID［J］. Duke law & technology review, 2015, 13（1）: 66-88.

❷　在本书语境下，"假阳性"错误指的是被控侵权作品本不构成侵权，但被判定为构成侵权；与之相对，"假阴性"错误指的是被控侵权作品本应构成侵权，但被判定为不构成侵权。

❸　崔国斌. 论网络服务商版权内容过滤义务［J］. 中国法学，2017（2）: 234-235.

更宽泛的排除独立创作可能性标准，无异于变相鼓励洗稿等侵权行为。事实上，已有研究指出，若依据当前通行的学位论文抄袭认定标准，多数洗稿文章都不会被认为与原作实质性相似❶，这与人工判定的结果可谓"天壤之别"。更为重要的是，正如对相似点数量的分析构成对鉴定人鉴定能力的误用，对相似点绝对数量和相对比例的分析同样构成对技术能力的误用。本书的分析已经指出，若要使"基于相似的过滤"机制发挥应有的作用，仅考察相似度并不足够，仍有必要深入考察相似点的独特性、紧密度及来源。从这个角度来看，基于"复制比"来判断侵权与否的做法，并不具有合理性。

对于相似点独特性、紧密度及来源的判定而言，技术的确提供了新的信息发现机制。早在 2006 年，网络音乐平台潘多拉（Pandora）就曾上线关于音乐作品的"基因组"项目（Music Genome Project），从和声、节奏、结构、旋律、演唱、歌词等维度对超过 10000 名艺术家的音乐作品进行客观分析❷，并据此构建作品信息数据库。有学者认为，将此类项目中积累的数据以元素进行分解，能够便于作品比对，进而在以下两个方面助力作品相似侵权判断：其一，若根据数据库中的信息，同属某一类型的权利作品与被控侵权作品之间的相似度远高于同一类型的其他作品之间的相似度，则可认定存在侵权的概率较高；其二，若权利作品与被控侵权作品中的相似部分同样来源于第三方作品，这一情形也能通过数据

---

❶ 陈虎. 自媒体新闻洗稿行为的法律失范与规制［J］. 中国出版，2021（21）：59.

❷ AUTRY J R. Toward a Definition of Striking Similarity in Infringement Actions for Copyrighted Musical Works［J］. Journal of intellectual property law, 2002, 10（1）: 114.

分析得到清晰展现。❶上述两个方面分别对应着相似点独特性判断和相似点来源判断。至于紧密度，也可借助比对技术以可视化的方式呈现。我国学者亦注意到了仅能列举相似点的比对系统之局限性，并提出了根据"思想—表达二分"原则弥补算法局限性的具体举措。❷不过，总体而言，以技术手段辅助排除独立创作可能性判定并非易事，技术运作还需满足下述具体细节：第一，比对应当基于权利作品和被控侵权作品，而不是被控侵权作品与比对库中的所有作品，也就是说，应采取1∶1而非1∶N的检测模式。我国高校论文查重系统即采取1∶N模式，其容易引发对何为抄袭的错误认知。❸第二，需要对数据库中作品的侵权属性具有正确的认知。这是因为，若数据库中充斥着侵权作品，且不能排除同一类型作品中部分元素出现的频率较高是基于侵权而导致的，则不能认为此类元素有较高的概率具有较低的独创性。第三，数据库应尽可能覆盖所有作品❹，无论是否已过保护期，且覆盖的作品信息应足够准确。唯有如此，方能对相似部分的来源作出正确的判断。不过，要实现作品全覆盖并非易事，不仅要付出巨大的人力物力成本，还存在法律

❶ LIEBESMAN Y J. Revisiting Innovative Technologies to Determine Substantial Similarity in Musical Composition Infringement Lawsuits [J]. IDEA: the law review of the Franklin Pierce center for intellectual property, 2018, 59 (1): 169.

❷ 余瑞芬，朱丹.著作权法视角下学术论文算法检测的考量及应对 [J]. 出版广角，2021 (19): 82.

❸ 曾德国.论文查重与作品侵权认定的冲突与统一 [J]. 中国版权，2021 (4): 68.

❹ GHERMAN S. Harmony and Its Functionality: A Gloss on the Substantial Similarity Test in Music Copyrights [J]. Fordham intellectual property, media & entertainment law journal, 2009, 19 (2): 510-511.

障碍——若无法律赋予的豁免，构建数据库的行为本身就已侵犯复制权。第四，更为智能化的侵权比对系统还应具有一定的机器学习能力，从实质性相似侵权的相关判决中学习将这一判定算法化的方式。有学者曾指出，相比于人类，算法能以较低成本进行近乎全样本的实证分析，从既往案例库中习得关于合理使用的决策模型；❶若果真如此，实质性相似侵权判定的算法化也并非空穴来风。但是，鉴于版权的产生不以登记为前提、缺乏统一的作品信息登记库，且作品信息库与侵权案例库之间亦不存在有效的对接机制，上述后三项条件在短期内无法满足。这也就意味着，侵权比对软件在辅助作品侵权判定方面仅能发挥有限的作用，最终仍需由人来检验其运作结果的正确性，并作出侵权判定。

综上所述，侵权比对、过滤技术虽有发展为"内置于电脑芯片的法官"的潜力，但在当前的技术条件下，其应用仍具有较大的局限性❷，尚不能实现对人类判断的完全替代。"人类最终决策"原则仍有适用的必要。

---

❶ 吴汉东，李安. 网络版权治理的算法技术与算法规则［C］// 杨明. 网络法律评论（第 23 卷）. 北京：中信出版集团，2021：98.

❷ EUIPO. Impact of Technology Deep Dive Report Ⅰ: Study on the Impact of Artificial Intelligence on the Infringement and Enforcement of Copyright and Designs［EB/OL］.（2022−03−04）［2022−09−10］. https://euipo.europa.eu/tunnel−web/secure/webdav/guest/document_library/observatory/documents/reports/2022_Impact_AI_on_the_Infringement_and_Enforcement_CR_Designs/2022_Impact_AI_on_the_Infringement_and_Enforcement_CR_Designs_FullR_en.pdf.

6.5 本章小结

本章对实质性相似侵权判定中的几个特殊问题进行了分析。

首先，针对当前司法实践中与本书提出的"排除独立创作可能性—市场替代—均衡分析"三步分析法相左的案例，指出其或由排除独立创作可能性与均衡分析的混同所引发，或源于法官商标思维与版权思维的错位，故上述问题并不足以损害三步分析法的普适性。

其次，对"非作品性使用"这一概念进行阐释，指出其为基于作品利用方式的判断，无法容纳于基于作品美学吸引力的市场替代判断之中，应在合理使用等侵权阻却事由中展开具体分析。

再次，对实质性相似侵权判断中的作品比对举证责任分配、专家意见的运用、停止侵权责任的适用等重要问题展开分析，明确了权利人承担作品比对举证责任的基本原则及两项适用例外，提出扩大专家意见的适用范围、促进质证有效性和提升法院对专家意见审查能力的具体措施，以及停止侵权救济适用中的两项重要考虑因素——行为人的主观恶意和被控侵权演绎作品的独创性程度。

最后，对本书提出的实质性相似判定方法在新技术场景下的适应性进行考察。一方面，从人工智能的"拟人化创作"特点及"创作工具"属性出发，论证不必要对其适用新的实质性相似判定规则；另一方面，对当前侵权识别软件的作用机理及局限性进行分析，指出其仍受当前实质性相似侵权判定规则的支配——尤其是，在关于相似点的独特性、紧密度和来源的分析，以及关于美学吸引力的判断中，"人类最终决策"原则仍需适用。据此可知，本书提出的实质性相似侵权判定方法具有普适性、前瞻性。

第七章 结 论

随着版权属性从特许出版权转向私权，版权法规制的行为从原样复制扩展到相似侵权，作品实质性相似侵权判定在版权法上的核心地位得以确立。在扩充版权人权利范围的同时，若判定方法、判定视角不当，个案中的实质性相似侵权判定结果则可能侵犯未来创作者的创作自由，偏离正义的指引，这是当前实质性相似侵权判定中存在的突出问题。为实现当前创作者与未来创作者利益的平衡，通过对创作自由的维护促进社会文化事业的发展，有必要回顾历史、剖析理论问题与现实问题，对实质性相似侵权判定方法进行改造。

首先，应当确立实质性相似在作品侵权属性判定中的基础地位。本书的分析表明，当前通行的"接触＋实质性相似"作品侵权判定思路从"抄袭＋不当利用"方法演变而来。在演变的过程中，由于接触要件的判定思路逐渐偏离了服务于抄袭判断的本旨，不再能够承担确定作品来源的功能；与此同时，对接触可能性的过分依赖导致版权专利化、忽视接触与独立创作并存的可能性、与公众的作品接触权存在天然冲突等问题亦愈发凸显，接触要件理应式微。

据此，应将"实质性相似"作为作品侵权判定的唯一要件，将接触要件中的合理因素纳入"实质性相似"中予以考量。

立足于这一基础地位，实质性相似与合理使用的区别得以进一步澄清。在体系化的版权侵权判定中，"未经授权""公开传播""作品具备侵权属性"是三个必备条件，实质性相似指向作品侵权属性的判断，合理使用则主要是对公开传播行为的豁免。这一基本差异，进一步决定了两者在价值取向与具体制度构造上的区别。具言之：其一，实质性相似判定旨在于保护版权与创作自由之间、当前创作者与未来创作者的利益之间取得平衡；合理使用则关注更为广泛的版权人利益与公共教育、文化参与、获取信息等权益之间的平衡；二者分属版权法的内部平衡、外部平衡。其二，二者对市场替代考察的着眼点不同：实质性相似判定关注作品美学吸引力的相似性与差异性，合理使用判断则从传播范围的角度切入对市场替代问题的考察。其三，鉴于"三步检验法"是对合理使用的限制，考虑到实质性相似判定与合理使用判断的差异性，其中诸如"某些特殊情况"等限制无须适用；换言之，为实质性相似设定普遍的例外规则并不存在理论障碍。

其次，实质性相似侵权判定应当引入多维视角，构建"排除独立创作可能性—市场替代—均衡分析"三步分析法。从实质性相似侵权判断之起源、当前通行的测试法中，可以提炼出"创作者"与"消费者"双重视角，前者着眼于作品的创作市场，关注创作自由；后者与版权法"市场之法"属性密切相关，注重被控侵权作品与权利作品是否存在相同或近似的美学吸引力，是否构成市场替代。"内外部测试法""普通观察者测试法"均结合双重视角，首先判断是否存在抄袭，再进一步考察是否存在美学吸引力层面的市场替代，但由于对"关于创作的知识"的专业属性缺乏关注，上述方法在具体适用中存在主体错置的问题。这一问题亦存在于我国司法实践中，并因缺乏对市场替代的考量、将两步判断杂糅为一步判断而进一步加剧。

本书提出的三步分析法，从双重视角中获取值得借鉴的因素，并致力于上述问题的解决。其具体判定步骤如下：其一，判断被控侵权作品是否存在独立创作的可能性，这是实质性相似侵权判断中的基础问题。相较于独创性的判断而言，排除独立创作可能性的判断更具客观性，也有助于防止在确权、侵权判断中同时使用"独创性"这一用语所可能引发的混淆。这一阶段的判断应采取"本领域普通创作者"的视角。本领域普通创作者，是能够获知特定创作领域在创作日之前已公开发行的作品且具备该领域普通创作能力的创作者。在具体适用这一视角辅助判断时，应注意避免将问题从"独立创作是否存在可能"转化为"消费者是否会对两部作品的来源、关联关系产生混淆""消费者是否认为两部作品之间存在市场替代关系"。其二，在证明被控侵权作品不存在独立创作可能性的基础上，从消费者视角考察两部作品美学吸引力之异同，作出市场替代判断。这一阶段能够将"滑稽模仿"等情形排除出侵权范围，为创作自由提供重要保障。其三，在确有必要之时，由法官结合案件情形展开均衡分析。当且仅当被控侵权作品对权利作品的使用不具有可替代性，且这种使用不构成对原告作品的"寄生营销"、不损害原告作品市场时，方可基于均衡原则对其豁免，以进一步实现不同创作主体之间的利益平衡。

再次，实质性相似侵权判定的诉讼实现机制需要进一步改造。以举证责任的公平分配为视角，作品比对义务应以权利人承担为原则；对于无须比对作品的例外情形，应当作出明确的限定。考虑到关于创作的知识所具有的专业性，专家意见应在更广的范围内引入，对专家意见的质证、审查机制也需相应完善，以尽可能实现法律真实与客观真实的统一。至于停止侵权救济的适用范围，可结合侵权演绎作品本身的独创性高低、被控侵权人侵权的主观恶意程度，综合衡量，必要时以一定程度的赔偿额提高来替代停止侵权的适用范围，以防止在先版权权利人对在后创作产生"劫持"效应，促进作品价值的充分实现。

最后，实质性相似判定需要不断接受新技术场景的检验，以在变动不居的现实社会中不断寻求著作权利与创作自由利益之间的最佳平衡点。本书的分析指出，在当前人工智能创作与侵权判定的技术条件下，尚无必要发展新的实质性相似判定规则；易言之，本书提出的实质性相似判定三步分析法具有一定的普适性、前瞻性。但放眼于长远，实质性相似判定始终要在与技术的互动中不断被重塑、改造，这也将成为这一领域未来重要的研究议题。

参考文献

一、中文专著

[1] 城仲模. 行政法之一般法律原则 [M]. 台北：三民书局，1999.

[2] 崔国斌. 著作权法：原理与案例 [M]. 北京：北京大学出版社，2014.

[3] 董少谋. 民事诉讼法学 [M]. 2版. 北京：法律出版社，2013.

[4] 段瑞林. 知识产权法概论 [M]. 北京：光明日报出版社，1988.

[5] 段晓梅. 商标权与在先著作权的权利冲突 [M]. 北京：知识产权出版社，2012.

[6] 方新军. 侵权责任法学 [M]. 北京：北京大学出版社，2013.

[7] 郭佳宁. 侵权责任免责事由研究 [M]. 北京：中国社会科学出版社，2014.

[8] 何怀文. 中国著作权法：判例综述与规范解释 [M]. 北京：北京大学出版社，2016.

[9] 何怀文. 著作权侵权的判定规则研究 [M]. 北京：知识产权出版社，2012.

[10] 黄纯懿. 作曲技术理论与音乐创作研究 [M]. 北京：中国纺织出版社，2018.

[11]黄海峰.知识产权的话语与现实——版权、专利与商标史论 [M].武汉：华中科技大学出版社，2011.

[12]李琛.著作权基本理论批判 [M].北京：知识产权出版社，2013.

[13]李德毅，中国人工智能学会.人工智能导论 [M].北京：中国科学技术出版社，2018.

[14]李明德.美国知识产权法 [M].北京：法律出版社，2014.

[15]李扬.著作权法基本原理 [M].北京：知识产权出版社，2019.

[16]梁志文.变革中的版权制度研究 [M].北京：法律出版社，2018.

[17]刘慧.英美法系专家证人与专家证据研究 [M].北京：中国政法大学出版社，2018.

[18]刘强.人工智能知识产权法律问题研究 [M].北京：法律出版社，2020.

[19]刘心稳.中国民法学研究述评 [M].北京：中国政法大学出版社，1996.

[20]罗施福，孟媛媛.人工智能与著作权制度创新研究 [M].武汉：武汉大学出版社，2022.

[21]彭立静.伦理视野中的知识产权 [M].北京：知识产权出版社，2010.

[22]史雷鸣，贾平凹，韩鲁华.作为语言的建筑 [M].西安：陕西师范大学出版总社，2015.

[23]舒国滢.法学的知识谱系 [M].北京：商务印书馆，2020.

[24]孙山.知识产权请求权原论 [M].北京：法律出版社，2022.

[25]孙玉芸.作品演绎权研究 [M].北京：知识产权出版社，2014.

[26]孙周兴.未来哲学（第一辑）[M].北京：商务印书馆，2019.

[27]王鹏，潘光花，高峰强.经验的完形——格式塔心理学 [M].济南：山东教育出版社，2009.

[28]王迁. 著作权法 [M]. 北京：中国人民大学出版社，2015.

[29]王素玉. 版权法的经济分析 [M]. 北京：经济科学出版社，2016.

[30]王泽鉴. 民法总则 [M]. 北京：中国政法大学出版社，2001.

[31]王泽鉴. 侵权行为 [M]. 北京：北京大学出版社，2009.

[32]吴国盛. 技术哲学讲演录 [M]. 北京：中国人民大学出版社，2016.

[33]吴汉东. 无形财产权基本问题研究 [M]. 4 版. 北京：中国人民大学
    出版社，2020.

[34]吴汉东. 著作权合理使用制度研究 [M]. 4 版. 北京：中国人民大学
    出版社，2020.

[35]杨健. 创作法：电影剧本的创作理论与方法 [M]. 北京：作家出版
    社，2012.

[36]杨利华. 中国知识产权思想史研究 [M]. 北京：中国政法大学出版
    社，2018.

[37]杨明. 知识产权请求权研究——兼以反不正当竞争为考察对象 [M].
    北京：北京大学出版社，2005.

[38]张洪波. 新著作权法与热点案例评析——中国版权法治观察 [M].
    杭州：浙江大学出版社，2021.

[39]张宪荣. 设计符号学 [M]. 北京：化学工业出版社，2004.

[40]郑成思. 版权法 [M]. 北京：中国人民大学出版社，2009.

[41]朱理. 著作权的边界——信息社会著作权的限制与例外研究 [M].
    北京：北京大学出版社，2011.

[42]朱文彬. 知识产权裁判思维与实例分析 [M]. 北京：知识产权出版
    社，2019.

[43]邹海林，朱广新. 民法典评注：侵权责任编 [M]. 北京：中国法制
    出版社，2020.

二、中文译著

[1] 埃尔基·佩基莱，戴维诺·伊迈耶. 音乐·媒介·符号——音乐符号学文集 [M]. 陆正兰，等译. 成都：四川出版集团，四川教育出版社，2012.

[2] 爱德华·扬格. 试论独创性作品 [M]. 袁可嘉，译. 北京：人民文学出版社，1963.

[3] 柏拉图. 理想国 [M]. 郭斌和，张竹明，译. 北京：商务印书馆，2009.

[4] 本杰明·N. 卡多佐. 法律的成长——法律科学的悖论 [M]. 董炯，彭冰，译. 北京：中国法制出版社，2002.

[5] 彼得·莱兰，戈登·安东尼. 英国行政法教科书 [M]. 杨伟东，译. 北京：北京大学出版社，2007.

[6] 布拉德·谢尔曼，莱昂内尔·本特利. 现代知识产权法的演进：英国的历程（1760—1911）[M]. 金海军，译. 北京：北京大学出版社，2012.

[7] E.H. 贡布里希. 艺术与错觉——图画再现的心理学研究 [M]. 杨成凯，李本正，范景中，译. 南宁：广西美术出版社，2012.

[8] 黑格尔. 美学（第一卷）[M]. 朱光潜，译. 北京：商务印书馆，1995.

[9] 洪汉鼎. 伽达默尔著作集第1卷 诠释学Ⅰ：真理与方法——哲学诠释学的基本特征 [M]. 洪汉鼎，译. 北京：商务印书馆，2021.

[10] 杰夫·格尔克. 情节与人物：找到伟大小说的平衡点 [M]. 曾轶峰，韩学敏，译. 北京：中国人民大学出版社，2014.

[11] 杰拉德·普林斯. 叙事学：叙事的形式与功能 [M]. 徐强，译. 北

京：中国人民大学出版社，2013.

[12]卡尔·拉伦茨.法学方法论（全本·第六版）[M].黄家镇，译.北京：商务印书馆，2020.

[13]卡夫卡.卡夫卡口述[M].上海：上海三联书店，2009.

[14]克莱夫·贝尔.艺术[M].马钟元，周金环，译.北京：中国文联出版社，2015.

[15]克劳斯·莱纳·谢勒.正义[M].王淑娟，译.南昌：江西人民出版社，2020.

[16]莱曼·雷·帕特森，斯坦利·W.林德伯格.版权的本质：保护使用者权利的法律[M].郑重，译.北京：法律出版社，2015.

[17]劳勃·萧尔.原创的真相：艺术里的剽窃、抄袭与挪用[M].刘泗翰，译.台北：阿桥社文化，2019.

[18]勒内·韦勒克，奥斯汀·沃伦.文学理论[M].刘象愚，邢培明，陈圣生，等译.杭州：浙江人民出版社，2017.

[19]里查德·D.弗里尔.美国民事诉讼法（上）[M].张利民，孙国平，赵艳敏，译.北京：商务印书馆，2013.

[20]理查德·A.波斯纳.法理学问题[M].苏力，译.北京：中国政法大学出版社，2002.

[21]联合国教科文组织.版权法导论[M].张雨泽，译.北京：知识产权出版社，2009.

[22]罗伯特·P.莫杰思.知识产权正当性解释[M].金海军，史兆欢，寇海侠，译.北京：商务印书馆，2019.

[23]罗伯特·P.墨杰斯，比特·S.迈乃尔，马克·A.莱姆利，等.新技术时代的知识产权法[M].齐筠，张清，彭霞，等译.北京：中国政法大学出版社，2003.

[24]罗伯特·索尔索.认知与视觉艺术[M].周丰，译.郑州：河南大

学出版社，2019.

[25] 洛克. 政府论 [M]. 叶启芳，瞿菊农，译. 北京：商务印书馆，2009.

[26] 马丁·W. 海塞林克. 新的欧洲法律文化 [M]. 魏磊杰，吴雅婷，译. 北京：中国法制出版社，2018.

[27] 马克·罗斯. 版权的起源 [M]. 杨明，译. 北京：商务印书馆2018年版。

[28] 梅洛·庞蒂.1948年谈话录 [M]. 郑天喆，译. 北京：商务印书馆，2020.

[29] 米哈依·菲彻尔. 版权法与因特网 [M]. 郭寿康，万勇，相靖，译. 北京：中国大百科全书出版社，2009.

[30] 欧内斯特·J. 温里布. 私法的理念 [M]. 徐爱国，译. 北京：北京大学出版社，2007.

[31] 皮埃尔·吉罗. 符号学概论 [M]. 怀宇，译. 成都：四川人民出版社，1988.

[32] 特雷·伊格尔顿. 二十世纪西方文学理论 [M]. 伍晓明，译. 北京：北京大学出版社，2007.

[33] 图比亚斯·莱特. 德国著作权法 [M].2版. 张怀岭，吴逸越，译. 北京：中国人民大学出版社，2019.

[34] 西尔克·冯·莱温斯基. 国际版权法律与政策 [M]. 万勇，译. 北京：知识产权出版社，2017.

[35] 伊·杜波夫斯基，斯·叶甫谢耶夫，伊·斯波索宾，等. 和声学教程（上下册）[M]. 陈敏，刘学严，译. 北京：人民音乐出版社，2008.

[36] 伊波利特·阿道尔夫·丹纳. 艺术哲学 [M]. 傅雷，译. 南京：江苏凤凰文艺出版社，2018.

[37] 詹姆斯·E. 赫格特. 当代德语法哲学 [M]. 宋旭光，译. 北京：中

国政法大学出版社，2019.

[38] 詹姆斯·塔利. 论财产权：约翰·洛克和他的对手 [M]. 王涛，译. 北京：商务印书馆，2014.

三、英文专著

[1] DRASSINOWER A. What's Wrong with Copying? [M]. Cambridge：Harvard University Press，2015.

[2] KAUFMAN J C，STERNBERG R J. The Cambridge Handbook of Creativity [M]. 2nd ed. Cambridge：Cambridge University Press，2019.

[3] GRIFFITHS J，SUTHERSANEN U. Copyright and Free Speech：Comparative and International Analyses [M]. Oxford：Oxford University Press，2005.

[4] RACHUM-TWAIG O. Copyright Law and Derivative Works：Regulating Creativity [M]. New York：Taylor & Francis Group，2019.

[5] CHAPDELAINE P. Copyright User Rights：Contracts，and the Erosion of Property [M]. Oxford：Oxford University Press，2017.

[6] GOLDSTEIN P. Copyright：Principles，Law and Practice [M]. Boston：Little，Brown and Company，1989.

[7] EFRONI Z. Access-Right：The Future of Digital Copyright Law [M]. Oxford：Oxford University Press，2010.

四、中文论文

[1] 陈杭平. 论"事实问题"与"法律问题"的区分 [J]. 中外法学，2011（2）：322-336.

[2]陈虎.自媒体新闻洗稿行为的法律失范与规制[J].中国出版,2021(21):58-61.

[3]陈杰.添附理论视角下著作权侵权物的司法处置[J].版权理论与实务,2021(10):38-48.

[4]陈锦川.何为"实质性相似"?[J].中国版权,2018(5):16-18.

[5]陈锦川.视听作品著作权是否可以延伸至情节、音乐、美术等内容[J].中国版权,2021(4):34-36.

[6]陈学权.人民陪审员制度改革中事实审与法律审分离的再思考[J].法律适用,2018(9):28-34.

[7]程苏东."天籁"与"作者":两种文本生成观念的形成[J].中国社会科学,2021(9):47-70.

[8]初萌.版权扩张之反思——以技术理性为视角[J].科技与法律,2013(1):38-46,66.

[9]初萌.论发行权用尽原则在网络领域的适用[C]//易继明.私法(第16辑·第2卷).武汉:华中科技大学出版社,2019:232-251.

[10]初萌.论作品独创性标准的客观化——基于欧盟最新立法与司法实践的探讨[J].版权理论与实务,2021(6):25-40.

[11]初萌.美国人工智能知识产权政策之评析——基于美国专利商标局对公众意见报告的分析[C]//易继明.私法(第18辑·第1卷).北京:社会科学文献出版社,2021:260-339.

[12]初萌.人工智能对版权侵权责任制度的挑战及应对[J].北方法学,2021(1):138-150.

[13]初萌.实质性相似判定中的创作空间考察[J].中国版权,2020(5):57-62.

[14]初萌.网络版权保护亟须平衡理念的回归——评VidAngel禁令案[C]//张平.网络法律评论(第20卷).北京:北京大学出版社,2018:

278-291.

[15] 丛立先，刘乾 . 同人作品使用原作虚拟角色的版权界限 [J] . 华东政法大学学报，2021（4）：175-192.

[16] 丛立先 . 论著作权制度中的利益博弈与利益平衡 [J] . 政法论丛，2013（3）：87-97.

[17] 崔国斌 . 论网络服务商版权内容过滤义务 [J]. 中国法学，2017(2)：215-237.

[18] 崔国斌 . 视听作品画面与内容的二分思路 [J]. 知识产权，2020(5)：22-39.

[19] 代晓丽，刘世峰，宫大庆 . 基于 NLP 的文本相似度检测方法 [J] . 通信学报，2021（10）：173-181.

[20] 戴谋富 . 即发侵权抑或知识产权请求权之选择——兼议我国知识产权保护立法选择 [J] . 科学管理研究，2008（2）：113-116.

[21] 刁舜 . 论传统物权添附理论在演绎作品保护中的运用 [J] . 电子知识产权，2018（12）：46-57.

[22] 丁文杰 . 接触要件的基本内涵及认定规则 [J] . 知识产权，2019(3)：24-30.

[23] 丁文杰 . 论著作权法的范式转换——从"权利"到"行为规制"[J]. 中外法学，2022（1）：242-260.

[24] 窦新颖 . 花样版权保护，给纺织产业"锦上添花"——浙江省绍兴市河桥区纺织产业版权保护之道 [J] . 中国版权，2021（5）：37-41.

[25] 杜灵燕 . 同人作品人物形象的保护范围 [J] . 人民司法，2020（20）：95-99.

[26] 杜颖，鲹乌 . 2020 年《著作权法》第五十四条的理解与适用 [J] . 中国版权，2021（4）：45-52.

[27] 方新军 . 权益区分保护和违法性要件 [J] . 南大法学，2021（2）：

1-23.

[28]冯颢宁.论版权法中实质性相似认定标准的选择[J].中国版权,2016（6）：77-80.

[29]冯晓青,刁佳星.从价值取向到涵摄目的："思想／表达二分法"的概念澄清[J].上海交通大学学报（哲学社会科学版），2021（4）：27-39.

[30]郭禾.著作权法作品类型条款的意义[J].版权理论与实务,2021（3）：36-45.

[31]郭建红,朱湘军,黄田.从风格的可译与不可译看文学翻译的创作空间[J].湖南社会科学,2014（6）：246-248.

[32]何鹏.漫谈知识产权的权利边界：缺乏目的性变形的使用权能[J].知识产权,2018（6）：12-31.

[33]胡学军.在"生活事实"与"法律要件"之间：证明责任分配对象的误识与回归[J].中国法学,2019（2）：239-259.

[34]华劼.版权转换性使用规则研究——以挪用艺术的合理使用判定为视角[J].科技与法律,2019（4）：26-33.

[35]华劼.音乐著作权侵权实质性相似判定研究[J].中国版权,2020（5）：47-51.

[36]黄汇,尹鹏旭.作品转换性使用的规则重构及其适用逻辑[J].社会科学研究,2021（5）：95-104.

[37]黄小洵.作品相似侵权判定研究[D].重庆：西南政法大学,2015.

[38]黄颖慧,高珊珊.灵活适用侵权责任承担方式实现各方利益平衡——王某诉某某边防检查站、某某文化传播有限公司互联网著作权侵权纠纷案[C]//广州市法学会.法治论坛·第62辑.北京：中国法制出版社,2021：247-256.

[39]姜颖,张倩.北京互联网法院建院以来著作权案件审理情况及典型案

例评析 [J]. 版权理论与实务, 2021 (5): 37-51.

[40] 蒋舸. 论著作权法的"宽进宽出"结构 [J]. 中外法学, 2021 (2): 327-345.

[41] 蒋舸. 深层链接直接侵权责任认定的实质提供标准 [J]. 现代法学, 2021 (3): 155-170.

[42] 蒋舸. 著作权法与专利法中"惩罚性赔偿"之非惩罚性 [J]. 法学研究, 2015 (6): 80-97.

[43] 蒋舸. 著作权直接侵权认定中的"用户感知"因素——从复制权到信息网络传播权 [J]. 环球法律评论, 2021 (2): 56-70.

[44] 蒋妍, 董可木. 从美术作品中解读内容与形式的关系——对维米尔《画室》和马蒂斯《红色画室》作品的研究 [J]. 北京印刷学院学报, 2018 (1): 54-55, 61.

[45] 解亘. 驱逐搅乱著作权法的概念："剽窃"[J]. 华东政法大学学报, 2012 (1): 20-28.

[46] 金玉. 以比例原则指导著作权集体管理制度的立法完善 [J]. 江汉大学学报 (社会科学版), 2020 (3): 23-32.

[47] 李琛. 版权闲话之五：鼓励创作的双重意义 [J]. 中国版权, 2018(6): 31-32.

[48] 李国泉, 寿仲良, 董文涛. 实质性相似加接触的侵权标准判断 [J]. 人民司法, 2010 (16): 37-40.

[49] 李海平. 比例原则在民法中适用的条件和路径——以民事审判实践为中心 [J]. 法制与社会发展, 2018 (5): 163-179.

[50] 李建华, 王国柱. 网络环境下著作权默示许可与合理使用的制度比较与功能区分 [J]. 政治与法律, 2013 (11): 12-24.

[51] 李明德. 两大法系背景下的作品保护制度 [J]. 知识产权, 2020(7): 3-13.

[52] 李伟民. 人工智能智力成果在著作权法的正确定性——与王迁教授商榷 [J]. 东方法学, 2018 (3): 149-160.

[53] 李扬, 李晓宇. 康德哲学视点下人工智能生成物的著作权问题探讨 [J]. 法学杂志, 2018 (9): 43-54.

[54] 李扬. 改编权的保护范围与侵权认定问题: 一种二元解释方法的适用性阐释 [J]. 比较法研究, 2018 (1): 63-75.

[55] 李扬. 著作财产权客体结构中的使用行为——审视著作权法权利作用"焦点"的一个阐释进路 [J]. 法制与社会发展, 2012 (3): 17-27.

[56] 李扬. 著作权合理使用制度的体系构造与司法互动 [J]. 法学评论, 2020 (4): 88-97.

[57] 李扬. 作品改编权保护的历史之维 [J]. 知识产权, 2018 (6): 32-37.

[58] 李雨峰. 思想/表达二分法的检讨 [J]. 北大法律评论, 2007 (2): 433-452.

[59] 李自柱. 作品独创性的实证分析与路径选择 [J]. 版权理论与实务, 2021 (6): 41-60.

[60] 李宗辉. 论人工智能绘画中版权侵权的法律规制 [J]. 版权理论与实务, 2022 (3): 21-30.

[61] 梁九业, 麻锐. 著作权法中公有领域司法适用的实证研究——以法院1051份民事裁判文书为分析样本 [J]. 社会科学战线, 2021 (7): 198-209.

[62] 梁志文. 版权法上实质性相似的判断 [J]. 法学家, 2015 (6): 37-50.

[63] 梁志文. 论演绎权的保护范围 [J]. 中国法学, 2015 (5): 140-157.

[64] 林晓青. 伊瑟尔的阅读理论解读 [J]. 图书馆学研究, 2017 (14): 2-5.

[65] 刘斌斌. 比较法视角下商标的通用名称化及其救济 [J]. 甘肃社会科学, 2012 (1)：130-133.

[66] 刘春田. 民法理念与著作权法修改 [J]. 版权理论与实务, 2021 (1)：23-38.

[67] 刘琳. 版权法上实质性相似判定路径的检视与优化——以"小茗同学"案为主样本 [J]. 中国版权, 2020 (3)：16-21.

[68] 刘琳. 我国版权侵权"接触"要件的检讨与重构 [J]. 知识产权, 2021 (11)：71-90.

[69] 刘强, 孙青山. 人工智能创作物著作权侵权问题研究 [J]. 湖南大学学报 (社会科学版), 2020 (3)：140-146.

[70] 刘文杰. 微博平台上的著作权 [J]. 法学研究, 2012 (6)：119-130.

[71] 刘义. 著作财产权的宪法基础——基于宪法解释学立场的辨析 [J]. 知识产权, 2016 (1)：78-83.

[72] 刘银良. 百尺竿头, 何不更进一步?——评著作权法第三次修改 [J]. 知识产权, 2013 (2)：23-33.

[73] 刘银良. 著作权法中的公众使用权 [J]. 中国社会科学, 2020 (10)：183-203.

[74] 刘友华, 魏远山. 知识付费平台的著作权纠纷及其解决 [J]. 知识产权, 2021 (6)：66-79.

[75] 柳经纬, 周宇. 侵权责任构成中违法性和过错的再认识 [J]. 甘肃社会科学, 2021 (2)：135-144.

[76] 龙云辉. 美术作品侵权判断的特殊性问题研究 [J]. 学海, 2008 (4)：184-188.

[77] 卢海君. 论思想表达两分法的法律地位 [J]. 知识产权, 2017 (9)：20-26.

[78] 卢海君. 论作品实质性相似和版权侵权判定的路径选择——约减主义

与整体概念和感觉原则 [J]. 政法论丛，2015（1）：138-145.

[79] 卢海君. 网络游戏规则的著作权法地位 [J]. 经贸法律评论，2020（1）：134-143.

[80] 梅术文. 论技术措施版权保护中的使用者权 [J]. 知识产权，2015（1）：16-20，44.

[81] 饶先成，徐棣枫. 从一元向多元互动转变：人工智能洗稿行为的规制路径 [J]. 编辑之友，2021（7）：84-90.

[82] 石冠彬. 论智能机器人创作物的著作权保护——以智能机器人的主体资格为视角 [J]. 东方法学，2018（3）：140-148.

[83] 宋戈. 作品"实质性相似+接触"规则研究 [D]. 武汉：中南财经政法大学，2019.

[84] 孙昊亮，张倩. 作品"宽容使用"引发的问题及其解决路径 [J]. 法学杂志，2021（8）：113-122.

[85] 孙昊亮. 全媒体时代摄影作品的著作权保护 [J]. 法律科学（西北政法大学学报），2021（3）：109-119.

[86] 孙松. 论著作权实质性相似规则的司法适用——以琼瑶诉于正案为视角 [J]. 中国版权，2015（6）：62-65.

[87] 孙阳. 诚实信用原则与著作权惩罚性赔偿的制度性兼容 [J]. 版权理论与实务，2021（5）：25-36.

[88] 孙远钊. 论作品角色与虚拟人物的著作权保护 [J]. 中国版权，2021（5）：50-57.

[89] 锁福涛，张岚霄. 论"洗稿"行为的著作权侵权判定与治理路径 [J]. 中国出版，2021（15）：56-60.

[90] 谭海华，戴瑾茹.2017年广州知识产权法院著作权典型案例及评析 [J]. 中国版权，2018（1）：26-29.

[91] 汤维建，徐枭雄. 民事司法鉴定意见的评价机制论纲 [J]. 中国司

法鉴定，2018（3）：1-9.

[92] 唐雯琳，阮开欣. 音乐抄袭的版权侵权认定问题探析——兼评美国"齐柏林案"[J]. 中国版权，2020（4）：39-43.

[93] 陶乾. 论著作权法对人工智能生成成果的保护——作为邻接权的数据处理者权之证立[J]. 法学，2018（4）：3-15.

[94] 田耀农. 论音乐作品的内容与形式[J]. 音乐研究，2020（1）：91-101.

[95] 王彩蓉. 柏拉图理想国的理念论解读[J]. 山西大同大学学报（社会科学版），2012（6）：27-30.

[96] 王风娟，刘振. 著作权法中思想与表达二分法之合并原则及其适用[J]. 知识产权，2017（1）：87-92.

[97] 王洪斌. 艺术挪用的前世今生及其所面临的法律困境与出路[J]. 文化艺术研究，2017（1）：22-29.

[98] 王坤. 论著作权保护的范围[J]. 知识产权，2013（8）：20-24.

[99] 王坤. 知识产权对象、客体的区分及其在民法学上的意义[J]. 法治研究，2020（1）：65-77.

[100] 王迁.《著作权法》修改：关键条款的解读与分析（上）[J]. 知识产权，2021（1）：20-35.

[101] 王迁. 论作品类型法定——兼评"音乐喷泉案"[J]. 法学评论，2019（3）：10-26.

[102] 王迁. 同人作品著作权侵权问题初探[J]. 中国版权，2017（3）：9-13.

[103] 王太平. 商标共存的法理逻辑与制度构造[J]. 法律科学（西北政法大学学报），2018（3）：100-109.

[104] 韦之. 作为商业规则的著作权法[J]. 电子知识产权，2012（11）：71.

[105] 吴汉东，李安. 网络版权治理的算法技术与算法规则[C]// 杨明. 网络法律评论（第23卷）. 北京：中信出版集团，2021：78-101.

[106]吴汉东．试论"实质性相似＋接触"的侵权认定规则［J］．法学，2015（8）：63-72．

[107]吴伟光．版权制度与新媒体技术之间的裂痕与弥补［J］．现代法学，2011（3）：55-72．

[108]吴伟光．中文字体的著作权保护问题研究——国际公约、产业政策与公共利益之间的影响与选择［J］．清华法学，2011（5）：57-82．

[109]谢晴川．论独创性判断标准"空洞化"问题的破解——以科技类图形作品为切入点［J］．学术论坛，2019（5）：46-56．

[110]熊琦．"视频搬运"现象的著作权法应对［J］．知识产权，2021（7）：39-49．

[111]熊琦．著作权合同实质公平规则形塑［J］．法学，2020（6）：47-62．

[112]熊琦．著作权转换性使用的本土法释义［J］．法学家，2019（2）：124-134．

[113]熊文聪．被误读的"思想／表达二分法"——以法律修辞学为视角的考察［J］．现代法学，2012（6）：168-179．

[114]徐爱国．法学知识谱系中的论题修辞学——《法学的知识谱系》前传［J］．中国法律评论，2021（2）：149-162．

[115]徐小奔，陈永康．作者的功能化与人工智能"机器作者"的承认［J］．中国版权，2021（2）：41-45．

[116]徐瑄，吴雨辉．论版权立法的对价技艺［J］．知识产权，2013（10）：33-42．

[117]徐瑛晗，马得原．"VR出版物"著作权合理使用问题探析［J］．科技与出版，2021（7）：122-130．

[118]许波．著作权保护范围的确定及实质性相似的判断——以历史剧本类文字作品为视角［J］．知识产权，2012（2）：28-34．

[119]阳贤文.美国司法中实质性相似之判断与启示[J].中国版权,2012（5）：46-49.

[120]杨红军.论著作权侵权判断主体的界定[J].东岳论丛,2020（1）：172-180.

[121]杨利华.从应然权利到实然权利：文化权利的著作权法保障机制研究[J].比较法研究,2021（4）：128-142.

[122]杨利华.公共领域视野下著作权法价值构造研究[J].法学评论,2021（4）：117-129.

[123]杨利华.人工智能生成物著作权问题探究[J].现代法学,2021（4）：102-114.

[124]杨敏锋.论作品独创性的数学计算模型[J].知识产权,2018（8）：30-40.

[125]杨述兴.作品独创性判断之客观主义标准[J].电子知识产权,2007（8）：63-64.

[126]杨涛.知识产权许可费赔偿方法的功能、价值准则与体系重构[J].中国法学,2021（5）：247-265.

[127]杨雄文,王沁荷.美术作品的表达及其实质相似的认定[J].知识产权,2016（1）：44-50.

[128]易继明,初萌.论人本主义版权保护理念[J].国家检察官学院学报,2022（1）：156-176.

[129]易继明.评财产权劳动学说[J].法学研究,2000（3）：95-107.

[130]易继明.人工智能创作物是作品吗?[J].法律科学（西北政法大学学报）,2017（5）：137-147.

[131]易磊.《德国著作权法》自由使用制度研究[J].苏州大学学报（法学版）,2019（3）：84-93.

[132]殷贵山,邱立民.文学作品实质性相似的司法判定方法评析[J].

出版发行研究, 2017 (10): 83-85.

[133] 尹红强. 商品通用名称与商标权辨析 [J]. 河北学刊, 2014 (2): 144-147.

[134] 应振芳. 对现行著作权法关于侵权行为及其责任规定的反思 [J]. 知识产权, 2011 (3): 74-79.

[135] 余瑞芬, 朱丹. 著作权法视角下学术论文算法检测的考量及应对 [J]. 出版广角, 2021 (19): 81-83.

[136] 袁博. 游戏攻略使用游戏画面是否属于"合理使用"——我国首例游戏攻略版权案评析 [J]. 上海政法学院学报 (法治论丛), 2015 (3): 136-140.

[137] 袁锋. 论著作权法中的拟制主体 [J]. 电子知识产权, 2020 (12): 17-33.

[138] 袁秀挺, 方帅. 体育赛事直播的著作权保护述评 [C] // 易继明. 私法 (第14辑·第1卷). 武汉: 华中科技大学出版社, 2017.

[139] 曾德国. 论文查重与作品侵权认定的冲突与统一 [J]. 中国版权, 2021 (4): 334-353.

[140] 张广良. "不计琐细原则"在侵犯著作权案件中的适用研究 [J]. 法学家, 2008 (4): 87-93.

[141] 张平. 市场主导下的知识产权制度正当性再思考 [J]. 中国法律评论, 2019 (3): 113-123.

[142] 张奇. "调色盘"与影视文学作品侵权认定规则探析——以首例《锦绣未央》著作权侵权纠纷案为例 [J]. 山东科技大学学报 (社会科学版), 2020 (2): 38-45.

[143] 张书青. 论短视频权利产生和侵权认定规则 [J]. 版权理论与实务, 2021 (7): 69-74.

[144] 张晓霞, 张嘉艺. 侵权行为构成要件对"接触加实质性相似"规则

的制衡——论侵害著作权纠纷的裁判思路［J］．知识产权，2021（12）：40-51.

［145］张伟君．呈现于视听作品中的游戏规则依然是思想而并非表达——对若干游戏著作权侵权纠纷案判决的评述［J］．电子知识产权，2021（5）：66-76.

［146］郑璇玉，豪日娃．再论字体作为美术作品的侵权判定［J］．版权理论与实务，2021（9）：37-48.

［147］郑重．日本著作权法柔性合理使用条款及其启示［J］．知识产权，2022（1）：112-130.

［148］周小舟．论接触要件在剽窃案中的程序和实质意义——从《小站》案切入［J］．华东政法大学学报，2016（2）：108-118.

［149］朱刚．不定性与文学阅读的能动性——论W.伊瑟尔的现象学阅读模型［J］．外国文学评论，1998（3）108-114.

［150］朱海标，刘穆新，王旭．"鉴定人＋专家辅助人"二元化专家证人制度的中国演变——以"民事诉讼证据规定"为切入点［J］．中国司法鉴定，2021（2）：73-80.

［151］朱梦笔．美术作品实质性相似认定论析［J］．湖州师范学院学报，2017（5）：79-85.

［152］朱文彬．著作权侵权案件审判：要件、维度、经验、逻辑的四重奏——以"十三五"时期广州知识产权法院著作权案件为例［J］．版权理论与实务，2021（5）：52-68.

五、英文论文

［1］BROADDUS A M. Eliminating the Confusion: A Restatement of the Test for

Copyright Infringement〔J〕. DePaul journal of art, technology & intellectual property law, 1995, 5（1）: 43–79.

〔2〕LATMAN A. "Probative Similarity" as Proof of Copying: Toward Dispelling Some Myths in Copyright Infringement〔J〕. Columbia law review, 1990, 90（5）: 1187–1214.

〔3〕YEN A C. Copyright Opinions and Aesthetic Theory〔J〕. Southern California law review, 1998, 71: 247–302.

〔4〕COHEN A B. Copyright Law and the Myth of Objectivity: the Idea–Expression Dichotomy and the Inevitability of Artistic Value Judgments〔J〕. Indiana law journal, 1990, 66: 175–232.

〔5〕COHEN A B. Masking Copyright Decisionmaking: The Meaninglessness of Substantial Similarity〔J〕. UC Davis law review, 1987, 20: 719–767.

〔6〕BARTOW A. Copyrights and Creative Copying〔J〕. University of Ottawa & technology journal, 2003, 1: 75–103.

〔7〕BOYDEN V E. Daly v. Palmer, or the Melodramatic Origins of the Ordinary Observer〔J〕. Syracuse law review, 2018, 68: 147–179.

〔8〕CRONIN C. I Hear America Suing: Music Copyright Infringement in the Era of Electronic Sound〔J〕. Hastings law journal, 2015, 66（5）: 1187–1255.

〔9〕JON SPRIGMAM C, FINK HEDRICK S. The Filtration Problem in Copyright's Substantial Similarity Infringement Test〔J〕. Lewis & Clark law review, 2019, 23（2）: 572–598.

〔10〕FOX D. Harsh Realities: Substantial Similarity in the Reality Television Context〔J〕. UCLA entertainment law review, 2006, 13（2）: 223–261.

〔11〕SU D. Substantial Similarity and Architectural Works: Filtering out Total Concept and Feel〔J〕. Northwestern university law review, 2007, 101（4）: 1851–1884.

[12]LIM D. Saving Substantial Similarity [J] . Florida law review, 2021, 73:
591–660.

[13]LIM D. Substantial Similarity's Silent Death [J] . Pepperdine law review,
2021, 48 (3): 713–784.

[14]SELFRIDGE–FIELD E. Substantial Musical Similarity in Sound and
Notation: Perspectives from Digital Musicology [J] . Colorado technology
law journal, 2018, 16 (2): 249–283.

[15]FLASZ E. War of the Dolls: Did the Ninth Circuit Fail to Apply the Intended
Audience Test in Holding Substantial Similarity Should Be Determined from
the Perspective of the Ordinary Observer and Not a Child in Mattel, Inc.
v. MGA Entertainment, Inc. [J] . Pace intellectual property, sports &
entertainment law forum, 2012, 2 (1): 167–197.

[16]GODOY–DALMAU G. Substantial Similarity: Kohus Got It Right [J] .
Michigan business & entrepreneurial law review, 2017, 6 (2): 231–261.

[17]GABISON G A. Juries Can Quick Loot Too [J] . Seton hall circuit review,
2014, 10: 271–306.

[18]DEMSETZ H. Toward a Theory of Property Rights [J] . American economic
review, 1967, 57 (2): 347–359.

[19]CORNGOLD I. Copyright Infringement and the Science of Music Memory:
Applying Cognitive Psychology to the Substantial Similarity Test [J] .
AIPLA quarterly journal, 2017, 45 (2): 319–350.

[20]GINSBURG J C. A Tale of Two Copyrights: Literary Property in
Revolutionary France and America [J] . Tulane law review, 1990, 64 (5):
991–1031.

[21]GINSBURG J C. Four Reasons and a Paradox: The Manifest Superiority of
Copyright over Sui Generis Protection of Computer Software [J] . Columbia

law review, 1994, 94: 2559–2572.

[22] MOHLER J M. Toward a Better Understanding of Substantial Similarity in Copyright Infringement Cases [J]. University of Cincinnati law review, 2000, 68 (3): 971–994.

[23] RENE BUSEK J. Copyright Infringement: A Proposal for a New Standard for Substantial Similarity Based on the Degree of Possible Expressive Variation [J]. UCLA law review, 1998, 45 (6): 1777–1804.

[24] CADWELL J. Expert Testimony, Scenes a Faire, and Tonal Music: A (Not So) New Test for Infringement [J]. Santa Clara law review, 2005, 46 (1): 137–170.

[25] COULTER J D. Computers, Copyright and Substantial Similarity: The Test Reconsidered [J]. John Marshall journal of computer & information law, 1995, 14 (1): 47–72.

[26] LITMAN J. The Public Domain [J]. Emory law journal, 1990, 39: 965–1023.

[27] AUTRY J R. Toward a Definition of Striking Similarity in Infringement Actions for Copyrighted Musical Works [J]. Journal of intellectual property law, 2002, 10 (1): 113–141.

[28] NEWMAN J O. New Lyrics for an Old Melody: The Idea/Expression Dichotomy in the Computer Age [J]. Cardozo arts & entertainment law journal, 1999, 17 (3): 691–704.

[29] DALTON J M, CABLE S. The Copyright Defendant's Guide to Disproving Substantial Similarity on Summary Judgment [J]. Landslide, 2011, 3: 1–6.

[30] BISCEGLIA J J. Summary Judgment on Substantial Similarity in Copyright Actions [J]. Hastings communications and entertainment law journal (Comm/Ent), 1993—1994, 16 (1): 51–86.

［31］ABINAVA SANKAR K P, CHARY N L R. The Idea-Expression Dichotomy: Indianizing an International Debate［J］. Journal of international commercial law and technology, 2008, 3（2）: 129-138.

［32］LIPPMAN K. The Beginning of the End: Preliminary Results of an Empirical Study of Copyright Substantial Similarity Opinions in the U.S. Circuit Courts ［J］. Michigan state law review, 2013, 2013（2）: 513-565.

［33］HICKEY K J. Reframing Similarity Analysis in Copyright［J］. Washington university law review, 2016, 93（3）: 681-731.

［34］RAY P L. Folsom v. Marsh and Its Legacy［J］. Journal of intellectual property law, 1998, 5: 431-452.

［35］LAPE L G. The Metaphysics of the Law: Bringing Substantial Similarity down to Earth［J］. Dickinson law review, 1994, 98（2）: 181-208.

［36］KUIVILA M. Exclusive Groove: How Modern Substantial Similarity Law Invites Attenuated Infringement Claims at the Expense of Innovation and Sustainability in the Music Industry［J］. University of Miami law review, 2016, 71（1）: 238-280.

［37］FAUST M J. What Do We Do with a Doctrine like Merger – A Look at the Imminent Collision of the DMCA and Idea/Expression Dichotomy［J］. Marquette intellectual property law review, 2008, 12（1）: 131-154.

［38］BRODIN M R. Bridgeport Music, Inc. v. Dimension Films: The Death of the Substantial Similarity Test in Digital Sampling Copyright Infringement Claims – The Sixth Circuit's Flawed Attempt at a Bright-Line Rule［J］. Minnesota journal of law, science & technology, 2005, 6（2）: 825-868.

［39］Der MANUELIAN M. The Role of the Expert Witness in Music Copyright Infringement Cases［J］. Fordham law review, 1988, 57（1）: 127-147.

［40］FERDINAND SITZER M. Copyright Infringement Actions: The Proper Role for Audience Reactions in Determining Substantial Similarity [J] . Southern California law review, 1981, 54 (2): 385–416.

[41] W JR SHIVER M. Objective Limitations or, How the Vigorous Application of Strong Form Idea/Expression Dichotomy Theory in Copyright Preliminary Injunction Hearings Might Just Save the First Amendment [J] . UCLA entertainment law review, 2002, 9 (2): 361–388.

[42] CARROLL M W. The Struggle for Music Copyright [J] . Florida law review, 2005, 57 (7): 908–961.

[43] FRANCIS M V. Musical Copyright Infringement: The Replacement of Arnstein v. Porter – A More Comprehensive Use of Expert Testimony and the Implementation of an "Actual Audience" Test [J] . Pepperdine law review, 1990, 17 (2): 493–521.

[44] Hee Lee M. Seeing's Insight: Toward a Visual Substantial Similarity Test for Copyright Infringement of Pictorial, Graphic, and Sculptural Works [J] . Northwestern university law review, 2017, 111 (3): 833–878.

[45] BOOTH N. Backing down: Blurred Lines in the Standards for Analysis of Substantial Similarity in Copyright Infringement for Musical Works [J] . Journal of intellectual property law, 2016, 24 (1): 99–129.

[46] ROODHUYZEN N K. Do We Even Need a Test? A Reevaluation of Assessing Substantial Similarity in a Copyright Infringement Case [J] . Journal of law and policy, 2007, 15 (3): 1375–1420.

[47] LIEBERMAN N. Un–blurring Substantial Similarity: Aesthetic Judgments and Romantic Authorship in Music Copyright Law [J] . New York university journal of intellectual property and entertainment law, 2016, 6 (1): 91–141.

[48] BRACHA O. The Ideology of Authorship Revisited: Authors, Markets, and

Liberal Values in Early American Copyright [J]. The Yale law journal, 2008, 118 (2): 186-271.

[49] SAMUELSON P. A Fresh Look at Tests for Nonliteral Copyright Infringement [J]. Northwestern university law review, 2013, 107 (4): 1821-1849.

[50] LEVAL P N. Toward a Fair Use Standard [J]. Harvard law review, 1990, 103 (5): 1105-1136.

[51] ANTHONY R R. Innocent Infringement in U.S. Copyright Law: A History [J]. The Columbia journal of law & the arts, 2007, 30 (2): 133-184.

[52] TUSHNET R. Economies of Desire: Fair Use and the Marketplace Assumptions [J]. Wiliam & May law review, 2009, 51: 513-546.

[53] SORENSEN R C, SORENSEN T C. Re-Examining the Traditional Legal Test of Literary Similarity: A Proposal for Content Analysis [J]. Cornell law quarterly, 1952, 37 (2): 638-654.

[54] HELFING R F. Substantial Similarity and Junk Science: Reconstructing the Test of Copyright Infringement [J]. Fordham intellectual property, media & entertainment law journal, 2020, 30 (3): 735-766.

[55] HELFING R F. Substantial Similarity in Literary Infringement Cases: A Chart for Turbid Waters [J]. UCLA entertainment law review, 2014, 21 (1): 1-31.

[56] FULLER FLEMING R. Substantial Similarity: Where Plots Really Thicken [J]. Copyright law symposium, 1971, 19: 252-280.

[57] BRASHEARS-MACATEE S. Total Concept and Feel or Dissection: Approaches to the Misappropriation Test of Substantial Similarity [J]. Chicago-Kent law review, 1992, 68 (2): 913-937.

[58] GHERMAN S. Harmony and Its Functionality: A Gloss on the Substantial Similarity Test in Music Copyrights [J]. Fordham intellectual property,

media & entertainment law journal, 2009, 19（2）: 483–518.

[59] BALGANESH S. The Normativity of Copying in Copyright Law [J] . Duke law journal, 2012, 62（2）: 203–284.

[60] BALGANESH S. The Questionable Origins of the Copyright Infringement Analysis [J] . Stanford law review, 2016, 68: 793–863.

[61] ANG S. The Idea–Expression Dichotomy and Merger Doctrine in the Copyright Laws of the U.S. and the U.K. [J] . International journal of law and information technology, 1994, 2（2）: 111–153.

[62] MCKNIGHT S G. Substantial Similarity between Video Games: An Old Copyright Problem in a New Medium [J] . Vanderbilt law review, 1983, 36（5）: 1277–1312.

[63] BARTHOLOMEW T B. The Death of Fair Use in Cyberspace: Youtube and the Problem with Content ID [J] . Duke law & technology review, 2015, 13（1）: 67–88.

[64] PING LIM T. Beyond Copyright: Applying a Radical Idea–Expression Dichotomy to the Ownership of Fictional Characters [J] . Vanderbilt journal of entertainment & technology law, 2018, 21（1）: 95–144.

[65] ELMAN V. From the Runway to the Courtroom: How Substantial Similarity is Unfit for Fashion [J] . Cardozo law review, 2008, 30（2）: 683–716.

[66] GORDON W J. A Property Right in Self–Expression: Equality and Individualism in the Natural Law of Intellectual Property [J] . Yale law journal, 1993, 102: 1533–1609.

[67] GORDON W J. Fair Use as Market Failure: A Structural and Economic Analysis of the Betamax Case and Its Predecessors [J] . Columbia law review, 1982, 82: 1600–1657.

[68] JOY LIEBESMAN Y. Revisiting Innovative Technologies to Determine

Substantial Similarity in Musical Composition Infringement Lawsuits [J] . IDEA: The law review of the Franklin Pierce center for intellectual property, 2018, 59 (1): 157–179.

[69]SAID Z K. A Transactional Theory of the Reader in Copyright Law [J] . Iowa law review, 2017, 102: 605–650.

[70]CHAFEE Z. Reflections on the Law of Copyright: I [J] . Columbia law review, 1945, 45 (4): 503–529.

[71]No Justice for Johnson – A Proposal for Determining Substantial Similarity in Pop Music [J] . DePaul–LCA journal of art and entertainment law, 2006, 16 (2): 261–310.

致 谢

　　博士生涯很短暂，四年转瞬即逝。值此毕业论文完成及书本出版之际，我要真诚地向为我提供帮助的老师、同学与亲友表示感谢。

　　首先要感谢的是我的导师易继明教授，他是我学术生涯的引领者。2012年初入师门，导师就让我从事《科技与法律》《私法》等期刊的编辑工作，还送了我一本 *The Bluebook：A Uniform System of Citation*，这让我从事研究工作之初便十分注重学术规范，也因此打下了良好的学术基础。在具体问题的探讨中，导师总能跳出问题本身，或用类比的方式，或从宏观视野出发，给予我新的启迪。导师不仅学识渊博，也很注重因材施教。于我而言，导师一方面给我充分的时间与空间让我研究我所热爱的版权问题，支持我参与中国版权保护中心的研究课题，鼓励我多发表版权相关的文章；另一方面也十分注重对我所欠缺的宏观思维能力的培养，让我统筹"知识产权现代化治理"等课题，深度参与"北京国际科技创新建设中的涉外知识产权保护政策研究"等项目。我在博士论文中能够跳出"实质性相似"判断中的具体细微问题，从体系化的角度审视其在版权体系中的地位，也正是得益于在导师的悉心指导下获得的宏观思维能力的提升。在学术之余，导师谦和的为人态度也使我获益良多，我也因此而变得更加包容、更加稳重。

我还要感谢我的父母，他们是我重要的精神支柱。虽非出身于法学学术世家，但我也有幸诞生于一个知识分子家庭，父母都是高知，善解人意。在我读博之前，我曾是一名互联网公司的法律顾问，做着自己喜欢的工作，拿着不错的薪资。放弃这样一份工作而选择四年的寒窗苦读，这样的行为无法为大多数人所理解。但是，我的父母不仅理解，还非常贴心地为我细数了工作之后再回去读博的两大好处：一是在有了实战经验之后更能确定真正值得研究的问题；二是有了四年积攒的积蓄做底，不至于过于焦虑、功利，丧失学术本真。事实证明，我的父母的确有先见之明，而他们的支持也给了我莫大的精神鼓舞，让我能够安心、踏实地做我的研究，没有后顾之忧。

我要感谢读博期间的同学们，尤其是北京大学国际知识产权研究中心的小伙伴们。感谢我同办公室的室友，大家共同营造了舒适友爱的工作氛围和写作环境。感谢子瑜、子森、淑凤、智妍、曾田、兆轩，同专业的我们并没有"内卷"起来，而让互帮互助、团结友爱成为风气。更为幸运的是，我们中的大多数都选择了继续从事研究和教育工作，让这份"初心"继续蔓延。在此，也希望我们都能早日在这个领域做出成绩！

最后，要感谢对本书提出具体指导意见的师友们。感谢北京大学法学院杨明老师、张平老师、刘银良老师、刘东进老师、吴桂德博士后、吴柯苇博士，以及相关匿名评审、答辩专家，他们从文章架构、语言表述、具体论点等层面对本书提出的修改建议激发了我的思维，使得本书得以进一步完善。

初萌

2022 年 6 月 5 日